河南省普通高等教育"十四五"规划教材

首届河南省教材建设优秀教材

21世纪经济管理新形态教材·创新创业教育系列

示范性应用技术大学系列创新教材

SERIES OF TEACHING MATERIALS OF INNOVATION FOR EXEMPLARY UNIVERSITIES OF APPLIED TECHNOLOGY

大学生创新创业教程
（第2版）

杨雪梅　王文亮 ◎ 主编

张红玉　岳佳坤　李　瑞 ◎ 副主编

U0645972

清华大学出版社

北京

内 容 简 介

　　本书将创新与创业的教学内容融为一体,创新理论与创业实践相结合,内容包括创新创业概述、创新思维培育、创意开发、机会选择、创业者与创业团队、创业资源、创业融资、商业模式、创业政策、创业计划书撰写与展示以及综合案例。本书着力培养大学生创新创业意识与创新精神,强化大学生创新创业的实践能力,新版修订更加突出课程思政、实践实训和线上线下融合的特色,适合作为高等院校本科生创新与创业课程与实践教材。

图书在版编目(CIP)数据

　　大学生创新创业教程/杨雪梅,王文亮主编.—2版.—北京:清华大学出版社,2021.8(2024.7重印)
　　21世纪经济管理新形态教材.创新创业教育系列
　　ISBN 978-7-302-58795-8

　　Ⅰ.①大…　Ⅱ.①杨…②王…　Ⅲ.①大学生－创业－高等学校－教材　Ⅳ.①G647.38

　　中国版本图书馆CIP数据核字(2021)第159247号

责任编辑:高晓蔚
封面设计:汉风唐韵
责任校对:宋玉莲
责任印制:杨　艳

出版发行:清华大学出版社
　　　　网　　　　址:https://www.tup.com.cn,https://www.wqxuetang.com
　　　　地　　　　址:北京清华大学学研大厦A座　　　　邮　　编:100084
　　　　社 总 机:010-83470000　　　　邮　　购:010-62786544
　　　　投稿与读者服务:010-62776969,c-service@tup.tsinghua.edu.cn
　　　　质量反馈:010-62772015,zhiliang@tup.tsinghua.edu.cn
印 装 者:小森印刷霸州有限公司
经　　销:全国新华书店
开　　本:185mm×260mm　　印　　张:15.25　　　　字　　数:292千字
版　　次:2017年9月第1版　2021年9月第2版　　印　　次:2024年7月第8次印刷
定　　价:45.00元

产品编号:092131-03

创新是引领发展的第一动力,抓创新就是抓发展,谋创新就是谋未来。"大众创业,万众创新"持续向更大范围、更高层次和更深程度推进。党的十九大以来,"加快建设创新型国家""提高就业质量和人民收入水平""优先发展教育事业"等国家战略叠加,为中华民族的伟大复兴绘就了宏伟蓝图。

创新创业与经济社会发展深度融合,对推动新旧动能转换和经济结构升级、扩大就业和改善民生、实现机会公平和社会纵向流动发挥了重要作用,为促进经济增长提供了有力支撑。当前,我国经济已由高速增长阶段转向高质量发展阶段,对创新型国家的建设提出了新的更高要求。

习近平总书记在 2015 年 3 月 5 日参加十二届全国人大三次会议上海代表团审议时的讲话中指出,"谁拥有一流的创新人才,谁就拥有科技创新的优势和主导权"。2017 年10 月 30 日,习近平总书记在会见清华大学经济管理学院顾问委员会海外委员和中方企业家委员时指出,"人才是创新的根基,是创新的核心要素。培养人才,根本要依靠教育"。这些重要论断对我国高等教育全面深化改革,提升人才培养能力提出了更高的要求。

我认为,人类历史无论古今中外,创新都是推动社会进步的重要动力。建设创新型国家的基础和关键在于人才,在源源不断地培养造就大批高质量的、敢闯会创的、具有蓬勃创新精神的人才。广大青年学子想要通过创新取得成果,必须具备责任心、耐心和好奇心,同时需要拥有深厚的知识积累、勤奋的品质与善于抓住机遇的能力。

当前,我国高等教育正处于内涵发展、质量提升、改革攻坚的关键时期和全面提高人才培养能力、建设高等教育强国的关键阶段。高等学校必须主动适应国家战略发展新需求和世界高等教育发展新趋势,牢牢抓住全面提高人才培养能力这个核心点。高校是培养创新人才的关键"阵地",这是由大学教育阶段学生的心理和生理特点、人才成长规律及大学具备的优势特点所决定的。加强对大学生就业观、创业观、创新思维的培育,对他们进行指导和服务是大学义不容辞的责任。高校开展创新创业教育,教学资源的开发与建设尤为重要。其中教材是最为重要的知识载体。

由杨雪梅教授、王文亮教授等主编,清华大学出版社出版的《大学生创新创业教程》

修订再版,对此,我表示由衷的祝贺。《大学生创新创业教程》从国家的创新创业战略出发,结合应用型大学建设的实际情况,坚持"立德树人,德育为先,坚持学生中心,全面发展"的原则,突出案例"本土化"、学习形式"信息化"。教材更加体现系统性、现代性,进一步增强了教材的针对性和实效性。

  我很乐意将此书推荐给高等院校的创新创业教育工作者以及创客朋友们,期待高质量的创新创业教育能够在中国高等院校结出累累硕果。在习近平新时代中国特色社会主义思想的指引下,在高等院校及创新创业教育工作者的不懈努力下,我坚信,大众创业、万众创新,必将更加蓬勃发展!

中国工程院院士

黄河科技学院学术委员会主任

黄河科技学院创新创业学院特别顾问

2021 年 5 月

第1版 序 言

（一）

党的十八大以来，创新创业日益成为我国家喻户晓、人人皆知的话题。努力活跃创新创业是我国培育新的增长动力、转变经济增长方式、提高经济增长质量和效益的根本出路。在此背景下，加强对在校大学生的创新创业教育，使之未来成为我国创新创业的重要生力军，即成为一项重要国策。

大学创新创业教育的根本目的是培养人，引导学生理性认识创新创业，懂得怎样创新创业，促使学生未来成为努力促进社会进步、积极参与社会进步实际进程之人。大学创新创业教育的基本功能，是为学生未来创新创业准备知识基础，同时培养学生的创新创业意识、精神和技能；使得学生真的创新创业时，有能力、有方法，不怯场、不迷茫，能够有效地为客户创造并传递价值，同时又能够为团队、家庭、社会履行相关责任、作出力所能及的贡献。

（二）

大学开展创新创业教育，教学资源的开发与建设是十分重要的，诸如教材、教学案例、项目训练、阅读资料、模拟软件、教学沙盘、咨询网站，等等。其中，教材是最为重要的知识载体，更需要引起学校和教育主管部门的重视。

自 20 世纪 90 年代中期我国开始发展创新创业教育以来，不少学校先是以一些早期研究团队的专著作为教材，其后是翻译出版国外同类教材，同时国内也开始了自编创新创业教材的尝试。迄今为止，国内同行编写的创新创业教材已不下上百种。但这其中也有一个缺憾，即存在针对特定学生的教材适用性问题。换言之，如果特定教材对特定学生的适用性不足，不免影响人才培养的效果和质量。故近年来不少学校根据自身学生的情况，开始尝试编写适于自用和相近学生共用的教材。

呈现在我们面前的《大学生创新创业教程》，即是杨雪梅、王文亮等同行结合创新创业教育新需求而编写的很有特点的教材。

（三）

这本教材有以下特点：

一是系统叙述了创新创业相关知识。涉及创新思维、创意开发、机会选择、创业者与创业团队、创业资源、创业融资、商业模式、创业政策、创业计划撰写等内容。其中既凸显重点,又详尽可读。

二是知识学习形式多样化。既有系统的知识叙述,又设计有必要的项目训练。为避免学生阅读中可能出现的视觉疲劳,还穿插有一些小故事。这些做法有助于学生一气呵成阅读并理解相关内容。

三是努力使学生较为全面、深入、鲜活地理解创新创业。相应整理、编写了一些"综合案例"。如黄河科技学院的创业历程、李威与飞轮威尔自平衡车、快递箱上发现"绿色商机"、ofo共享单车、互联网坚果品牌——三只松鼠。这些案例的引入,必有助于学生更好地理解创新创业的相关问题和规律。

(四)

《大学生创新创业教程》的编写出版,绝非一件应景之作,而是一项有可能在中原大地助推创新创业教育"冲击波"的努力。

杨雪梅、王文亮等同行近年来积极开展创新创业及其教育研究,形成了一系列有价值的成果。《大学生创新创业教程》中的素材,有对同行研究成果的借鉴,更多的则是对于他们自己研究成果的融入。就创新创业、创新创业教育等方面问题,他们有着诸多有别于同行的认识,这在该书中得到了较为充分的展示。

我相信,该书的出版不仅对黄河科技学院创新创业教育的深入开展有重要推动,而且对其他高校创新创业教材建设也有借鉴作用。该书也可供对创新创业感兴趣的业界人士阅读。相信读了这本书的创新创业者,未来的创新创业之路将会少一些迷茫、多一些成功。

值此,真诚祝贺《大学生创新创业教程》的出版。

雷家骕

清华大学经管学院创新创业与战略系教授

教育部高校创业教育指导委员会委员

2017年5月

第2版 前言

《大学生创新创业教程》(第1版)为河南省"十四五"规划教材、黄河科技学院示范性应用技术大学创新教材、清华大学出版社21世纪经济管理精品教材。自2017年出版以来,教材被国内众多院校采用,受到了广大读者的好评,并提出了相应的修改建议。为满足中国特色社会主义新时代、社会主义现代化建设新阶段、国内国际双循环新发展格局对创新创业型人才的新需求,打造创新创业升级版,构建创新创业"五育"新平台,特对第1版教材进行修订。

《大学生创新创业教程》第2版的修订工作突出了以下特点。

第一,理论知识更加系统,课程思政更加彰显。

本教材修订内容中涉及创新思维、创意开发、创业机会选择、创业者与创业团队、创业资源、创业融资、商业模式、创业政策以及创业计划的撰写等,创新创业理论内容更加系统充实,重点凸显又详尽可读;同时,修订教材更加注重课程思政,以习近平新时代中国特色社会主义思想为指导,有机融入社会主义先进文化,内容积极向上,引导学生树立正确的世界观、人生观和价值观。

第二,案例选取更加鲜活,实践实训突出实战。

本教材中的创业案例除了经典案例之外,整合并引入黄河科技学院部分学生的创业案例,案例真实鲜活、原创价值高、地域特色突出,使学生在阅读教材时更具有信任度;设计了与理论知识对应的实践项目训练,增强了学生学习的兴趣,有助于学生主动学习,便于学生课堂内外进行相关实践实训。

第三,线上学习更加便捷,线上线下更加融合。

充分借助于互联网信息技术,实现创新创业教育数字化。在传统的纸质教材基础上,增加拓展阅读、即练即测题、案例、视频等数字资源和展示方法,线上线下有机融合,增加教材信息分享数量,并提升内容质量。同时,为了助力实现翻转课堂的效果,教材编写组倾力打造了配套课程公众号——黄河科技学院创新创业学院七喜创客,以及省级精品在线开放课程"创业基础"https://www.icourse163.org/course/HHSTU-1002920002。欢迎大家关注!

本书第2版由杨雪梅、王文亮任主编,负责总体设计和审稿定稿。张红玉、岳佳坤、李瑞任副主编,负责修改统筹工作。第一、第二、第三章由李瑞修订,第四章由田瑞青修订,第五章由李娜修订,第六、第七章由王爽爽修订,第八章由岳佳坤修订,第九、第十章由张红玉修订,第十一章由吴昊修订。在修订过程中参阅了大量的相关书籍,谨向这些作者表示最诚挚的谢意。

　　本书的研究与编写受到以下项目支持:河南省高等教育教学改革研究与实践重点项目——应用型大学面向地方产业构建"四联五融"育人模式的研究与实践(2019SJGLX163)、河南省高等教育教学改革研究与实践重大项目——应用型高校创新创业教育全链条"培养-孵化"体系研究与实践(2017SJGLX001-2),在此表示感谢! 同时,感谢清华大学雷家骕教授、吉林大学葛宝山教授、电子科技大学鲁若愚教授在本书编写过程中给予的指导和帮助。感谢清华大学出版社高晓蔚等编辑的辛勤工作。

　　特别感谢中国工程院院士、黄河科技学院学术委员会主任、创新创业学院特别顾问刘人怀教授,对本书修改提供了理论指导并在百忙之中为本书作序。

　　由于编者水平有限,书中难免有疏漏和不尽如人意之处,敬请指正。

杨雪梅

2021 年 5 月

第1版 前言

　　中国高等学校开展创新创业教育责无旁贷,恰逢其时。1912 年奥地利著名经济学家熊彼特在其《经济发展理论》一书首次提出创新的概念,并于 1934 年又提出了创业的概念。1947 年哈佛大学商学院率先开设创业教育课程,开启了高校创新创业教育的新航程。目前欧美等创新型国家高校的创新创业教育已经普及,为经济社会发展培养了数以亿计的创新创业型人才。自 20 世纪 80 年代起,随着国有企业改革和大学生分配制度改革的不断深入,我国各高校就业和创业教育逐步开展。1998 年教育部首先在 9 所高校开展创业教育的实践探索。特别是党的十八大提出创新驱动发展战略,"大众创业、万众创新"成为新常态下新经济发展的新引擎。2015 年国务院办公厅印发《关于深化高等学校创新创业教育改革的实施意见》,对高校开展创新创业教育提出了"三步走"战略,到 2020 年建立健全课堂教学、自主学习、结合实践、指导帮扶、文化引领等融为一体的高校创新创业教育体系,满足创新型国家建设对创新创业型人才的新需求。

　　针对在校大学生编写一本创新创业教材很有必要。随着大学生创新创业教育的深入推进,大学创新创业教材建设应运而生。国内部分重点高校在翻译国外教材的基础上,自编创新与创业类型教材较多,从某种意义上基本满足了创新创业教育的需要。但编者认为,目前已经出版的教材要么属于创新管理类,要么属于创业管理类,在创新创业知识体系融合上不免有"两张皮"现象。虽雷家骕教授等国内大咖也做了这方面的领先型探索,其对在校大学生创新创业教育的针对性稍有欠缺。本书编写者根据近几年讲授大学生创新创业课程的体会,就写了这本小书以示探索。力求简明扼要,重点突出,易读、易懂、易用,贵在培养大学生创新创业的实战能力。

　　本书以创新创业过程为内容主线,主要包括:创新创业内涵与特征、创新创业思维、创意开发、机会选择、创业者和创业团队、创业资源、创业融资、商业模式、创业政策和创业计划书等,满足教育部对在校大学生开展创新创业教育的基本要求。本书由杨雪梅、王文亮任主编,负责总体设计和审稿定稿,并分别编写第一章和第十一章。张红玉、岳佳坤、李瑞任副主编,负责章节编写和修改统筹工作。第二、第三、第四章由李瑞编写;第五、第六、第七章由岳佳坤编写;第八、第九、第十章由张红玉编写。在写作过程中参阅了大量的相关书籍,谨向这些作者表示最诚挚的谢意。感谢清华大学雷家骕教授、吉林大学葛宝山教授、电子科技大学鲁若愚教授在本书编写过程中给予的指导和帮助,特别是雷家骕教授欣然为本书作序。感谢清华大学出版社高晓蔚等编辑的辛勤工作。

由于写作者理论水平和写作能力所限,书中疏漏和不尽如人意之处难免,恳请同行专家和读者批评指正,以再版时予以修改。

杨雪梅　王文亮

2017 年 6 月

目 录

第一章

创新创业概述

故事引入

打造校园手机 APP

"我最初的想法是方便同学查成绩，还有让新来的学弟学妹尽快熟悉校园环境和开学查课表。"黄河科技学院国际学院的学生赵琦道出了开发校园生活 APP 的初衷。一个简单的想法，在这个小伙带领的智慧团队的运筹下，竟然成就了一番事业。

在有了这个想法之后，赵琦开始全力以赴进行开发运作。首先，他运用自身所学用了两周的时间设计出这个客户端。其次，他开始组建智慧团队，招募有特长的同学加入运作团队。"他们都是自愿来做的，不拿工资，但是投入了很大的热情和很多时间，每天在线运作时间平均有 20 多个小时。"

在设计客户端的模块时，赵琦将心比心，设计出"失物招领""找'组织'""科大快讯""科大论坛（八卦）""兼职招聘""创业格子""学霸乐园"等贴近大学生生活的模块。"设计出的模块很多，我和团队经过仔细斟酌，去掉了一些不够贴近生活或者和其他业务重复的模块。在接下来的全校公测后，我们还会进一步调整，争取使这个 APP 更符合大学生需要。"

为了保证 APP 在我校能够顺利运行，而且未来能在更多高校推广，赵琦注册成立了郑州桔子网络科技有限公司。目前公司有成员 12 人，设立运营部、市场部、技术部、宣传部和设计部共 5 个部门，主营业务就是 APP 资源开拓和运行推广。"现在已经有 20 家企业和我们合作开展兼职招聘。校园内多家店铺在我们的客户端上开展业务。"他说，下一步将开发"上课签到"功能，准备在暑假新生开学后全面推行。

目前，赵琦设计开发的这个 APP 客户端在全校公测每日下载突破 500 次，总下载量超过 5000 次，适用人群还在与日俱增。

面对未来的发展，赵琦和他的团队充满了信心，决定要将这个 APP 做强做大，推广到社会上去，方便更多的人……

（资料来源：《黄河科技大学学报》。）

第一节 创 新 概 述

创新（innovation）一词起源于拉丁语。它有三层含义：一是更新；二是创造新东西；三是改变。

一、创新的含义

1912年熊彼特（Schumpeter，1883—1950，美籍奥地利经济学家）在他的德文版著作《经济发展理论》中，首次提出了创新的概念。熊彼特认为，"创新"就是把一种从来没有过的关于"生产要素的新组合"引入生产体系。其目的是获取潜在的利润。熊彼特的理论一开始并没有引起足够的重视，直到1934年他的作品用英文出版后，才引起了学界的广泛关注。

创新的最初含义主要以技术创新为主，是指创造新技术并把它引入产品、工艺或商业系统之中，或者创造全新的产品和工艺以及对现有产品和工艺的重大技术改进，并且产品被引入市场（产品创新）或生产工艺得到应用。

以后，不同学者给出了创新的不同定义：

美国著名经济学家曼斯菲尔德（Edwin Mansfield）认为："一项发明，当它首次被应用时，可以称之为技术创新。"

美国加州大学伯克利分校哈斯商学院教授亨利·切萨布鲁夫（Henry Chesbrough）认为："创新意味着进行发明创造，然后将其市场化。"

国务院1999年颁发的《关于加强技术创新，发展高科技，实现产业化的决定》中关于技术创新的定义相对较为系统："企业应用创新的知识和新技术、新工艺，采用新的生产方式和经营管理模式，提高产品质量，开发生产新的产品，提供新的服务，占据市场并实现市场价值。"

创新是指以现有的思维模式提出有别于常规或常人思路的见解为导向，利用现有的知识和物质，在特定的环境中，本着理想化需要或为满足社会需求，而改进或创造新的事物、方法、元素、路径、环境，并能获得一定的商业价值或者社会价值的活动。

🌿 **小贴士**

从哲学角度对创新的理解

从认识论的角度看，创新是人超越自然，达成自觉自我的必备途径。创新就是人的自觉自发;从矛盾论的角度看,创新与积累行为构成一个矛盾发展过程。创新是对重复、简单的劳动方式的否定,是对人类实践范畴的超越;从辩证法的角度看,创新包括肯定之否定与否定之肯定。前者是从认同到批判的暂时过程,而后者是一种自我批判的永恒阶段。因此,创新就是一种"怀疑",是永无止境的。

二、创新的特征

不同学者对创新理解的角度不同,对创新基本特点的理解也不尽相同。本书主要从目的性、变革性、新颖性、超前性、价值性来论述创新的特征。

(1)目的性。任何创新活动都有一定的目的,这个特性贯彻于创新过程的始终。创新总是为了解决某一问题,围绕着解决一定的问题而进行的,它总是与某个任务相联系的。所以说,创新是一种有目的的认识世界和改造世界的实践活动。

(2)变革性。创新是对已有事物的改革和革新,是一种深刻的变革。"穷则变,变则通,通则久"。这个由"变"到"通"的过程,就是创新的过程。故步自封就没有创新。

(3)新颖性。创新是把新的或重新组合和再次发现的知识,引入到所研究对象系统的过程,是引入新概念、新思想和新方法的过程。因此其成果必然是新颖的,"求新"是其灵魂。

(4)超前性。创新以求新为灵魂,具有超前性。这种超前是从实际出发、实事求是的超前。

(5)价值性。从创新的效果来看,创新有明显、具体的价值,对经济社会具有一定的效益。创新是各种社会事物进步与发展的共同因素,它能够满足人们的某种需求,促使企业获得成功,国家经济活力得到增强,社会取得进步。如若创新没有价值,创新也就失去了意义。创新成果的价值主要体现为社会价值、经济价值和学术价值。

三、创新与相关概念的关系

1. 创新与创造

创造强调的是第一次,它在"首创"或"第一"问题上是绝对的。而创新则是相对的概念,"创新"要比"首创""前所未有"的"创造"更宽泛,它既包含了"前所未有",也包含着对先前原有创造的"重新组合"和"再次发现"。所以,"创新"的概念包含着"创造",但"创造"并不包含"创新"。

2．创新与发明

发明既有促进社会发展的积极发明，也有阻碍社会发展的消极"发明"；如计算机的发展是积极发明，而电脑算命、计算机病毒则是消极发明。核科学和技术的发展是积极发明，而核武器的发展则是消极发明。但是，创新则不同，创新必须要能促进社会的发展。所以说，发明只是创新过程的一部分。

3．创新与企业家精神

"企业家"这一概念是由法国经济学家理查德·坎蒂隆在 18 世纪 30 年代首次提出，即：企业家使经济资源的效率由低转高；"企业家精神"则是企业家特殊技能（包括精神和技巧）的集合。或者说，"企业家精神"指企业家组织建立和经营管理企业的综合才能的表达方式，它是一种重要的无形生产要素。创新是企业家精神的灵魂。此外，企业家精神一般还包括关于冒险、勇于开拓、善于学习、执着、敬业、合作、诚信等特征。

四、创新的基本类型

创新可以从不同角度分类。按照创新类型和内容分为产品创新、过程创新、商业模式创新和服务创新。

🍃**小贴士**

语音技术的先锋科大讯飞

科大讯飞的语音技术集中在语音合成、语音识别、口语评测、自然语言处理等方面。在目前的中文语音市场中，科大讯飞已经占据了 70％的市场份额。手机上几乎身边所有的应用，包括各大运营商、银行等客服电话，只要涉及语音技术，大多是来自科大讯飞的声音，或者采用的是科大讯飞的技术。在国人最常使用的手机应用中，诸如微信、QQ、滴滴出行、高德地图、携程、大众点评、新浪微博等，使用的语音技术，全部来自科大讯飞，科大讯飞通过这些终端覆盖超过 7 亿的用户，每天在线服务量达 15 亿次。

拓展阅读

1．产品创新

传统意义上将产品定义为有形的、物理的物品或原材料等产品。近年来，服务行业的公司（保健、保险、金融、通信、专业服务等）也开始把它们提供的服务业务称为"产品"。所以，打破传统行业边界，越来越多的产品制造商开始围绕产品向顾客提供服务。

服务型公司和制造商都趋向于使用"产品"这个名词来描述其提供的内容，但服务和服务型公司的"产品"还是与一般产品有所区别,最主要的一点是,服务往往是无形的,而一般产品是有形的(例如一份保险是无形的,而一辆汽车是有形的),服务型产品的生产和消费是同时进行的,它的配送也需要人的高度参与(如医疗和美容),无法通过专利等法律手段来抵制模仿行为。

所以说,产品创新是指一种能够满足客户需要或能够解决顾客问题的新产品。例如,苹果公司推出的 iPhone 手机、保险公司推出的新保单等都是产品创新。

产品创新是一个全过程的概念,包括新产品的研究开发过程,也包括新产品的商业化扩散过程。

2. 过程创新

过程创新也称工艺创新,是指把一种新的生产方式或流程引入生产体系,它包括新工艺的应用、新装备和新的生产管理方式流程的应用。

对于制造型企业来说,过程创新包括采用新工艺、新方式、整合新的制造方法和技术以获得成本、质量、周期、开发时间、配送速度等方面的优势,或者提高大规模定制产品和服务的能力,例如在生产洗衣机时采用了新钢板材料,或者洗衣机的生产线设备从传统机床更换为数控机床,从而降低成本,提高生产效率,这就是过程创新的例子。

产品创新的目的是提高产品设计与性能的独特性,过程创新的目的是提高产品的质量、降低生产成本、提高生产效率、降低消耗与改善工作环境等。过程创新能够增加企业盈利,降低生产成本,提高生产力,并提高员工的工作满意度。

企业通过过程创新为顾客提供完善的前台服务,并增加新型服务,也就是顾客看得见的新"产品"。

3. 商业模式创新

商业模式创新,是指对目前行业内通用的顾客创造价值的方式提出挑战,力求满足顾客不断变化的要求,为顾客提供更多的价值,为企业开拓新的市场,吸引新的客户群。

商业模式创新的特点如下。

(1) 商业模式创新更注重从客户的角度,从根本上思考设计企业的行为,视角更为外向和开放,更多注重和涉及企业经济方面的因素。商业模式创新的出发点,是如何从根本上为客户创造增加的价值。因此,它逻辑思考的起点是客户的需求,根据客户需求考虑如何有效满足它。商业模式创新不仅涉及技术,同时也与技术所蕴含的经济价值及经济可行性有关。

(2) 商业模式创新不是单一因素的变化。它常常涉及商业模式多个要素同时有大的变化,需要企业组织的较大战略调整,是一种集成创新。商业模式创新往往伴随产品、工艺或者组织的创新。反之,则未必足以构成商业模式创新。如开发出新产品或者新的生产工艺,就是通常认为的技术创新。技术创新,通常是对有形实物产品的生产来说的。但如今是服务为主导的时代,如美国2006年服务业比重高达68.1%,对传统制造企业来说,服务也远比以前重要。因此,商业模式创新也体现为服务创新,表现为服务内容及方式,及组织形态等多方面的创新变化。

(3)从绩效表现看,商业模式创新如果提供全新的产品或服务,那么它可能开创了一个全新的可盈利产业领域,即便提供已有的产品或服务,也更能给企业带来更持久的盈利能力与更大的竞争优势。传统的创新形态,能带来企业局部内部效率的提高、成本降低,而且它容易被其他企业在较短期时期模仿。商业模式创新,虽然也表现为企业效率提高、成本降低,由于它更为系统和根本,涉及多个要素的同时变化,因此,它也更难以被竞争者模仿,常给企业带来战略性的竞争优势,而且优势常可以持续数年。

4. 服务创新

现代经济发展过程中一个显著的特征是服务业的迅猛发展,其在国民经济中的地位越来越重要。服务业已经成为世界经济发展的核心,是世界经济一体化的推动力。越来越多的企业和服务行业开展服务创新,以提高生产和服务产品的质量,降低企业的成本率,发展新的服务理念。

服务创新是企业为了提高服务质量和创造新的市场价值而发生的,服务要素来源于技术创新,两者之间有着紧密的联系。但由于服务业的独特性,使服务业的创新与制造业的创新有所区别。

服务创新主要分为服务产品创新、服务流程创新、服务管理创新、服务技术创新和服务模式创新。

第二节 创 业 概 述

一、创业的含义

随着全球创业的兴起,创业已经引起学术界越来越多的关注和兴趣,越来越多的人开始对这一领域进行研究。尽管如此,创业还远没有形成一个单独的理论体系和学科领域,对创业的定义和内涵理解角度也各有不同。

柯兹纳(Kirzner,1973,奥地利经济学家)则从创业者的心理特性,特别是认知特性来研究创业。他认为,创业者必须具有特殊的"敏感性",只有能够敏感地感知到市场获利机会的人才可能成为创业者。可见,柯兹纳的创业理论更强调创业者的主观能动性。

创业教育大师杰弗里·A.蒂蒙斯(Jeffry A. Timmons,1942—2008,美国管理学家,百森商学院著名教授,有"创业教育之父"称号)认为:"创业是一种思考、推理和行为方式,它为机会所驱动,需要在方法上全盘考虑并拥有和谐的领导能力。"

罗伯特·D.希斯瑞克(R. D. Hirsch,2000)认为,创业是一个发现并捕捉机会并由此创造出新颖的产品、服务或实现其潜在价值的过程。

德鲁克(P. F. Drucker,1909—2005,现代管理之父)认为,创业是一种行为,其主要任务就是变革。

哈佛商学院教授史蒂文森(Stevenson)对创业的定义是:创业是不拘泥于当前资源条件的限制对机会的追寻,将不同的资源组合并加以利用,开发机会并创造价值的过程。这一定义充分揭示了创业的实质内涵。

我国一些学者以及清华大学创业研究中心对创业的内涵进行了综合,他们认为,创业内涵包括以下几个方面:①创业是开创新业务、创建新组织、组合新资源、发掘和创造新价值等一系列的具有创新性的活动;②创业是企业管理的一种手段和指导思想;③创业是一种高风险的活动;④创业活动是在企业管理过程中实现的;⑤创业利润的三个来源:对于创新的回报、对于风险的补偿、对于企业高效管理和运作的回报。

另外有些学者还将创业分为狭义、次广义和广义三个概念层次。狭义的创业是指创建一个新企业的过程;次广义的创业是指通过企业创造事业的过程,包括创建新企业和企业内部创业两个层次的内容;广义的创业概念是指创造新的事业的过程,也即包括所有各种不同性质和规模的事业的创造,例如"家业"这一小规模的"事业"和职业生涯规划等内容。

综合以上观点,从广义上而言,创业的本质是不拘泥于当前资源条件的限制对机会的追寻,将不同的资源组合以利用,开发机会并创造价值的过程。这种价值创造活动是一种创新活动,是通过创业者的创业精神体现出来的;狭义上而言,创业是创业者发掘创意,捕捉商机,承担风险并投入已有的技能知识,配置相关资源,为消费者提供产品和服务,为个人和社会创造价值和财富的创建新企业的过程。

二、创业的基本类型

创业从不同的角度可以分为以下不同类型。

1. 生存型创业与机会型创业

依据创业者的创业动机不同,全球创业观察(GEM)首先将创业分为生存型创业和机会型创业。生存型创业(necessity-push entrepreneurship)是指没有对创业行为进行更好的选择,为了谋生不得不或不完全自觉地走上创业之路。这类创业大多没有长期的目标和强烈的创业主观愿望,往往会模仿他人,且规模较小;它只在现有市场上寻找机会,而很少创造新需求。由于其创业动机仅仅是为了谋生,往往小富即安,很难做大做强。

机会型创业(opportunity-push entrepreneurship)的出发点并非单纯为了谋生,而是为了主动抓住和利用市场机遇创造价值和实现自身理想。由于其有强烈的创业意愿,往往能敢于开拓新市场、创造新需求,从而可能带动新的产业发展,进而做大做强。

生存型创业产生的小规模的创业企业吸收和解决就业的数量有限,其简单重复的创业活动一般停留在产业链低端。而由机会型创业催生的企业更有志于开发潜在需求,容易上升至产业的核心技术,提升和创造产业链高端价值,对于提高国家核心竞争力有很大溢出效应。世界发达国家的创业活动均以机会型创业为主,如美国 90%以上的创业属机会型创业。而我国由于经济发展水平和社会环境的原因,机会型创业所占比例还较小,绝大多数的创业活动仍然是生存型创业。

生存型和机会型创业取决于多种因素,并非完全由主观因素决定。如创业者的能力及所处的外部政治、经济、文化环境都对创业类型的选择有决定性的作用。因此,加强创业教育和培训,提高创业者的内在创业能力和素质,创造良好的创业外部环境,就会逐步增加创业者选择机会型创业的比例。

2．个体创业与公司创业

按照新企业创建的渠道,创业可以分为个体创业和公司创业。

个体创业是指创业者个人或团队白手起家进行创业。而公司创业主要是由已有组织发起的创业性行为,通常称为二次创业或者公司内创业。虽然在创业本质上,公司创业和个体创业有许多共同点,但是由于起初的资源禀赋、组织形态、战略目标等不同,在创业风险承担、成果收获、创业环境、创业成长等方面也有很大的差异。

3．大学生创业、失业者创业、兼职者创业和农民工返乡创业

按照创业主体的社会角色不同,可分为大学生创业、失业者创业、兼职者创业和农民工返乡创业。

大学生毕业后不选择固定职业就业,而是进行自主创业,以这些群体为主体的创业称作大学生创业。大学生为了体现自我价值,愿意做自己想做的事,于是进行创业。他们有的以所学专业创业,有的却是非所学专业,却都可以创业成功。

大学生创业的主要模式有模拟孵化、概念创新、加盟代理、积累演进、连锁复制、分化拓展和技术创新等。按照大学生参加创业活动的时机划分,可以分为三种模式:兼职型创业、休学创业、大学毕业后创业。

🌿 小贴士

大学生创业几种典型模式

模拟孵化模式，是大学生受各种创业大赛的驱动和高校创业园区环境的熏陶、资助、催化而进行的创业活动。该模式对资金、技术、创业者能力以及政府支持要求较高。限于大学生的专业特点和局限性，通常孵化项目属服务行业项目。

概念创新模式，是大学生根据自己的新颖构想、创意、点子进行的创业活动。该创业模式集中于装饰、教育培训、家政服务等新兴行业，创业的资金需求量较大，组织管理上个人独资、合伙、股份公司均可。但对个人的能力要求较高，要求创业者具有良好的知识、技术和素质。

加盟代理模式，是大学生个人或团队以"小型办公室"形式从事创业活动，凭借加盟企业的品牌开展业务。财经类院校大学生选择这种模式的比例很高，选择行业主要是科技含量比较低的服务行业。在校大学生以此模式创业具有以下优势：一是充分了解学生的消费需求，立足校园以及周边市场，能够更好地服务学生消费群体；二是具有较高的市场敏感性，能深入了解市场，同时有较强的沟通能力，了解大学生市场的需求。但是由于缺乏创业基金，大部分的大学生选择加盟代理模式也只是做校园代理，企业规模和未来发展都受到了限制。

积累演进模式，即大学生在实现就业的同时积累资本和经验，由个人或几个人组成创业团队而白手起家。该模式的资金需求较小，在管理上主要是采取自我雇佣的业主组织形式，产权关系上以个人独资或合伙投资经营为主。大学生利用专业知识对环境进行分析，在学校周围经营服装、餐厅、酒吧、化妆品等生意，积累原始资本。由于自身对大学生消费群体较了解，所以成功的概率较高。

不少失业者也可以通过自身努力，成功进行创业。这类创业大多选择服务性行业，因其投资少、回报快、风险低。

兼职者创业也占据了创业很大的一部分。大专院校、科研院所的教授和科研人员有的会利用业余时间创建公司。另外，一些在校的大学生、研究生在读书期间也可以创建公司。

农民工返乡创业是农民工在城市务工后，返回家乡，利用打工期间所掌握的知识和技能进行创业。大量的农民工通过返乡创业在工业化、城镇化、农业现代化建设中发挥着重要的作用。农民工返乡创业可以带动农村经济的快速发展，对于提高农民生活水平和文化水平，以及建设和谐向上的社会主义新农村具有很重要的意义。

4．传统技能型、高新技术型和知识服务型创业

按照创业项目分类，可分为传统技能型、高新技术型和知识服务型三种。

传统技能型创业指使用传统技术、工艺进行创业。比如酿酒、饮料加工、工艺美术品、服装、食品加工、修理等。行业中的独特技能拥有长久不衰的竞争力，许多现代技术也无法与之竞争。

高新技术型创业指的是采用知识经济、高科技、知识密集型产业项目进行创业。高新技术型创业多带有前沿性，包含技术研发和开发的性质。

知识服务型创业是以各类知识咨询服务的方式进行创业。如律师事务所、会计师事务所、管理咨询公司、广告公司等。知识服务型项目具有投资少、见效快、周期短的特点。

5．依附型、尾随型、独创型和对抗型创业

按创业风险分类，可分为依附型、尾随型、独创型和对抗型创业。

依附型分为两种情况：一是依附于大企业或产业链而生存。在产业链中确定自己的角色，为大企业提供配套服务。如专门为某个或某类企业生产零配件，或生产、印刷包装材料。二是特许经营权的使用。如麦当劳、肯德基，利用品牌效应和成熟的经营管理模式，减少经营风险。

尾随型创业即模仿他人创业。创业者所开办的企业和经营项目均无新意，行业内已经有许多同类企业，新创企业只是尾随他人之后，向他人学着做。尾随的第一个特点，是短期内不求超过他人，只求能维持下去，随着学习的成熟，再逐步进入强者行列。尾随的第二个特点，是在市场拾遗补阙，不求独家承揽全部业务，只求在市场上分得一杯羹。

独创型创业可表现在诸多方面，归结起来，集中在两个层面：一是填补市场需求内容的空白，二是填补市场需求形式的空白。前者是经营项目具有独创性，独此一家，别无分店。大到商品独创性，小到商品的某种技术的独创性。独创性也可以表现为一种服务，如现在的起名公司。当然，独创型创业也具有一定的风险性，因为消费者对新事物总会有一个接受的过程。另外，独创型创业也可以是旧内容的新形式，比如上门产品销售、网络销售等。

对抗型创业是指进入其他企业已形成垄断地位的某个市场，与之对抗较量。这类创业必须做到知彼知己，对市场情况了如指掌，然后依据自身优势，快速科学决策，抓住市场机会，成功创业。

6．初始创业、二次创业与连续创业

按创业周期划分，可分为初始创业、二次创业与连续创业。

初始创业是一个从无到有的过程。创业者通过挖掘市场潜在需求、寻找商机、评估创业机会、分析市场和自身优势与劣势。创立企业，并进行招聘员工、建立组织、投入资

本、实施运营、营销产品或服务,不断扩大市场,逐步获得盈利的过程就是初始创业。初始创业通常是创业者不断地边干边学,同时他们也承担着很大的心理压力和经济压力。

传统的企业认为,新建企业为创业,老企业只存在守业问题,不存在创业问题。实际上,这种想法是不正确的。因为,在当今知识经济时代,信息迅猛发展,经济发展变化很快,全球经济一体化的形势,唯一不变的是都在变。因而,任何企业单纯地守业是守不住的。企业必须时刻保持变革的心态,在发展过程中也要考虑再次创业。因而,创业是个动态的过程,伴随着企业全部的生命周期。企业的生命周期分为投入期、成长期、成熟期和衰退期四个阶段。创业表现为投入期,而在成熟期还再次考虑开拓新市场、满足新需求、谋求新发展的就是二次创业。二次创业可以使企业推迟进入衰退期,持久地保持成长期和成熟期的良好状态,彰显长久的竞争优势。

连续创业是指从初始创业到二次创业,再到三次、四次创业,在企业的生命周期中不断地制造、生产、研发、开拓新市场,从而进行多次连续的创业过程。使企业的规模、实力不断扩大,抗风险和适应能力不断加强,从而使企业不断做强做大,这个过程就是连续创业。

三、创业的关键要素

在人们对创业要素的认知和分析中,最为典型和公认的创业要素模型为蒂蒙斯(Timmons)模型。该模型提炼出了创业的三大关键要素。即创业机会、创业者及其创业团队、创业资源。一般认为,这几个核心要素是创业活动中不可或缺的。如果没有机会,创业活动就成了盲目的行动,难以创造真正的价值。应该说机会是普遍存在的,关键要看创业者及其创业团队能否有效识别和进一步开发机会,如果没有创业者及其创业团队的主观努力,创业活动是不可能发生的。创业者及其创业团队把握住合适的机会后,还需要有相应的资金和设备等资源。如果没有必要的资源,机会也就难以被开发和实现。

蒂蒙斯模型具有动态性的特征,认为创业过程实际上是三个因素之间相互作用,由不平衡向平衡方向发展的过程(如图1-1所示)。随着创业过程的展开,其重点也相应发生变化。创业要能对机会、创业者及其创业团队、资源三者作出动态的调整。因此,该模型还要求三要素之间的匹配和平衡。创业现象也被认为是创业者、机会和资源三者之间的有效链接。其中创业者是创业的核心,是使机会识别利用与资源获取组合得以实现的驱动者。

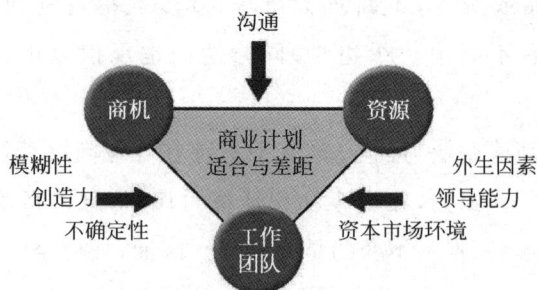

图 1-1 蒂蒙斯模型

四、创业的主要过程

创业过程是由创业者从产生创业想法,到创建新企业或开创新事业,并获取回报构成,涉及识别机会、组建团队、寻求融资等一系列活动组成的流程。通常分为以下 6 个主要环节。

1. 产生创业动机

创业动机是创业机会识别的前提,是创业的原动力。它推动创业者去发现和识别市场机会。创业活动的主体是创业者,创业活动首先取决于个人是否希望成为创业者。当然,不少人是因为看到了创业机会,由于潜在收益的诱惑,才产生了创业动机,进而成为一名创业者或创业团队人员。一个人能否成为创业者,会受三方面因素的影响:一是个人特质。每个人都可能具有创业精神,但其创业精神的强度不同,强度的大小有遗传的成分,更受环境的影响。比如温州人的创业意愿相对强烈,其中环境起到了很大的作用。二是创业机会。创业机会的增多会形成巨大的利益驱动,促使更多的人尝试创业。社会经济转型、技术进步等多方面的因素在使创业机会增多的同时,也会降低创业门槛,进而促成更大的创业热潮。三是创业的机会成本。人们能从其他工作获得高收入和满足需求,创业意愿就低。比如科学家独立创业的少,是因为科学家已经谋得了一份收入相对丰厚而且稳定的工作,所以就较少愿意去冒创业风险。

2. 识别创业机会

识别创业机会是创业过程的核心环节。识别创业机会包括发现机会来源和评价机会价值。一般应澄清四个基本问题:第一,机会来自于哪里? 就是说创业者应该找到创业机会的来源在哪里。第二,受何影响? 就是说创业者应该找到影响创业机会的相关因素。第三,有何价值? 就是说创业者应该找到创业机会所具有的并能被评价的价值。第四,如何实现? 就是说创业者应该明了能通过什么形式或途径使机会变成实际价值。围绕这些问题,创业者在识别创业机会阶段需要采取行动,多交流、多观察、多分析,最终抓住创业机会。

3．整合有效资源

整合资源是创业者开发机会的重要手段。一般情况下,创业者可以直接控制的可用资源往往很少,创业几乎都会经历白手起家,从无到有的过程。对创业者来说,整合资源往往意味着需要借船出海,要善于尝试依靠盘活别人掌握的资源来帮助和实现自己的创业起步。人、财、物都是开展创业活动所必需的基本生产要素。创业者所需要整合的资源,首先是要能组建团队,凝聚志同道合的人;其次是要能进行有效的创业融资;最后是要有创业的基础设施,包括创业活动的场地和平台。创业是在创业者面对资源约束情况下开展的具有创造性的工作,一定会面临很大的不确定性,所以创业者在初创期乃至新企业成长的很长一段时间里,都要把主要精力放在资源的获取上,以解决公司和企业的生存问题。此外,创业者还需要围绕创业机会设计出清晰的有吸引力的商业模式,而且还需要详细的创业计划,以此向潜在的资源提供者陈述或者展示,以获取更多的资源支持。

4．创建新企业

新企业的创建是创业者的创业行为最为直接的标志。创建新企业包括公司制度设计,企业注册,经营地址的选择,确定进入市场的途径,包括是选择完全新建企业还是采取加入或收购现有企业等。需要注意的是,许多创业者在创业初期迫于生存的压力,以及对未来缺乏准确预期,往往容易忽视这部分工作,结果给以后的发展留下了隐患。

5．提供市场价值

创业者识别机会、整合资源、创建新企业等的目的是实现自己的创业目标。但真正能促成创业目标最终实现的是创业者能否提供市场价值。这是创业过程中的重要环节,关系到新企业的生存与成长。因此,创业者必须面对挑战,采取有效措施,使创业的市场价值得到充分实现,从而获得企业的长期利润。逐步把企业做活、做好、做大、做强。

6．收获创业回报

收获回报是创业活动的主要目的,对回报的获取有助于促进创业者的事业发展。回报可能是多种多样的,对回报的满意程度在很大程度上取决于创业者的创业动机。调查发现,创业者的创业动机不同,对收获创业回报的态度和想法也有所不同。对多数年轻创业者来说,获取回报最为理想的途径之一,是把自己创建的企业尽快发展成为一家快速成长的企业,并成功上市。

小贴士

大学生创业的基本条件有哪些?

有关专家总结的创业七大必备条件如下。

(1) 充分的资源(resource):包括人力和财力。创业者要具备充分的经验、学历、流动资金、时间、精神和毅力。

(2) 可行的概念(ideas):生意概念不怕旧,最重要的是可行,有长久性,可以持续开发、扩展。

(3) 适当的基本技能(skills):不是行业中的一般技能,而是通常性的企业管理技能。

(4) 有关行业的知识(knowledge):不能只陶醉于自己的理想。

(5) 才智(intelligence):创业者不一定要有高智商,但要能够善于把握时机去作出明确的决定。

(6) 网络和关系(network):创业者如果有人帮助和支持,不断扩大朋友网络和打好人际关系会带来不少方便。

(7) 确定的目标(goal):可使创业者少走弯路,有奋斗方向。

将7个条件的首个英语字母串在一起,恰好是"RISKING"(冒险)一词,也说明创业是伴随风险的。

(资料来源:http://wenku.baidu.com/view/f42a35eb19e8b8f67clcb9a8.html。)

第三节 创新创业认知实训

一、实训目的

通过本次实训,让学生了解创新创业基本概念,掌握创新创业的本质,对个体创新创业发展提出自己的规划,形成创新创业的基本认识。

二、实训要求与内容

实训一:创新创业比赛观摩与回顾

要求时间:一星期

成果形式：心得体会一篇

任务：学生以小组为单位，网络查询登录：大学生创业服务网、KAB教育服务网、创青春大赛平台、创业邦等网站，查询最新的大学生创新创业赛事信息，积极了解最新的创新创业赛事详情和进度，收集和观看不少于20个创新创业比赛的计划书和比赛视频。

实训二：创新创业访谈会

要求时间：3小时，准备一星期

展现形式：开展创业者（创客）访谈会

成果形式：访谈记录

任务：学生以小组为单位，到社会或学校的众创空间、创业孵化器、创业科技园、创客咖啡等场所，组织一次创业者（创客）访谈会，通过深入访谈，了解创业者（创客）的创业历程和对创新创业政策看法，对大学生进行创业活动的建议等内容。注意做好记录，形成材料后，进行班级集体分享。

【思考题】

1. 创新的含义是什么？
2. 如何理解创新与创业之间的关系？
3. 大学生进行创业活动都应做好哪些前期准备？
4. 创业过程包括哪些内容？
5. 如何理解"互联网＋"这一新兴词语？
6. 您如何看待大学生创业利弊？

即练即测

🎯 **案例**

甘做新时代的新农民

"做好新一代农民"，这是黄河科技学院2007级体育教育专业毕业生梁怀省给自己的定位。大学毕业后，与其说自己是一名"大学生村官"，倒不如说是一名要肩负起带领乡亲们走上全面小康重任的新时代农民。

梁怀省说："我今天能扎根基层，并在这个岗位上干得不亦乐乎，很大程度上要感谢黄河科技学院对我的培养和教育。黄河科技学院经常教导我们要有远大志向，要有服务基层、服务西部、服务边远地区的奉献意识。在校期间，我也参加了很多社会实践以提高自己的综合素质，达到了基层用人的标准，而且我从小生活在农村，坚信农村有实现我人生价值的新天地。因此毕业之际，站在人生的十字路口，我深思熟虑后决定响应国家的号召、响应学校的号召，那就是到农村去，为此我报名参加了当年选拔村干部的计划，凭着扎实的知识功底和充分的准备，经过层层选拔，在 2011 年 8 月，我如愿以偿地成为江苏省连云港市赣榆区的一名普通的'大学生村官'。"

扎根农村的梦想成真了，但梁怀省也承受着巨大的精神压力。在家人和朋友眼里，不找份稳定的好工作，竟然没出息地又回到农村；在任职所在村的群众眼里，他更是受到质疑，他们认为一个刚大学毕业的黄毛小子能做什么？也许就是来镀金的吧……大家的闲言碎语把他推上了尴尬的位置。但梁怀省没有轻言放弃，想当初胡大白校长在带领黄河科技学院发展壮大的过程中，曾遭遇过更多的非议和困难，她都能坚持下来，最终带领黄河科技学院成为民办教育的一面旗帜，而自己作为她的学生，作为一个男子汉，更应该力排众议，勇于坚持自己的理想。

回忆第一天到职时的情景，梁怀省至今仍记忆犹新："当时，我自己也不知道该说些什么好，只是沉默着，一言未发。后来，只听见村主任向大家说：'大学生村官是来帮我们村里开展工作的，带领大家致富的，你们以后有事都可以找他咨询。'"说完就让大家散了，从那一刻起，梁怀省感觉到沉甸甸的担子已经压在了自己肩上。当时的他虽然感觉担子有点重，但还是在心里告诉自己："我能做好，只要不放弃，坚持自己的梦想，我相信靠着黄河科技学院精神，不久的将来我一定能够像黄河科技学院一样做到'为国分忧、为民解愁'"。是的，既然选择了要做一名村干部，无论再苦再难都要勇敢地走下去。不怕有困难，就怕在困难面前畏惧，不能正确地去分析问题、解决问题。为了尽快取得大家的信任，梁怀省几乎片刻不得停歇，他白天走家串户，了解每家每户的基本情况，晚上就做总结，经过两个月的不懈努力，梁怀省悟到：作为一名"大学生村官"，一定要"低下去、跳起来"。所谓"低下去"，就是要家家户户地跑，去了解本地的农村收入来源有哪些，去向本村的大户请教致富的方法，把他们的观点和想法进行提炼和总结；所谓"跳起来"，就是要看到别人看不到的地方，在了解本地的情况之后，去想一些发展的新思路、新方法。同时要做好一名"大学生村官"，不光是动动嘴皮子，带领大家共同致富才是最紧迫的任务。这时乡亲们也看到了梁怀省的努力，逐渐对他亲近起来了，家里有事也愿意跟他说说，还经常邀请梁怀省去家里吃饭，这些让梁怀省的心里温暖了很多，同时也有了更多的干劲儿。

梁怀省任职的村庄比较落后，要实现长远发展，他认为首先要让村民的物质丰富起来，然后才能在精神上"富"起来。对此，他不断考察适合本地发展的项目，经过多次尝试，他选中了种植温室大棚甜瓜。2012 年 2 月，梁怀省开始了首次创业尝试，在领导的大力支持和帮助下，向银行贷款 5 万元，他建起了两栋温室大棚。三个月的辛劳忙碌，无数个日日夜夜的不眠不休,梁怀省的甜瓜获得了大丰收,推向市场后更是得到了消费者的一致好评,这让梁怀省备受鼓舞,2013 年他把大棚面积扩大到 20 余亩,随着规模的扩大和取得的良好效益,当地老百姓纷纷前来参观学习,并表示也想种植。为了让老百姓不担心技术和销售,他特意把两年的管理技术心得打印出来,供他们学习并在实践中应用。同年梁怀省还注册成立了"田宝果蔬种植有限公司",以"基地＋农户"的方式,统一管理、统一销售,解除老百姓对于销售的后顾之忧。没有了这些忧虑,有几十户人家开始和他一起搞大棚种植,2015 年种植面积更是达到 200 余亩,带动了 20 余户村民致富,解决了80 余名劳动力就业问题,2015 年甜瓜的预计产量达 80 余万斤。

如今,梁怀省在村干部的岗位上做得有声有色,他坦言:我从黄河科技学院的理念中学到了很多东西,并将受益终生。黄河科技学院的办学宗旨是"为国分忧,为民解愁,为社会主义现代化建设服务",那么他作为一名村干部,他的宗旨就是为老百姓分忧,为老百姓解愁,为农村的现代化发展服务;黄河科技学院的行动口号是"敢为天下先",他也在多年的农村生活中深刻领会了这句话的含义,他就要闯一闯,在农村带领老百姓创造一片属于他们自己的天地;黄河科技学院的办学愿景是"办一所对学生最负责任的大学",那么他就要做一位对老百姓最负责任的村干部,带领大家尽快脱贫致富;黄河科技学院有着"开拓、拼搏、实干、奉献"的精神,他更是照此去做事的,把实干和奉献作为前进的精神动力;黄河科技学院"打硬仗、上台阶、创特色、争名牌"的口号更是支持他一步一个脚印走到今天的最大动力。梁怀省表示非常感谢黄河科技学院对他的培养,他会做一个有良知的村干部,为黄河科技学院添彩,为社会主义增光,希望有一天能回报黄河科技学院多年来的培养。

梁怀省说:"能真正让老百姓富起来,我才能开心地笑,才不枉费做一名'大学生村官'。基层的路虽然很艰辛,但我选择了,就会勇敢地走下去。这一路走来经历了不少坎坷,尝遍了酸甜苦辣,但在这个过程中,我不断成长着、苦并快乐着。"做村干部以来,先后荣获连云港市赣榆区"青年岗位能手"、连云港市"大学生村官社会体育指导员先进工作个人"、连云港市"十佳大学生村官"等,这些荣誉让梁怀省信心倍增,这是社会各界对梁怀省工作的肯定,同时梁怀省也感受到自身责任的重大。今后梁怀省会一如既往地努力,为农村的全面发展作出自己的贡献。

（资料来源:黄河科技学院,经编者整理而成。）

第二章

创新思维培育

故事引入

向自己篮筐里投球的球队

在一次欧洲篮球锦标赛上,保加利亚与捷克斯洛伐克队相遇,在最后 8 秒时,保加利亚以 2 分优势领先,按说已经稳赢了,但保加利亚队叫了暂停。因为比赛采用循环制,保加利亚必须赢球超过 5 分才能在整个比赛中取胜。重新开赛后,意想不到的事情发生了,保加利亚的队员运球到自己篮下,并投入篮筐,全场都凝固了,保加利亚队是否疯了?裁判宣布打平要加赛时,大家才恍然大悟,在加时赛中,保加利亚赢了 6 分,最终赢得了比赛。不可思议的方法,解救了保加利亚队。当正常的比赛结果使得保加利亚并不能取胜时,他们灵机一动转了个弯,迂回一下,结果曲径通幽,从而达到了他们期盼的结果。显而易见,创新思维是一种能产生新想法的思维方式,它的创新品质来源于两点:其一,让人们排除固有的想法所造成的直来直往的线性思维,避开"常识""经验""逻辑"等的羁绊;其二,它能帮助策划者借鉴表面看来与问题无关的信息,从全新的角度去求解难题。

(资料来源:http://czx.jxufe.cn/czx/bencandy.php? fid=3&id=3250。)

第一节　创新思维概述

一、思维的含义

思维是人脑对客观现实间接的、概括的反映,是认识的高级形式。它和感觉、知觉一样,都是人脑对客观现实的反映。但是,它们之间也有所不同。感觉和知觉是人脑对客观现实的直接反映,这种反映是我们的感官直接与外界事物相联系的,是对事物个别属性、事物的整体和外部联系的反映。它是认识的感性阶段。思维是对客观事物的间接的、概括的反映,它反映的是客观事物共同的本质属性和规律性的联系。思维是认识的理性阶段。

通俗来讲,思维就是思考、思索,是为了完成某个任务大脑进行的活动,是思考与维度和秩序的结合。系统论的观点要求人要进行多维度、全方位的思考。所以说,一个人外在表现的能力高低,就是其思维能力在起重要作用。思维主要有以下三个基本要素构成:

(1)智力。主要表现为观察力、注意力和记忆力。

(2)知识。主要指所掌握的科学文化知识和社会经验等。

(3)才能。主要指天赋和后天技能的培养。

思维是一种能力,是先天与后天的结合,是学习与实践结合的综合能力。在思维的三个要素中,智力是基础,有了智力,通过学习拥有一定量的知识和经验,将这些知识和经验运用到实践,才能培养技能。

人的思维是在感性认识的基础上进行的,即在感知的基础上产生和发展起来的,因此,一方面思维与感知有着本质不同,另一方面思维与感知又处于不可分割的联系之中。

思维具有间接性和概括性。

1. 思维的间接性

思维的间接性是指人们借助一定的媒介和知识经验对客观事物进行间接的认识。例如,我们可借鉴4000万年前珠穆朗玛峰地区的海洋生物化石,推断出"世界屋脊"在那时还是一片汪洋大海;如医生能通过病人的舌头、体温、脉搏、血压、脸色等,便可了解病人身体内部脏器的活动状态。珠穆朗玛峰在4000万年前的地貌、病人身体内脏的活动状态,我们不能直接认识,它们不能直接呈现在我们面前,但我们可以借助海洋生物化石和病人的外在表现,做出正确的判断,这就是思维的间接性。

2. 思维的概括性

思维的概括性是指在大量感性材料的基础上,把一类事物共同的特征和规律抽取出来,加以概括。表现在两个方面,第一,思维反映的是一类事物所共同的、本质的属性。第二,思维还可以反映事物的内部联系和规律。

思维是以感觉、知觉、表象为基础的认识的高级阶段。这种认识的高级阶段的实现,是以感觉、知觉、表象提供的材料为基础,通过分析、综合、比较、抽象、概括等过程要素予以完成的。

二、创新思维的含义

创新思维是指创造性思维,是一种具有开创意义的思维活动,即开拓人类认识新领域,开创人类认识新成果的思维活动。创新思维是指发现、发明别人所不曾创立的理论、知识、技术、方法、实物、模型等的思维活动和思维结果。它往往表现为发明新技术、形成新观念、提出新方案和决策,创建新理论等。创新思维不仅表现为作出了完整的新发现和新发明的思维过程,而且还表现在思考的方法和技巧上,在某些局部的结论和见解上具有新奇、独到之处的思维活动。

创新思维的结果是实现了知识即信息的增值,它或者是以新的知识(如观点、理论、发现)来增加知识的积累,从而增加了知识的数量即信息量;或者是在方法上的突破,对已有知识进行新的分解与组合,实现了知识即信息的新的功能,由此便实现了知识即信息量的增加。所以从信息活动的角度看,创新思维是一种实现了知识即信息量增值的思维活动。

创新思维是与常规思维相对而言的。常规性思维是从已有的知识和经验中引申出解决问题的方案,或者运用已有的知识和经验去重复地解决前人已经解决的问题。而创新思维不是照搬书本知识和过去的经验去解决问题,而是根据实际情况突破理论权威以及现成的规律、方法和思维定式的束缚,以新颖方式和多维角度独立思考、首创性解决问题。

总之,创新思维需要人们付出艰苦的脑力劳动。一项创新思维成果的取得,往往需要经过长期的探索、刻苦的钻研,甚至多次的挫折之后才能取得。而创造性思维能力也要经过长期的知识积累、智能训练、素质磨砺才能具备。创新思维过程还离不开推理、想象、联想、直觉等思维活动,所以,从主体活动的角度来看,创新思维又是一种需要人们付出较大代价,运用高超能力的一种思维活动。

三、创新思维的特征

从创新思维的含义中可以看出,它具有以下几个特征。

第一,独创性或新颖性。创新思维贵在创新,它或者在思路的选择上,或者在思考的技巧上,或者在思维的结论上,具有"前无古人"的独到之处,具有一定范围内的首创性、开拓性,它是指创新思维者具有不同寻常的新奇观念,或者是任何从未有过的创造性观念。因此,具有创新思维的人,对事物必须具有浓厚的创新兴趣,在实际活动中善于超出思维常规,对"完善"的事物、平稳有序发展的事物进行重新认识,以求新的发现,这种发现就是一种独创、一种新的见解、新的发明和新的突破。

第二,极大的灵活性。创新思维并无现成的思维方法和程序可循,所以它的方式、方法、程序、途径等都没有固定的框架。进行创新思维活动的人在考虑问题时可以迅速地从一个思路转向另一个思路,从一种意境进入另一种意境,多方位地试探解决问题的办法,这样,创新思维活动就表现出不同的结果或不同的方法、技巧。创新思维灵活性主要体现在:一是方法、技巧的创新;二是结果的创新。创新思维的灵活性还表现为,人们在一定的原则界限内的自由选择、发挥等。一般来讲,原则的有效性体现在它的具体运用上,否则,原则就变成了僵死的教条。

第三,艺术性。创新思维活动是一种开放的、灵活多变的思维活动,它的发生伴随有"想象""直觉""灵感"之类的非逻辑、非规范思维活动,如"思想""灵感""直觉"等往往因人而异、因时而异、因问题和对象而异,所以创新思维活动具有极大的特殊性、随机性和技巧性,他人不可以完全模仿、模拟。创新思维活动的上述特点同艺术活动有相似之处,艺术活动就是每个人充分发挥自己才能,包括利用直觉、灵感、想象等非理性的活动,艺术活动的表面现象和过程可以模仿,如凡·高的名画《向日葵》,人们都可以去画"向日葵",且大小、颜色都可以模仿,甚至临摹。

第四,对象的潜在性。创新思维活动从现实的活动和客体出发,但它的指向不是现存的客体,而是一个潜在的、尚未被认识和实践的对象。例如,在改革浪潮席卷全球的今天,无论是发达国家,还是发展中国家,都在寻求适合本国国情的改革之路,那么,这条路究竟怎么走,各国正在探索,分别依据本国所面临的各种现实情况,进行创造性的思索,大胆试验,所以,这条路至今还不太清晰,还是潜在的,至多是处在由潜在向现实的不断转变之中。所以,创新思维的对象是刚刚进入人类的实践范围,尚未被人类所认识的客体,人们只能猜测它的存在状况,或者是人们虽然有了一定的认识,但认识尚不完全,还可以从深度和广度上加以进一步认识的客体,这两类客体无疑带有潜在性。

第五,风险性。由于创新思维活动是一种探索未知的活动,因此要受多种因素的限制和影响,如事物发展及其本质暴露的程度、实践的条件与水平、认识的水平与能力等,这就决定了创新思维并不能每次都能取得成功,甚至有可能毫无成效或者作出错误的结论。创新思维活动的风险性还表现在它对传统势力、偏见等的冲击上,传统势力,现有权威都会竭力维护自己的存在,对创新思维活动的成果抱有抵抗甚至仇视的心理。所以,风险与机会、成功并存。消除了风险,创新思维活动就变为了习惯性思维活动。

四、创新思维产生的条件

创新思维产生的 4 个条件如下。

（1）问题导向。除了创新精神外，问题意识也是创业者需要具备的非常重要的一个特征。可以说，任何创新都基于问题意识。善于发现问题、寻找问题，是创业者创业成功的首要条件。另外，培养善于发现问题的意识还需要克服与生俱来的虚荣心理。很多时候，不是看不到问题，而是没有深入"探究"问题产生的原因，怕别人认为自己没知识，不好意思屈尊下问，以至于错过机会。

（2）突破思维定式。人们由于经验的积累，知识的增加，会对常见的事物或问题有一种熟悉的认识和了解，形成个人一种固定的思考模式，这样会固化人的思维，影响到个人创造力的发挥。所以，要突破思维定式，学会变通。

（3）勤于用脑，随机应变。学会思维变通，能够随机应变，举一反三，触类旁通。具有灵活性思维的人，不易受思维定式和事物现状的束缚，能够提出不同凡响的新思路。这样的人善于组织多方面的信息，善于灵活运用已经拥有的知识和证据，并根据事物变化的具体情况，及时调整自己的思想和看法，从而提出不同的观点、假设或方案。

小贴士

书 法 变 通

国民党元老于右任（1879—1964）精于书法，尤善草书，求他的字的人很多。有一天，有人特备酒筵请他写字，饭后拿来纸笔，于右任在酩酊之中挥毫，留下一行"不可随处小便"而去。第二天，那人拿出这行字请教于右任，于右任知道自己酒后失笔，连声道歉，沉思良久，似有所得，于是叫人取来剪刀，将一行字剪成几块，重新拼排，说："你看，这不是一句很好的座右铭吗？"那人一看，禁不住大笑，再三拜谢。6个字重新排列，原来是："不可小处随便"。于右任先生的变通思维，不仅为自己解了围，同时也传为佳话，成为创新思维的典范。

（资料来源：https://epaper.gmw.cn/wzb/html/2019-05/07/nw.D110000wzb_20190507_6-02.htm）

（4）善于积累，并有适时调用信息的本领。一个好的创新者一定是非常重视收集信息的人。这不仅仅是因为有价值的创意必定要以大量的信息做基础，而且还因为了解信息才能了解创新领域的进展情况。好的创新者一定会对信息很敏锐，会及时捕捉有用信息，以供随时使用。

五、创新思维过程

创新思维是以发现问题为中心,以解决问题为目标的高级心理活动。对这种心理活动的阶段和过程的研究理论又有很多种,其中最有影响的是四个阶段理论,即准备阶段、酝酿阶段、顿悟阶段和验证阶段,这一理论较为科学地描绘了创新思维过程。

1. 准备阶段

创新思维是从发现问题、提出问题开始的。"问题意识"是创新思维的关键,提出问题后必须着手为解决问题做充分的准备。这种准备包括必要的事实和资料的收集,必须的知识和经验的储备,技术和设备的筹集以及其他条件的提供等。同时,必须对前人在同一问题上所积累的经验有所了解、对前人在该问题尚未解决的部分做深入分析。这样既可以避免重复前人的劳动,又可以使自己站在新的起点从事创造工作,还可以帮助自己从旧问题中发现新问题,从前人的经验中获得有益的启示。准备阶段常常要经历相当长的时间。

2. 酝酿阶段

酝酿阶段要对前一阶段所获得的各种资料和事实进行消化吸收,从而明确问题的关键所在,并提出解决问题的各种假设和方案。此时,有些问题虽然经过反复思考、酝酿,仍未获得完美的解决,思维常常出现"中断""想不下去"的现象。这些问题仍会不时地出现在人们的头脑中,甚至转化为潜意识,这样就为第三阶段(顿悟阶段)打下了基础。

许多人在这一阶段常常表现为狂热和如痴如醉,令常人难以理解。如我们非常熟悉的牛顿(1643—1727,英国著名物理学家)把手表当鸡蛋煮、安培(Ampere,1775—1836,法国著名物理学家)不认识家门、陈景润(1933—1996,中国著名数学家)在马路上与电线杆相撞,等等。这个阶段可能是短暂的,也可能是漫长的,有时甚至延续好多年。创新者的观念仿佛是在"冬眠"等待着"复苏""醒悟"。

3. 顿悟阶段

顿悟阶段也叫作豁朗阶段,经过酝酿阶段对问题的长期思考,创新观念可能突然出现,思考者大有豁然开朗的感觉,真是"山重水复疑无路,柳暗花明又一村"! 这一心理现象就是灵感或灵感思维。

灵感的来临,往往是突然的、不期而至的。如高斯(1777—1855,德国数学家),为证明某个定理,被折磨了两年仍一无所得,可是有一天,正如他自己后来所说:"像闪电一样,谜一下解开了。"

4．验证阶段

思路豁然贯通以后,所得到的解决问题的构想和方案还必须在理论上和实践上进行反复论证和试验,验证其可行性。经验证后,有时方案得到确认,有时方案得到改进,有时甚至完全被否定,再回到酝酿期。总之,灵感所获得的构想必须经过检验。

第二节　创新思维技能与方法

一、创新思维技能

创新思维的关键在于多角度、多侧面、多方向地看待和处理事物、问题和过程。具体地表现在以下几个方面。

1．发散思维

发散思维也叫多向思维、辐射思维或扩散思维。是指对某一问题或事物的思考过程中,不拘泥于一点或一条线索,而是从仅有的信息中尽可能向多方向扩展,而不受已经确定的方式、方法、规则和范围等的约束,并且从这种扩散的思考中求得常规的和非常规的多种设想的思维。多向思维的概念,最早是由武德沃斯于1918年提出。吉尔福特(1897—1987,美国心理学家)在"智力结构的三维模式"中,明确地提出了发散性思维,也即是多向思维。他认为,发散思维是从给定的信息中产生信息,其着重点是从同一个来源中产生各种各样的为数众多的输出。它的特点一是"多端",对一个问题可以多开端,产生许多联想,获得各式各样的结论,如怎样将梳子卖给和尚。二是"灵活",对一个问题能根据客观情况变化而变化,如果第二次龟兔赛跑兔子又输了,原因可能是方向相反,还可能是前面有条河等。三是"精细",能全面细致地考虑问题。四是"新颖",答案可以有个体差异,各不相同,新颖不俗。

在20世纪50年代后,通过对发散性思维的研究,进一步提出了发散性思维的流畅度(指发散的量)、变通度(指发散的灵活性)和独创度(指发散的新奇成分)三个维度,而这些特性是创新性思维的重要内容。人的多向性思维能力是可以通过锻炼而提高的,其要点是:首先,遇事要大胆地敞开思路,不要仅仅考虑实际不实际,可行不可行,这正如一个著名的科学家所说:"你考虑的可能性越多,也就越容易找到真正的诀窍。"其次,要努力提高多向思维的质量,单向发散只能说是多低水平的发散。最后,坚持思维的独特性是提高多向思维质量的前提,重复自己脑子里传统的或定型的东西是不会发散出独特性的思维的。

小贴士

（1）发散思考是创新思维的首要法则。

（2）世界是多维的，人们看问题的角度也应当是多维的。

（3）发散思考的方法很多，一般常见的有原因发散、结果发散、功能发散、层次发散、要点发散、方法发散、规则发散、过程发散等。

2. 综合思维

综合思维是把某一事物的某些要素分离出来，组接到另一事物或事物的某些要素上的创造性、创新性思维的过程。综合思维中的"综合"，是掌握系统、整体及其结构层次上的综合，有着更高层次的认识基点。在综合基础上的分析，即从综合到综合分析，才是认识的制高点。因此，综合思维把相关事物的整体作为认识的前提和起点，对事物的整体进行分析以达到对事物整体的把握。综合思维中的分析是综合的分析，以综合为认识的起点，并以综合作为认识的归属，是"综合-综合分析-新的综合"的思维逻辑。综合思维的特征如下：

（1）综合思维方式的对象是外在客观事物，综合思维把外在客观事物看作多种要素相互联系、相互作用的有机整体。

（2）综合思维是多角度、多途径的想象组合。

（3）综合思维是超越时空、大范围、大跨度的想象组合，是思维想象的飞升。

（4）综合思维渗透着非逻辑因素，可以是基本逻辑框架内超常规的甚至非逻辑的要素组合。

我们经常使用的"头脑风暴法""诸葛亮会议"等都是综合思维的具体应用。

小贴士

达·芬奇的综合技巧

文艺复兴时期的著名艺术家达·芬奇因其卓越的创造力而著称。美国学者米哈尔科通过对人物肖像画的研究分析总结出达·芬奇的综合创新技巧。

（1）明确挑战是什么。

（2）分离出挑战的参数，参数是挑战的最基本框架。选择出你希望达到挑战所使用的参数性质和数量。

（3）在每个参数下，列出尽可能多的变化，变化越多，种类越多，那么所包含的想法越多。比如10个参数，每个参数下有10种变化，就能够产生100种组合。

（4）随意浏览参数以及各种变量，从每一栏中选择一个或多个项目，对它们进行组合,从而得到全新的形式。

(资料来源:编者根据网络资料整理而成。)

随着知识经济蓬勃发展时代的到来,综合思维的地位和作用越来越得以彰显。美国科学家对 1900 年以来的 480 项重大创新成果进行对比分析,发现 50 年代前原理突破型发明所占比例较大,而在 50 年代以后,现代技术的综合型成果已经占全部发明的 70% 以上。因此可以说综合思维意识在现代人创造力中凸显着重要作用。

3.侧向思维

"他山之石,可以攻玉"。当在一定的条件下解决不了问题或虽能解决但只是用习以为常的方案时,可以用侧向思维来产生创新性的突破。具体运用方式有以下 3 种。

(1) 侧向移入。这是指跳出本专业、本行业的范围,摆脱习惯性思维,侧视其他方向,将注意力引向更广阔的领域或者将其他领域已成熟的、较好的技术方法、原理等直接移植过来加以利用;或者从其他领域事物的特征、属性、机理中得到启发,导致对原来思考问题的创新设想。鲁班(中国建筑、木匠鼻祖,春秋时期鲁国人)由茅草的细齿刺破手指而发明了锯;威尔逊(英国物理学家,诺贝尔物理学奖得奖人)移入大雾中抛石子的现象,设计了探测基本粒子运动的云雾器等。大量的事例说明,从其他领域借鉴或受启发是创新发明的一条捷径。

(2) 侧向转换。这是指不按最初设想或常规直接解决问题,而是将问题转换成为它的侧面的其他问题,或将解决问题的手段转为侧面的其他手段等。这种思维方式在创新发明中常常被使用。如在"网络热潮"中,兴起了一批网络企业,但真正最终盈利的是设备提供商,如思科、英特尔、英伟达等企业。

(3) 侧向移出。与侧向移入相反,侧向移出是指将现有的设想、已取得的发明、已有的感兴趣的技术和本厂产品,从现有的使用领域、使用对象中摆脱出来,将其外推到其他意想不到的领域或对象上。这也是一种立足于跳出本领域,克服线性思维的思考方式。如将工程中的定位理论用在营销中。

总之,不论是利用侧向移入、侧向转换还是侧向移出,关键的窍门是要善于观察,特别是留心那些表面上似乎与思考问题无关的事物与现象。这就需要在注意研究对象的同时,要间接注意其他一些偶然看到的或事先预料不到的现象。也许这种偶然并非是偶然,可能是侧向移入、移出或转换的重要对象或线索。

🍃 **小贴士**

九 点 连 线

已知 3 行、3 列 9 个点,要求用 4 条连续的折线连贯这 9 个点。

· · ·
· · ·
· · ·

解决问题的关键是突破思维定式,从分析问题的约束条件入手。

拓展阅读

4. 逆向思维

逆向思维也称逆反思维,是与正向思维或常规思维相反的方向。哲学研究表明,任何事物都包括对立的两个方面,这两个方面又相互依存于一个统一体中。人们在认识事物的过程中,实际上是同时与其正反两个方面打交道,只不过由于日常生活中人们往往养成一种习惯性思维方式,即只看其中的一方面,而忽视另一方面。如果逆转思路,换位思考,便能得出一些创新性的设想。如管理中的"鲶鱼效应"、需改变传统的"对固定路径的依赖"。

小贴士

找 房 子

有一家人决定搬进城里,于是去找房子。全家三口,一对儿夫妻和一个5岁的孩子。他们跑了一天,直到傍晚,才好不容易看到一张公寓出租的广告。他们赶紧跑去,房子出乎意料的好。于是,就前去敲门询问。这时,温和的房东出来,对这三位客人从上到下地打量了一番。丈夫鼓起勇气问道:"这房屋出租吗?"房东遗憾地说:"啊,实在对不起,我们公寓不招有孩子的住户。"丈夫和妻子听了,一时不知如何是好,于是,他们默默地走开了。那5岁的孩子,把事情的经过从头至尾都看在眼里。那可爱的心灵在想:真的就没办法了?他那红叶般的小手,又去敲房东的大门。

这时,丈夫和妻子已走出5米来远,都回头望着。门开了,房东又出来了。这孩子精神抖擞地说:"老爷爷,这个房子我租了。我没有孩子,我只带来两个大人。"房东听了之后,高声笑了起来,决定把房子租给他们住。这无疑是逆向思维取得的结果。

印度有一家电影院,常有戴帽子的妇女去看电影。帽子挡住了后面观众的视线。大家请电影院经理发个场内禁止戴帽子的通告。经理摇摇头说:"这不太妥当,只有允许她们戴帽子才行。"大家听了,不知何意,感到很是失望。第二天,影片放映之前,经理在银幕上映出了一则通告:"本院为了照顾衰老有病的女客,可允许她们照常戴帽子,在放映电影时不必摘下。"通告一出,所有女客都摘下了帽子。

(资料来源:编者根据网络资料整理而成。)

找房子和电影院戴帽子的案例都是非常典型的逆向思维获得成功的例子。一切事物都有两面性,从相反的角度去思考,有时会有出人意料的效果。逆向思维的最大特点,在于改变常规的思考轨迹,用新的角度、新的方式研究和处理问题。逆向性思维具有以下特点。

(1) 普遍性。逆向性思维在各种领域、各种活动中都有适用性,由于对立统一规律是普遍适用的,而对立统一的形式又是多种多样的,有一种对立统一的形式,相应地就有一种逆向思维的角度,所以,逆向思维也有无限多种形式。如性质上对立两极的转换:软与硬、高与低等;结构、位置上的互换、颠倒:上与下、左与右等;过程上的逆转:气态变液态或液态变气态、电转为磁或磁转为电等。不论哪种方式,只要从一个方面想到与之对立的另一方面,都是逆向思维普遍性。逆向是与正常比较而言的,正向是指常规的、常识的、公认的或习惯的想法与做法。逆向思维则恰恰相反,是对传统、惯例、常识的反叛,是对常规的挑战。它能够克服思维定式,破除由经验和习惯造成的僵化的认识模式。

(2) 新颖性。循规蹈矩的思维和按传统方式解决问题虽然简单,但容易使思路僵化、刻板,摆脱不掉习惯的束缚,得到的往往是一些司空见惯的答案。其实,任何事物都具有多方面属性。由于受过去经验的影响,人们容易看到熟悉的一面,而对另一面却视而不见。逆向思维能克服这一障碍,往往是出人意料,给人耳目一新的感觉。

5. 联想思维

联想思维是指由某一事物联想到另一种事物而产生认识的心理过程,即由所感知或所思的事物、概念或现象的刺激而想到其他的与之有关的事物、概念或现象的思维过程。联想是每一个正常人都具有的思维本能。由于有些事物、概念或现象往往在时空中伴随出现,或在某些方面表现出某种对应关系,这些联想由于反复出现,就会被人脑以一种特定的记忆模式接受,并以特定的记忆表象结构储存在大脑中,一旦以后再遇到其中的一个时,人的头脑会自动地搜寻过去已确定的联系,从而马上联想到不在现场的或眼前没有发生的另外一些事物、概念或现象。联想的主要素材和触媒是表象或形象。表象是对事物感知后留下的印象,即感知后的事物不在面前而在头脑中再现出来的形象。表象有个别表象、概括表象与想象表象之分,联想主要涉及前两种,想象才涉及最后一种。按亚里士多德的三个联想定律——"接近律""相似律""矛盾律",可以把联想分为相近、相似和相反的三种类型,其他类型的联想都是这三类的组合或具体展开。

(1) 相近联想。这是指由一个事物或现象的刺激想到与它在时间相伴或空间相接近的事物或现象的联想。

(2) 相似联想。这是指由一个事物或现象的刺激想到与它在外形、颜色、声音、结构、功能和原理等方面有相似之处的其他事物与现象的联想。世界上纷繁复杂的事物之间是存在联系的,这些联系不仅仅是与时间和空间有关的联系,还有很大一部分是属性的联系。如学习中的"高原现象"与企业成长阶段的"瓶颈";"狐假虎威"与"品牌联盟";战场上的战术与商场竞争中的策略等。相似联想的创新性价值很大。随着社会实践的深入,人们对事物之间的相似性认识越来越多,极大地扩展了科学技术的探索领域,解决了大量过去无法解决的复杂问题。利用相似联想,首先要在头脑中储存大量事物的"相似块",然后在相似事物之间进行启发、模仿和借鉴。由于相似关系可以把两个表面上看相差很远的事物联系在一起,普通人一般不容易想到,所以相似联想易于导致创新性较高的设想。

(3)相反联想。这是指由一个事物、现象的刺激而想到与它在时间、空间或各种属性相反的事物与现象的联想。如由黑暗想到光明,由放大想到缩小等。所以相反联想弥补了前两者的缺陷,使人的联想更加丰富。同时,又由于人们往往习惯于看到正面而忽视反面,因而相反的联想又使人的联想更加多彩,更加富于创新性。

6. 形象思维

形象思维就是依据生活中的各种现象加以选择、分析、综合,然后加以艺术塑造的思维方式。它也可以被归纳为与传统形式逻辑有别的非逻辑思维。严格地说,联想只完成了从一类表象过渡到另一类表象,它本身并不包含对表象进行加工制作的处理过程,而只有当联想导致创新性的形象活动时,才会产生创新性的成果。实际上,联想与形象的界限是不好划分的,有人认为可以把形象看成是一种更积极、更活跃、更主动的联想。不同类型的形象,其具体物质特征可能不尽相同,但它们作为同一种思维方式,又有下面一些共同特点。

(1)形象性。这是形象的明显的特点。人们通过社会生活与实践将丰富多彩的事物形象储存于记忆中形成表象,成为想象的素材。想象的过程是以表象或意想的分析和选择为基础的综合过程。想象所运用的表象以及产生的形象都是具体的、直观的。即使在研究抽象的科学理论时,人们也可以利用想象把思想具体化为某种视觉的、动觉的或符号的图像,把问题和设想在头脑中构成形象,用活动的形象来思维。如爱因斯坦在研究相对论时,就利用"火车""电梯""引力定律"等一些抽象的概念。抽象的理论或概念在思维过程中往往带有僵硬性,它的内容变化比较缓慢,常适应不了新的问题变化的要求。同时,在思维中概念的运用也要受逻辑框的束缚,而直观的形象在思维过程中较概念更灵活、较少有保守性。

(2)创新性。形象具有很大的创新性,因为它可以加工表象,多样性的加工本身就是创新。如人们可以按主观需求或幻想分解或打乱表象、抽象、强化表象等。由于形象带有浓烈的主观随意性和感情色彩,所以就表现出丰富多彩的创新性。

（3）概括性与幻想性。运用形象的思维活动并不是一种感性认识形式，而是具有形象概括性的理性认识形式，是由感性具体经过一系列的提炼和形象运用来进行的。与概括性互补的是形象中包含的猜想与幻想成分。它们是一种高于感知和表象的崭新意识活动。它更能在不确定情况中发挥人们创新性探索的积极性，有助于突破直接的现实感性材料的局限。

二、创新思维培育的方法

要充分发挥创新思维技能，就需要对创新思维技能进行培养。创新思维技能的多样性揭示了创新思维培育的复杂性和特殊性，这种复杂性和特殊性主要集中在以下几个方面：第一，创新思维的培育主要依赖于对问题的不断发现和分析过程；第二，创新思维的培育主要依赖于对多元化问题的解决过程；第三，创新思维的培育主要依赖于特定的环境之中；第四，创新思维的培育主要依赖于对信息的认知和不断选择过程；第五，创新思维的培育需要的是对思维方式的培养。所以，在创新思维培育的过程中需要注意到对创新意识和创意的培养。

1．创新思维培育的前提

（1）创新意识的培养。一般来讲，没有强烈的创新意识就不可能有创新的成功。所以，在创新思维培育的过程中，首先就是创新意识的培养。大量的实践告诉我们，创新意识的培养是可以通过创新性教育来进行的。开展创新教育活动，也就是说在创新教育课堂上，由创新课程教师通过具有创新性的教学方法培养出具有创新性的学生。

（2）创新品质的培养。创新品质是个体创新能力发展的必要和充分条件。进行创新品质训练的目的是让个体形成有利于创新的各种人格品质，包括强烈的创新动机、浓厚的创新兴趣、积极的创新情绪和坚强的创新意志，使之具有较高的创新品质。

2．创新思维培育的方法

培育大学生创新思维的方法主要从以下几个方面考虑。

（1）独立性思维品质的培养。思维的独立性表现为善于独立地提出问题、分析问题、解决问题，不人云亦云，不迷信权威。许多成就显赫的名人、伟人都具有思维独立性品质，因而就能从人们司空见惯的现象中发现问题，就能勇往直前地追求真理，就能标新立异，有所建树。在培养独立性思维品质的过程中，需要注意以下几个方面的心理意识：第一，培养学生不断否定自己的健康心理。第二，培养大学生不盲于从众的抗压心理。第三，培养学生大胆而合理的怀疑与肯定的心理。

（2）想象力的培养。创新一般要运用自己的知识和经验，通过有意识的想象产生之前不曾存在的事物,因此,想象是创新思维活动的起点和必经之路。遵循"想象-假设-实践"的递进活动过程。所以,学生要不断完善自身的想象力,保持好奇心,拓宽知识面,努力形成合理的知识结构。

（3）发散性思维的培养。德国著名哲学家黑格尔说过"创造性思维需要有丰富的想象。"所以在培养想象力的同时,要去除标准答案,鼓励多向思维;打破常规,弱化思维定式带来的局限性。法国生物学家贝尔纳说过:"妨碍学习的最大障碍,并不是未知的东西,而是已知的东西。"有一道智力测验题,"用什么方法能使冰最快地变成水?"一般人往往回答要用加热、太阳晒的方法,答案却是"去掉两点水"。这就超出人们的想象,跳出了思维定式。

第三节　创新思维项目实训

一、实训目的

通过创新思维项目的实训,使学生树立创新思维意识,能够提高思维的创新能力,掌握创新思维的技术性方法,同时结合自身专业,尝试着做一些创新的事情,并学会运用一些创新思考方法解决一些问题。

二、实训要求与内容

实训一:

联想练习:通过四个步骤,把下列一对词联系起来。

1. 风—（　）—（　）—（　）—收音机
2. 球—（　）—（　）—（　）—火
3. 牛—（　）—（　）—（　）—董建华

问题分析:

苏联心理学家哥洛万和斯塔林茨用实验证明,任何两个概念词语都可以经过四五个阶段,建立联想的关系。例如:"木头"和"皮球"是两个风马牛不相及的概念,但只要经过四步联想即可建立起联想关系:木头—树林—田野—足球场—皮球。再如"天空"和"茶",也只需要四步联想:天空—土地—水—喝—茶。试验证明,从词典随机抽取一对词,几乎每次都只需要四步联想,即可从一个概念过渡到另一个概念。联想原理:每个词语平均同将近 10 个词语发生直接的联想关系,这样,在第四次联想时,一个词语即可能有 10000 个词语与其发生语义联系。

实训二:

(1) 有个教徒在祈祷时来了烟瘾,他问在场的神父,祈祷时可不可以抽香烟。神父回答:"不行。"另一个教徒也想抽烟,但他换了一种问法,结果得到了神父的许可,你知道他是怎么问的吗?

(2) 据说俄国大作家托尔斯泰设计了这样一道题:从前有个农夫,死后留下了一些牛,他在遗书中写道:妻子得全部牛的半数加半头;长子得剩下的牛的半数加半头,正好是妻子所得的一半;次子得还剩下的牛的半数加半头,正好是长子的一半;长女分给最后剩下的半数加半头,正好等于次子所得牛的一半。结果一头牛也没杀,也没剩下,问农夫总共留下多少头牛?

问题分析:

(1) 他这样问神父:"在抽烟的时候可不可以祈祷?"神父回答:"当然可以。"同样是抽烟和祈祷,祈祷时要求抽烟,那似乎意味着对耶稣的不尊重;而抽烟时要求祈祷,则可以表示在休闲时也想着神的恩典,神父当然也就没有反对的理由了。

(2) 思考和解答这道题,如果先假设一些情况(例如假设共有 20 头牛,或共有 30 头牛),然后再对它们逐一验证和排除,自然是可以的。但这样不免有些烦琐,要费很多的时间和精力,是一个较笨的方法。

解这道题最好是倒过来想,倒过来算:

长女既然得到的是最后剩下的牛的"半数"再加"半头",结果 1 头都没杀,也没有剩下,那么,她必然得到的是:1 头。

次子:长女得到的牛是次子的一半,那么,次子得到的牛就是长女的 2 倍——2 头。

长子:次子得到的牛是长子的一半,那么,长子得到的牛就是次子的 2 倍——4 头。

妻子:长子得到的牛是妻子的一半,那么,妻子得到的牛就是长子的 2 倍——8 头。

把 4 个人得到的牛的头数相加:1+2+4+8=15。可知,农夫留下的牛是 15 头。

这两个案例都是反过来思考的一种思维方式。敢于"反其道而思之",让思维向对立面的方向发展,从问题的相反面深入地进行探索,树立新思想,创立新形象。从结论往回推,倒过来思考,从求解回到已知条件,反过去想或许会使问题简单化。

即练即测

【思考题】

1. 简述创新思维的含义、特征。

2. 简述创新思维类型。

3. 作为大学生,结合自身特点,谈谈如何开发创新思维模式使自己成为创新型人才?

4. 谈谈互联网给大学生生活带来的创新有哪些?

🎯 案例

创新型组织:向设计公司学习

1993 年,三星电子董事长在洛杉矶一家电子商店里有一个令人惭愧的发现。他发现自己公司的电视机被放在后面一个低矮、被遗忘的架子上,而索尼和松下的型号则占据了前面的窗口。对他来说,这说明三星的全球地位非常糟糕。不久之后,他开始对公司高度儒雅的文化进行大刀阔斧的改革,目标是让三星成为世界一流品牌之一。

命令高层管理人员将工作重点从节约成本转向创造独特的、必须的产品。1994 年,三星开始与 IDEO 等几家设计公司合作。第二年,三星成立了内部设计学校(与总部位于加州帕萨迪纳的著名设计学校艺术中心设计学院合作),其课程包括纽约、巴黎、德里等许多创意热点地区的艺术和文化之旅。也许最值得一提的是,三星是消费电子领域为数不多的设立首席设计官职位的大公司之一。随着时代和技术的变化,三星的实力也在不断增强。2014 年第一季度,该公司在全球范围内的智能手机出货量为 8500 万部,比四个主要竞争对手的总和还要多。

一、设计变革的催化剂

设计对三星的转型至关重要,在很多方面都比消费者更容易看到。在产品变得时尚优雅的同时,三星也在幕后重新调整其组织文化,以符合李董事长的训令:"企业最重要的资产在于其设计和其他创新能力"。简而言之,在这个流行语实现科技普及之前,该公司就在教自己如何创新。

如今三星最大的竞争对手——苹果公司的故事与三星有某些相似之处。20 世纪 80年代末,在建立由鲍勃·布鲁纳(Beats 耳机背后的设计大师)领导的工业集团之前,苹果曾经只有几个设计师,他们会通过 IDEO 等设计公司完成大部分设计工作。布鲁纳最终聘请了乔尼-艾维(Jony-Ive),与乔布斯一起领导了由第一台 iMac 发起的设计革命。

三星和苹果摸索出一条 21 世纪的成功之路,受到其他品牌的推崇和效仿。但是,太多的公司仍然把它们的设计藏在一个孤岛中,在那里,它几乎没有整体的组织影响。

孤岛式的做法无法利用设计师除了创意之外所带来的一切。顶尖的设计公司如 IDEO、Continuum 和 Eight,Inc. 不仅有一套完善的流程,将创新机会转化为真正的创新,而且还有一套与这一流程完全一致的组织要素。如果企业需要一个创新的榜样,他们只需要看看设计公司。

二、设计公司的三个"I"

设计师最宝贵的能力与 Photoshop 或任何"设计"的工具或技术无关。他们更多的是确定方向而不是执行指令,更多的是根据实际需要来塑造创意而不是沉迷于幻想。通过观察许多设计公司的工作方式,发现了它们特别擅长的三种核心组织能力,它们也构成了任何创新之旅的基本要素：以用户为中心的洞察力，深入而多样化的构思，以及快速而廉价的迭代。

以用户为中心的洞察力。为了以新颖的方式创造价值(创新的目标)，你必须首先找到这样做的机会。从哪里开始寻找很容易看到——从最终用户那里——但在复杂的用户体验中发现和综合可操作的信息要困难得多。客户调查和焦点小组简化了这一过程，但往往脱离了人们在市场上的真实反应。相比之下，设计师更倾向于观察而不是询问，发展同理心来辨别未被表达出来的，甚至是无意识的用户需求。正如设计公司 Eight, Inc. 的 CEO Tim Kobe 所说："在这些创新项目的所有设计决策中，我们代表的是最终用户。"这也是为什么与目标用户建立共鸣至关重要的原因，就像 Continuum 在与宝洁公司合作重振帮宝适品牌时所做的那样。设计师通过观察妈妈和她们的宝宝，意识到妈妈们最终关心的是婴儿的成长，而不是纸尿裤本身。考虑到这一点，他们设计了一个针对不同发育阶段的高级纸尿裤系列(Swaddlers、Cruisers 等)，而不是按年龄划分。

深入而多样的创意。设计师们根据对用户的洞察，产生了大量的新想法。这个阶段是他们释放创造力的时候，在付诸实施之前，他们会想出尽可能多的、与众不同的潜在解决方案。这些初步的解决方案是组织过程中刻意培养各种观点的产物。设计公司并不回避古怪和特殊的声音，而是在一个思想自由和玩乐的氛围中寻找他们并鼓励他们的贡献。在 IDEO，游戏性是如此重要，以至于他们建立了一个玩具实验室，设计师通过与 18 个月大的孩子一起玩耍来构思和测试他们的一些作品。

快速而廉价的迭代。设计师们明白，构思阶段的创意冲动只能让他们走得更远。他们会迅速将想法具体化，当想法没有达到预期时，也不羞于宣布失败。对于设计师来说，失败不是负面事件，而是学习经验。生产快速而廉价的假人版本来测试概念，意味着即使实验失败，也是双赢。总部位于新加坡的多学科设计咨询公司 Awaken Group 用堆叠的纸箱代表墙壁，制作空间的"低分辨率原型"。这样一来，当客户走过演示空间时，可以在瞬间对设计进行改动。

许多开发新产品或服务的公司都会进行洞察、构思和迭代，那么是什么让设计公司与众不同呢？是他们处理这三个不同阶段的方式。在洞察时，调整他们的流程和组织元素，鼓励以用户为中心；在构思时，促进产生许多不同的想法；在迭代时，庆祝快速和廉价原型的产生。那么，对于成熟的组织来说，面临的挑战是如何协调业务的方方面面，使它们能够在不破坏其高效运营能力的前提下，产生自己版本的洞察、构思和迭代。

如果一家二线的韩国电视制造商能够重塑自己，成为世界上最大的消费电子公司，那么设计的变革潜力是无限的。

世界顶级的设计公司将创新几乎归结为一门科学。对于希望建立创新能力的传统企业来说，设计可以成为理想的催化剂。

(资料来源：牛津管理评论,http://oxford.icxo.com)

第 三 章

创 意 开 发

故事引入

一个富翁即将退休。他指着一间空屋对三个儿子说："我给你们每人一万块钱,谁能用这笔钱将此屋填满谁就是我的继承者。"大儿子买了一棵枝叶茂盛的树拖到屋里,占满了大半个房间;二儿子买了一大堆草放到屋子里,也占满了大半个房间;小儿子只花了几块钱买了一根蜡烛放到屋子里,晚上点燃,光明充满了房间。富翁对小儿子很满意,让他继承了财产。

有创意的点子,是取得成功的关键。这个小故事向人们展示了创意带来的不同结果。新颖、独特的创意是一个人赢得成功的法宝,也是创业想法制胜的关键。

(资料来源:编者根据网络资料整理而成。)

第一节 创意开发概述

创业需要机会,还需要创意。没有合适的创意,再好的创业机会也会和创业者失之交臂,也不可能给创业者带来任何商业利益。所以,创业者需要构思和挖掘适当的创意。只有这样,才可能把握创业机会。

一、创意的含义和特征

一个创意可以打赢一场战争,一个创意可以挽救一个民族,一个创意可以救活一个企业,一个创意可以改变一个人的一生,一个创意可以创造一个奇迹等。创意是人类社会发展的推动力,创意无处不在,无时不在。

1. 创意的含义

创——创新、创作、创造;意——意识、观念、智慧、思维。创意起源于人类的创造力、技能和才华,创意来源于社会又指导社会发展。人类是在创意、创新中诞生的,也要在创意、创新中发展的,所以说,创意是推动经济发展的核心和主导力量。

创意是将一些简单、平凡的元素或者生活智慧经过不断的延伸、整合,赋予另一种意趣、表现形式或呈现形态的过程。对创意内涵的定义,可以从宏观和微观两个方面来具体理解。

从宏观方面来讲,创意是传统的叛逆;是打破常规的哲学;是一种文化底蕴;是破旧立新的创造与毁灭的循环;是思想库、智囊团的能量释放;是深度情感与理性的思考与实践;是思维碰撞、智慧对接;是创造性的系统工程;是投资未来、创造未来的过程。简而言之,创意就是具有新颖性和创造性的想法。

从微观方面来说,创意是生产作品的能力,这些新作品既新颖,又恰当。约翰霍金斯(英国经济学家,创业产业理论之父)指出:任何创意都具有三个基本条件,即个人性、独创性和意义。首先,人不是物体,人类具有创意,创意需要个人观察某些浅显或更深层次的东西,然后让它们成型;其次,创意又有需要独创性的特征;最后,创意具有深远意义,不断要满足人们创造的需要,而且还要有巨大的经济价值。

综上所述,创意是经济主体通过创造性思维活动获得的,是创出新意。在头脑里所形成的反映对象的本质属性的思维形式。是一种原创性的知识、想法、思路或者解决方案等。

2. 创意的基本特征

(1) 新颖性。创意的本质是创新,创意指向的想法首先就应该具有新颖性。这里的新颖性可以是新的技术和新的解决方案,可以是差异化的解决办法,也可以是更好的措施。爱因斯坦(1879—1955,犹太裔物理学家)回忆说:"一天,我坐在伯尔尼专利局的椅子上突然想到:假设一个人自由落体时,他不会感到自身的重量。我吃了一惊,这个简单的思想实验给我打上了一个深深的烙印,这就是我创立引力论的感觉。"新颖性意味着一定程度的领先性,不少创业者在选择创业机会时关注国家政策优先支持的领域就是在寻找领先性的项目。不具有新颖性的想法不仅将来不会吸引投资者和消费者,对创业者本人也不会有激励作用。新颖性还可以加大模仿的难度。

(2) 真实性。有价值的创意绝对不会是空想,而要有现实意义,具有实用价值。创意要可实现,简单的判断标准是能够开发出可以把握机会的产品和服务,而且市场上存在对产品或服务的真实需求,或可以找到让潜在的消费者接受产品或服务的方法。

(3) 价值性。创意的价值特征是根本,好的创意能够给消费者和企业带来真正的价值。创意的价值要靠市场检验,好的创意需要进行市场测试。

二、创意的来源

一般来讲,创意主要来源于以下途径。

1. 国家的宏观政策

国家的宏观经济政策可以作为创业者新产品创意的最主要来源。一是政府知识产权管理机构和科技成果管理机构存储着大量的技术成果,二是针对国家政府有关的法律法规的响应开发的产品创意。这些都可以作为新产品的创意。例如,我国 1992 年后政府颁布了一系列环保法律法规,其中包括要求减少汽车尾气排放。于是,作为对这些法律法规的响应,各个高新技术开发区立即新生了一批以治理汽车尾气为目标的环保类产品创新公司,新能源零排放汽车开始快速发展。

2. 现有产品的缺陷

通过寻找市场中现有的产品(服务)的缺陷,可以激发创业者的创意。道理是,现有产品不可能尽善尽美,不少产品只有用户经过反复使用之后,企业才能发现其缺陷,进而经过多次改进,才会趋于完善,相应的,在不断完善的过程中就会诱发创业者产生新的创意。

3. 客户的潜在需求

在关注新产品,新服务的创意过程中,与客户的不断交流,座谈以及意见反馈,一方面可以进一步了解客户的真正需求,另一方面可以借助客户的智慧完善自己的创意。如果能够激发客户的潜在需求,那么创意数量将大大增加。

三、创意开发的原则和过程

创意开发是一种社会生产活动。可以从两个维度(个人—组织、结果—过程)来分析创意开发。创意开发思维过程具有创造性、发散性、综合性等特性。创意开发需要思维上的创造性,即通过推理、判断、比较、抽象、概括、分析、综合、归纳和演绎等思维形式来实现。

1. 创意开发原则

(1) 综合原则。在创意开发的过程中,把研究对象各个层次的种种因素按照其内部联系进行组织结合,把研究的相关问题分解为各个层次和各种因素,并加以分别研究,分析其内在的特征、优势、劣势,然后将这些因素按其内在联系有机地组织起来,形成新的解决方案。

(2) 对应原则。世界上无论天象、物象、人像、意象,万事万物都处于一种相互作用之中。客观事物错综复杂,都有其对立的一面,可以从现有的创意和概念的相反方面出发,去构造新的概念和规律,就是所谓的创意对应原理。在创意的开发过程中,此原理的应用是为了拓展人们固有思想的范围,从而开发更多的创意。

(3)择优原则。在创业开发的过程中,会遇到很多意想不到的问题,而创意开发的实质就是对问题的创新解决方法的实现。这就要求人们做到在提出问题的同时,能够围绕该问题进行创意构思,提出多种解决方案,最后运用择优原理,从中选择最佳方案。

2. 创意开发过程

创意开发过程包含准备阶段、孕育阶段、感悟阶段和验证阶段。

(1)准备阶段。创意开发的准备阶段主要任务是积累平时的素材和训练创新思维。在这个过程中,解决问题者认识了问题的特点,并试图用一些可用的术语来表达,从不同角度进行观察、培养各种思维方式,提高自身素养,做好前期准备。

(2)孕育阶段。针对问题收集一定的资料,但问题尚未得到解决,处于内部孕育状态;一个优秀的创意不仅仅需要手和脑的合作,还需要方方面面的配合。深入社会,了解需求,了解竞争对手,只有这样,创意作品才会更加优秀并且切实可行。在创意目标明确后,收集信息,做好对客户需求的全方位把控,为下一个阶段做好充分准备。

(3)感悟阶段。对问题重新予以注意,突然想出了一个解决问题的办法;这个过程是在收集、总结的基础上进行交流和思考的阶段。这个过程,需要加强创业思维训练,将孕育阶段获取的信息尝试用不同的方法进行提炼。

(4)验证阶段。对提出的解决方法做详细的验证。在掌握了大量的信息之后,头脑中有了基本的创意构想,初步方案也就基本出来。然后进行不断的完善和提高。

第二节　创意开发方法

如何使创意开发发挥最大作用,本节介绍几种常见的创意开发方法,帮助创业者更好地培养创意开发的意识,并能做到对创意进行有效的运用。

一、系统创意的开发方法

TRIZ 的含义是发明问题解决理论,其英文全称是 Theory of the Solution of Inventive Problems(发明问题解决理论)。TRIZ 是其俄文的英语标音 Teoriya Resheniya Izobreatatelskikh Zadatch 的缩写。在欧美国家也可缩写为 TIPS。TRIZ 理论是由阿利赫舒列尔(苏联发明家)在 1946 年创立的,阿利赫舒列尔也被尊称为 TRIZ 之父。1946 年,阿利赫舒列尔开始了发明问题解决理论的研究工作。当时阿利赫舒列尔在苏联里海海军的专利局工作,在处理世界各国著名的发明专利过程中,他总是考虑这样一个问题:当人们进行发明创造、解决技术难题时,是否有可遵循的科学方法和法则,从而能迅速地实现新的发明创造或解决技术难题呢? 阿利赫舒列尔发现任何领域的产品改进、技术的变革、创新和生物系统一样,都存在产生、生长、成熟、衰老、灭亡,是有规律可循的。人们如果掌握了这些规律,就可以能动地进行产品设计并能预测产品的未来趋势。在他的领导下,建立一个由解决技术,实现创新开发的各种方法、算法组成的综合理论体系,并综合多学科领域的原理和法则,建立起 TRIZ 理论体系。

1. 现代 TRIZ 理论的核心思想

无论是一个简单产品还是复杂的技术系统,其核心技术的发展都是遵循着客观的规律发展演变的,即具有客观的进化规律和模式。各种技术难题、冲突和矛盾的不断解决是推动这种进化过程的动力。技术系统发展的理想状态是用尽量少的资源实现尽量多的功能。

2. TRIZ 理论主要内容

创新从最通俗的意义上讲就是创造性地发现问题和创造性地解决问题的过程,TRIZ 理论的强大作用正在于它为人们创造性地发现问题和解决问题提供了系统的理论和方法工具。现代 TRIZ 理论体系主要包括以下几个方面的内容。

(1)创新思维方法与问题分析方法。TRIZ 理论中提供了如何系统分析问题的科学方法,如多屏幕法等;而对于复杂问题的分析,则包含了科学的问题分析建模方法——物场分析法,它可以帮助快速确认核心问题,发现根本矛盾所在。

(2)技术系统进化法则。针对技术系统进化演变规律,在大量专利分析的基础上TRIZ 理论总结提炼出 8 个基本进化法则。利用这些进化法则,可以分析确认当前产品的技术状态,并预测未来发展趋势,开发富有竞争力的新产品。

(3)技术矛盾解决原理。不同的发明创造往往遵循共同的规律。TRIZ 理论将这些共同的规律归纳成 40 个创新原理,针对具体的技术矛盾,可以基于这些创新原理、结合工程实际寻求具体的解决方案。

(4)创新问题标准解法。针对具体问题的物-场模型的不同特征,分别对应有标准的模型处理方法,包括模型的修整、转换、物质与场的添加等。

(5)发明问题解决算法。主要针对问题情境复杂,矛盾及其相关部件不明确的技术系统。它是一个对初始问题进行一系列变形及再定义等非计算性的逻辑过程,实现对问题的逐步深入分析,问题转化,直至问题的解决。

(6)基于物理、化学、几何学等工程学原理而构建的知识库。基于物理、化学、几何学等领域的数百万项发明专利的分析结果而构建的知识库可以为技术创新提供丰富的方案来源。

3．TRIZ 法解决问题的过程

应用 TRIZ 法解决问题的第一步是对给定的问题进行分析：如果发现存在冲突，则用原理去解决；如果问题明确但不知道如何解决，则用效应去解决；第三种选择是对待创新的技术系统，进行进化过程的预测。最后是评价，确定是否满足要求。如果满足要求，则进行后续的设计工作；反之，要对问题进行重新分析。

小贴士

近年来，为了防止汽车侧向碰撞的危害，要开发相应的侧向安全气囊（side air bag，SAB）。安全气囊一般要安装在座椅的蒙皮里面，这就带来了一个技术难题：侧向碰撞发生时，安全气囊必须从座椅内部穿出，冲破蒙皮，才能胀开，保护成员的安全；而平时，要求蒙皮有很好的强度，不得开裂。这是一对矛盾。福特公司成立了工程小组运用 TRIZ 方法解决这一问题。

开发小组会同福特内部及有关供应商的专家共同分析了这方面以前的测试数据和以前采用过的方法，吸取经验，以免重蹈覆辙。采访有关专家，了解生产工艺，以期掌握文字资料以外的信息。与此同时，查阅有关专利，了解国外在这方面的进展。由于安全气囊将安装在座椅的内部，小组对座椅的结构进行了深入的研究。福特车上的座椅蒙皮材料为织物或皮革，小组总结了将这两种材料做蒙皮的使用方式。考虑到蒙皮接缝处可能是最薄弱部位，小组假定空气易突破该处穿出，为此总结了福特车蒙皮的各种接缝方法。小组还总结了蒙皮与座椅的结合方式，安全气囊胀开的方向等问题。用 TRIZ 理论描述所要解决的问题：使侧向安全气囊可以持续胀开（不被座椅蒙皮阻碍）。

侧向安全气囊的总体方案设计开发：根据全面分析，解决侧向安全气囊持续胀开的问题可以从四个方面着手，包括将能量集中于接缝、减小接缝强度、改善蒙皮的附着方式、新的接缝设计。小组运用 TRIZ 方法，对每个问题的子方向进行了探索。例如，对于将能量集中于接缝的子方向，小组探讨了刺绣、织物门、蒙皮内陷、反向安全气囊等。

最后，开发小组给出了创造性方案：(1)调查及确定接缝线可容忍的强度上限，以免接缝线处韧度太强，不利于安全气囊穿出；(2)优化和确定接缝处每英寸缝的针数，以免接缝处缝线的针数太多，不利于安全气囊穿出。

（资料来源：编者根据网络资料整理而成。）

4．TRIZ 理论的特点和优势

相对于传统的创新方法，比如试错法、头脑风暴法等，TRIZ 理论具有鲜明的特点和优势。它成功地揭示了创造发明的内在规律和原理,着力于澄清和强调系统中存在的矛盾,而不是逃避矛盾,其目标是完全解决矛盾,获得最终的理想解,而不是采取折中或者妥协的做法,而且它是基于技术的发展演化规律研究整个设计与开发过程,而不再是随机的行为。实践证明,运用 TRIZ 理论,可大大加快人们创造发明的进程而且能得到高质量的创新产品。它能够帮助我们系统地分析问题情境,快速发现问题本质或者矛盾,它能够准确确定问题探索方向,不会错过各种可能,而且它能够帮助我们突破思维障碍,打破思维定式,以新的视觉分析问题,进行逻辑性和非逻辑性的系统思维,还能根据技术进化规律预测未来发展趋势,帮助我们开发富有竞争力的新产品。

二、团队合作创意的开发方法

1. 头脑风暴法

头脑风暴法也称智力激励法,是由美国 BBDO 广告公司经理奥斯本创立。它是一种通过小型会议的组织形式,诱发集体智慧,相互启发灵感,最终产生创造性思维的程序法。

(1)头脑风暴法的实施原则

组织头脑风暴活动时,应遵循以下几条原则。

① 自由畅想,即参会者在构思方案和发言时,不要受任何条条框框的限制,甚至可以异想天开。

② 延迟批判,在组织活动时,必须坚持当场不对他人的发言做出任何有关缺点的评价。因为没有一个答案是错误的,现在看来不合理的提议,在条件和技术成熟后,或对它进行一些改善后,就有可能成为合理的。也有可能他人在这个提议的启发下,提出更妙的设想。所以在小组内任何人的任何提议的价值都是等同的,都是应该加以鼓励的。

③ 以量求质,头脑风暴会议的目标就是获得尽可能多的设想,所以设想越多越好。

④ 综合改善,鼓励对别人的设想补充完善成新的设想。

⑤ 限时限人。

⑥ 不允许用集体提出的意见来阻碍个人的创造性思维。

⑦ 各种设想不分好坏,一律记录下来。

(2)头脑风暴法的程序

头脑风暴法的操作程序通常分为以下 6 个阶段。

① 准备阶段。策划与设计的负责人应事先对所议问题进行一定的研究,弄清问题的实质,找到问题的关键,设定解决问题所要达到的目标。同时选定参加会议人员,一般以

5～10人为宜。然后将会议的时间、地点、所要解决的问题、可供参考的资料和设想、需要达到的目标等事宜一并提前通知与会人员,让参与人做好充分的准备。

② 热身阶段。这个阶段的目的是创造一种自由、宽松、祥和的氛围,使大家得以放松,进入一种无拘无束的状态。主持人宣布开会后,先说明会议的规则,然后随便谈点有趣的话题或问题,让大家的思维处于轻松和活跃的境界。如果所提问题与会议主题有着某种联系,人们便会轻松自如地导入会议议题,效果自然更好。

③ 明确问题。主持人扼要介绍有待解决的问题。介绍时须简洁、明确,不可过分周全,否则,过多的信息会限制人的思维,干扰思维创新的想象力。

④ 重新表述问题。经过一段讨论后,大家对问题已经有了较深程度的理解。这时,为了使大家对问题的表述能够具有新角度、新思维,主持人或书记员要记录大家的发言,并对发言纪录进行整理。通过纪录的整理和归纳,找出富有创意的见解,以及具有启发性的表述,供下一步畅谈时参考。

⑤ 畅谈阶段。畅谈是头脑风暴法的创意阶段。为了使大家能够畅所欲言,需要制定的规则是:第一,不要私下交谈,以免分散注意力。第二,不妨碍他人发言,不去评论他人发言,每人只谈自己的想法。第三,发表见解时要简单明了,一次发言只谈一种见解。主持人首先要向大家宣布这些规则,随后导引大家自由发言,自由想象,自由发挥,使彼此相互启发,相互补充,真正做到知无不言,言无不尽,畅所欲言,然后将会议发言纪录进行整理。

⑥ 筛选阶段。会议结束后的一两天内,主持人应向与会者了解大家会后的新想法和新思路,以此补充会议记录。然后将大家的想法整理成若干方案,再根据设计的一般标准,诸如可识别性、创新性、可实施性等标准进行筛选。经过多次反复比较和优中择优,最后确定1～3个最佳方案。这些最佳方案往往是多种创意的优势组合,是大家的集体智慧综合作用的结果。

🍃 小贴士

扫 雪

有一年,美国北方格外寒冷,大雪纷飞,电线上积满冰雪,大跨度的电线常被积雪压断,严重影响通信。过去,许多人试图解决这一问题,但都未能如愿以偿。后来,电信公司经理应用头脑风暴法,尝试解决这一难题。他召开了一种能让头脑卷起风暴的座谈会,参加会议的是不同专业的技术人员,要求他们必须遵守上面的原则。

按照这种会议规则,大家七嘴八舌地议论开来。有人提出设计一种专用的电线清雪机;有人想到用电热来化解冰雪;也有人建议用振荡技术来清除积雪;还有人提出能否带上几把大扫帚,乘坐直升机去扫电线上的积雪。对于这种"坐飞机扫雪"的设想,大家心里尽管觉得滑稽可笑,但在会上也无人提出批评。相反,有一工程师在百思不得其解时,听到用飞机扫雪的想法后,大脑突然受到冲击,一种简单可行且高效率的清雪方法冒了出来。他想,每当大雪过后,出动直升机沿积雪严重的电线飞行,依靠高速旋转的螺旋桨即可将电线上的积雪迅速扇落。他马上提出"用直升机扇雪"的新设想,顿时又引起其他与会者的联想,有关用飞机除雪的主意一下子又多了七八条。不到一小时,与会的 10 名技术人员共提出 90 多条新设想。

  会后,公司组织专家对设想进行分类论证。专家们认为设计专用清雪机,采用电热或电磁振荡等方法清除电线上的积雪,在技术上虽然可行,但研制费用大,周期长,一时难以见效。那种因"坐飞机扫雪"激发出来的几种设想,倒是一种大胆的新方案,如果可行,将是一种既简单又高效的好办法。经过现场试验,发现用直升机扇雪真能奏效!一个久悬未决的难题,终于在头脑风暴会中得到了巧妙的解决。

  (资料来源:https://new.qq.com/omn/20210405/20210405A07RQP00.html。)

2. 综摄法

1952 年,威廉·戈登(麻省理工学院教授)发明了旨在开发人的潜在创造力的技法,叫作综摄法。又称类比思考法。是通过已知的东西做媒介,将毫无关联、不相同的知识要素结合起来,来打开"未知世界的门扉",勾起人们的创造欲望,使潜在的创造力发挥出来,产生众多的创造性设想。

(1)综摄法的基本原则

① 异质同化。新发明大都是现在没有的东西,人们对它是不熟悉的;然而,人们非常熟悉现有的东西。在创造发明不熟悉的新东西的时候,可以借用现有的知识来进行分析研究,启发出新的设想来,这就叫作异质同化。例如,在脱粒机发明以前,谁也没有见过这种机械,要发明这样一种机械,就要通过当时现有的知识或熟悉的事物来进行创造。脱粒机实际上是一种使物体分离(将稻谷和稻草分开)的机械,可以使稻谷分离的方法很多,根据用雨伞尖顶冲撞稻穗,把稻谷从稻禾上脱落下来的创造性设想,终于发明出一种带尖刺的滚桶状的脱粒机。

② 同质异化。对现有的各种发明,运用新的知识或从新的角度来加以观察、分析和处理,启迪出新的创造性设想来,这就叫作同质异化。例如,热水瓶大家都很熟悉,将它改小成茶杯大小,就成了保暖杯。将电子表装在笔中,就发明出一种电子计时笔。

(2)综摄法采用的方法

在具体实施上述两项原则时,采用三种类比的方法。

① 拟人类比。进行创造活动时,人们常常将创造的对象加以"拟人化"。挖土机可以

模拟人体手臂的动作来进行设计。它的主臂如同人的上下臂,可以左右上下弯曲,挖土斗似人的手掌,可以插入土中,将土挖起。这种拟人类比方法,还被大量应用在科学管理中。

②　直接类比。从自然界或者已有的成果中找寻与创造对象相类似的东西。例如,设计一种水上汽艇的控制系统,人们可以将它同汽车相类比。汽车上的操纵机构和车灯、喇叭、制动机构等都可经过适当改革,运用到汽艇上去。

③　象征类比。所谓象征是一种用具体事物来表示某种抽象概念或思想感情的表现手法。在创造性活动中,人们有时也可以赋予创造对象一定的象征性,使它们具有独特的风格,这叫象征类比。

（3）综摄法的适用范围

如果要寻求创新,或想要得到具有创造性的解决方案,综摄法是一种很好的选择。不过,这种方法也有一些限制因素。综摄法主要受到小组规模的限制,如果很多人卷入了问题情境,那么就无法组成一个小组来应用这种方法来解决问题,因为一个应用综摄法的小组的理想人数是 6～8 人。

综摄法运用于产品开发时收效最大。综摄法也同样适用于社会领域,如美国产业界和学术界的成员们就曾经利用这种方法研究"政府预算怎样进行分配"的问题。

第三节　创意开发项目实训

一、实训目的

通过创意开发项目的实训,使学生了解创意开发的方法,能够运用创意开发方法,开发创意。

二、实训要求与内容

实训一：普罗塔哥拉悖论的半费诉讼

普罗塔哥拉(约公元前 481 年—前 411 年)是古希腊诡辩学派的著名哲学家。

他在教人打官司时都要和学生订下合同,学生先交一半学费,毕业后第一次出庭胜诉时再交付另一半学费。

学生欧提勒士学成后一直不肯出庭替人打官司,当然也就不

拓展阅读

会交付另一半学费给普罗塔哥拉。普罗塔哥拉就向法庭起诉他。在法庭上,老师志在必得地说:如果你在此案中胜诉,你就应按合同约定交付学费;如果你败诉就必须按法院判决付给我学费。总之无论胜诉还是败诉,你都要付给我另一半学费。欧提勒士则针锋相对地回答:老师你错了,这起官司无论胜负我都不用付学费。如果我胜诉,根据法庭判决我不用付学费;如果我败诉,根据合同中我第一次出庭胜诉才付学费的约定,我也不必交付学费呀。

这场官司当场就难倒了法官,无法做出判决,只好记载到案卷中留待后人解决。如果是你,请问怎样辩驳才能使普罗塔哥拉收到学费?

实训二:慢跑赛

汤姆是个有怪癖的富翁,他提供 50 万美元作为奖金给赛车手,看谁的车跑得慢。有 10 个选手参加比赛,但对比赛规则表示百思不得其解。"我们要如何进行比赛呢?"一位选手问道,"我们都会越跑越慢,这样的话比赛永远也无法结束了!"突然一位选手说道:"哈哈,我想到了一个绝妙的方法!"现在请你猜猜看,这是什么办法呢?

拓展阅读

【思考题】

1. 什么是创意?它的特征有哪些?

2. 创意开发的具体方法有哪些?

3. 你最近一次脑中有创意是什么时候?那是一个什么创意?是什么动机激发了你的创意?

即练即测

◎ 案例

苹果公司的创新之路

过去的 10 年,苹果获得了 1300 项专利,相当于微软的一半,相当于戴尔的 1.5 倍。乔布斯有句经典名言:"领袖和跟风者的区别就在于是否创新。"从苹果公司的发展历程来看,每一次的飞跃发展都是由创新带动。

一、创新种类

1. *产品和技术创新*

最早苹果是以电脑公司发家,但在其后的发展过程中,不断推出的创新产品才是让苹果公司屹立不倒的重要原因。从 iPod、iMac、iPhone 到 iPad,苹果公司不断地推陈出新,引领潮流。苹果也从最初单一的计算机公司,逐步转型成为高端电子消费品和服务企业。更重要的是,在微软 Windows 操作系统和 Intel 处理器独霸市场的时候,苹果依然坚持推出了自己独立开发的系统和处理器。一开始得到了大批设计人员的青睐,到最后得到大众的认可。在这些产品中,最重要的是 iPhone 的推出。手机智能化是移动电话市场的发展趋势,苹果正抓住了这一机会,或者说苹果推动了这一趋势的普及。

2007 年 1 月,苹果公司首次公布进入 iPhone 领域,正式涉足手机市场。苹果在 MP3 市场上依靠"iPod+iTunes"大获成功后,紧接着在手机市场依靠"iPhone+APP Store"的组合,通过在产品、性能、操作系统、渠道和服务方面的差异化定位,一举击败其他竞争对手。2011 年 2 月,苹果公司打破诺基亚连续 15 年销售量第一的垄断地位,成为全球第一大手机生产厂商。

2. 营销创新

苹果的"饥饿营销"策略让很多消费者被它牵着鼻子走,同时也为苹果聚集了一大批忠实粉丝。在市场营销学中,所谓"饥饿营销",是指商品提供者有意调低产量,以期调控供求关系、制造供不应求"假象"、维持商品较高售价和利润率,也达到维护品牌形象、提高产品附加值的目的。从 2010 年 iPhone 4 开始到 iPad 2 再到 iPhone 6S,苹果产品全球上市呈现出独特的传播曲线:发布会—上市日期公布—等待—上市新闻报道—通宵排队—正式开卖—全线缺货—黄牛涨价。与此同时,苹果一直采用"捆绑式营销"的方式带动销售量。从 iTunes 对 iPod、iPhone、iPad 和 iMac 的一系列捆绑,让用户对其产品形成很强的依赖性。

3. 商业模式创新

最初苹果就通过"iPod+iTunes"的组合开创了一个新的商业模式,将硬件、软件和服务融为一体。在"iPod+iTunes"模式的成功中,苹果看到了基于终端的内容服务市场的巨大潜力。在其整体战略上,也已经开始了从纯粹的消费电子产品生产商向以终端为基础的综合性内容服务提供商的转变。

此后,推出 APP Store 是苹果战略转型的重要举措之一。"iPhone+APP Store"的商业模式创新适应了手机用户对个性化软件的需求,让手机软件业务开始进入一个高速发展空间。与此同时,苹果的 APP Store 是对所有开发者开放的,任何有想法的 APP 都可以在 APP Store 上销售,销售收入与苹果七三分成,除此之外没有任何的费用。这极大地调动了第三方开发者的积极性,同时也丰富了 iPhone 的用户体验。这才是一种良性竞争:不断拓展企业的经营领域和整个价值链范围,使得市场中的每个玩家都能获益。

二、创新方法

苹果公司每周会有两次会议,这两次会议分别运用两种不同的创新方法:第一次头脑风暴法;第二次为黑帽思维法。

1. 头脑风暴法

此方法要求所有创意无穷无尽，不批评，不反对，发散思维，要求成员不受任何条件限制，自由地思考，进行自由创意。头脑风暴法遵循一二三四原则，一发言，要求每人都要发言，但每次只能一人发言；二追求，追求数量，追求创意；三不许，不许质疑、不许批评、不许打断；四个关键步骤，主持人发言、个人自由发言、小组讨论、小组决策。

2. 黑帽思维法

黑帽思维考虑的是负面和风险，要求尽量从客观与反面的角度分析实施中有可能存在的问题。此方法与头脑风暴法正好相反，要求参会者必须明确每一件事情，以及前面疯狂的想法是否可能在实际中应用。尽管在这个过程中重心已经转移到一些应用的开发和进展，但团队还是要尽量多地考虑其他各个应用的潜在的发展可能。即使到了最后阶段，保持一些创造性的想法作为后备选项也是非常重要和明智的。

（资料来源：http://finance.ifeng.com/a/20130828/10546963_0.shtml。）

第四章

机会选择

故事引入

在美国有一个年轻人，很想成功，那时正赶上美国西部淘金热，年轻人很想去西部淘金。在去淘金之前，他请教一位成功者如何抓住机会让自己快速成功。成功者给了年轻人一封信，告诉他成功的秘密就在这封信里，并要他在遇到重大困难和障碍的时候才可以拆开。年轻人很感激成功者，然后匆匆上路。快到淘金地点的时候，一条大河挡住了所有淘金者的去路。很多人怨声载道，年轻人这时候想起成功者给他的那封信，于是他跑到大河边拆开那封信，上面写了这样几句话："这个世界没有问题，只是当你的思想发生改变的时候，这个世界就会跟着发生改变！"年轻人在河边大声地读起来，还不断用力地鼓掌。连续喊完20遍后，他突然想到了一个赚钱的点子——摆渡。

于是这个年轻人用自己仅有的钱租了一只船，摆渡淘金者来赚钱。所有淘金者淘金心切，都以高价搭乘年轻人的船过河，随着人们纷纷过河，他也赚到了第一桶金。于是他就把船退掉，也前往西部去淘金。

来到西部，那里淘金的人很多，几乎没有什么机会，但因为采矿出汗很多，但那时候的西部很缺水，人们喝水很不方便，于是年轻人做了一个水车来卖水。人们都需要喝水，年轻人的生意非常好，一段时间下来就赚了不少钱。但好景不长，很多人都仿效年轻人来卖水，这样很快生意就被瓜分了。年轻人就又想，再这样继续卖下去也不是个长久之计，于是他又开始冥思苦想，突然他又想到了一个赚钱的好办法。

西部淘金的人由于成天在野外挖矿，衣服都极易磨破，同时发现西部到处都是废弃的帐篷，于是年轻人就把那些废弃的帐篷收集起来，清洗干净，并缝制出了世界上第一条用帆布做的裤子——牛仔裤，这种衣服布料很厚很结实，不容易磨破，非常受欢迎。从此一发不可收拾，年轻人最终成了举世闻名的"牛仔大王"，创造了世界牛仔服的著名品牌"Levi's"，这个年轻人就是李维斯。李维斯不断地从问题中发现机会，在别人不经意间就实现了致富梦想。

（资料来源：http://www.ruiwen.com/lizhi/gushi/534718.html。）

第一节 创业机会概述

机会是创业的核心要素,创业离不开机会。机会是一种隐含的状态或情形,感知到机会会产生创意,但并不是所有的创意都适合创业而成为创业机会,不同的创业机会价值也不相同。阿里巴巴集团、淘宝网、支付宝创始人马云说机会是成功创业的关键,但他只青睐那些有准备的人;抓住机会,别让机会从指尖滑过,如果同时存在多个机会,创业者顶多只能抓住其中之一。

一、创业机会的含义与特征

1. 创业机会的含义

"机会"一词,在《辞海》中的解释是"行事的际遇机会,时机"。创业因机会而存在,机会是未明确的市场需求或未充分使用的资源或能力,具有很强的时效性。

机会是客观存在的还是被创造出来的,从柯兹纳(Kirzner,奥地利经济学家)教授给的机会的概念来看,机会就是客观而且普遍存在的,因为未被满足或未明确的需求总是存在的,资源或能力因其变化也不存在被充分利用的极限。机会又像是被创造出来的,由于信息不对称等多方面的因素的存在,机会总是被少数人首先发现并成功开发。所以问题的核心应该是他而不是其他人看到了机会。

🍃小贴士

机 会 窗 口

机会窗口是一种隐喻,用以描述企业实际进入新市场的时间期限。当创业者利用创业机会时,机会窗口必须是敞开的。一旦新产品市场建立起来,机会窗口就打开了。随着市场成长,企业进入市场并设法建立有利可图的定位。当达到某个时点,市场成熟,市场机会窗口也即被关闭。

根据不同行业对创业机会的把握不同,创业机会有几种不同的含义。

(1) 可以为购买者或使用者创造或增加价值的产品或服务,它具有吸引力、持久性和适时性。

(2) 创业者有满足市场需求的创意:开发了新产品、新服务、新原材料和新组织方式,并能以高于成本价出售的情况。

（3）是一种新的"目的—手段"关系，它能为经济活动引入新产品、新服务、新原材料、新市场或新组织方式。

（4）主要是指具有较强吸引力的、较为持久的有利于创业的商业机会，创业者据此可以为客户提供有价值的产品或服务，并同时使创业者获益。

综上所述，可以看出，不能简单地认为商机就是创业机会，如果这个商机不是持久的，则对于创业者来讲也是昙花一现。针对特定的商机，创业者如果不能开发出与之匹配的创意，这样的商机也不能被视之为创业机会。如果创业者能够开发出与特定市场需求相匹配的创意，但实施相应的创意需要较大规模的资金和团队，则这样的商机也不能被称之为创业机会。不难看出，创业机会的本质就是商机、创意、资产与团队四要素的有机结合。

所以，可以得出较为全面的概念：创业机会，是指在市场经济条件下，社会的经济活动过程中形成和产生的一种有利于企业经营成功的因素，是一种带有偶然性并能被经营者认识和利用的契机。

良好的创意是成功的一半，创业成功与否与创业机会的优劣直接相关，随着经济环境和技术条件的变化，实践创业者越来越多，对于初创企业或已建企业二次创业的企业家们来讲，首先要考虑的一个问题就是：创业机会从哪里来？

创业机会来源于环境的变动，市场的不协调或混乱、信息滞后、领先或缺口及各种各样的其他因素影响。其根源在于事物的变化（包括产品、服务、市场等方面），创业者可以通过其本身特有的素质发现创业机会。

2. 创业机会的类型

创业机会主要包括技术机会、市场机会和政策机会。

（1）技术机会

技术机会就是技术变化带来的创业机会，即由于新的技术突破，特别是"非连续性创新"为创业者提供了创业的"技术源"，这类技术来源有可能触发创业的商业机会。具体表现为以下5种形式：第一，新技术代替旧技术。某一领域出现了新的科技突破和技术创新，并且足以替代某旧技术时，创业的机会就来了。第二，实现新功能、创造新产品的新技术的出现。在市场上，用户要购买的本质是某种功能或解决方案。因此，当一种能够实现新功能、创造新产品的新技术出现时，即是创业者可以利用的创业机会。第三，新技术带来的新问题。很多技术的出现对人类既有利也有弊，也就是说，在带给人们新利益的同时，也给人类带来了新的灾难，这就会迫使人们为了消除新技术的某些弊端，再去开发新的技术并使其商业化，这就带来了新的创业机会。第四，竞争前技术的新突破。第五，国家或者区域之间技术势差引发的技术转移与扩散。国家或区域之间的发展进程有快有慢。这样,在国家利益容许的前提下,发达国家和地区的技术就必然向落后国家和地区转移与扩散。

小贴士

新技术的三个层次

按照新技术与商业化的远近程度,日本有学者将新技术分为三个层次:第一个层次是原型技术。这类技术与商业化较远,投入到商业化应用需要做较多工作,还需要较长时间。第二个层次是竞争前技术,这类技术已接近商业化应用的程度。一旦对某一竞争前技术完成商业化开发,继而进入商业化应用,使用者就可能因为获得和使用这类技术而获得竞争优势。第三个层次是商业化技术。这类技术已经达到可商业化应用的程度。

（2）市场机会

市场机会是指市场上存在的尚未满足或尚未完全满足的显性或隐性的需求,是企业经营富有吸引力的领域能给企业营销活动带来良好机遇与盈利的可能性。市场机会主要有以下四类:第一,市场上出现了与经济发展阶段有关的新需求,相应的就要求有企业去满足这些新的需求,这同样是创业者可以利用的商业机会。第二,当前市场供给缺陷产生的新的商业机会。非均衡经济认为,市场是不可能真正供求平衡的,总有一些供给不能实现其价值。第三,发达地区（国家）产业转移带来的机会。第四,从中外差距中寻找隐含的某种商机。也就是说,通过与发达国家或地区比较,看看别人已有的哪些东西我们还没有,这"没有"就是差距,其中就有可能发现某种商业机会。

（3）政策机会

政策机会是指政府政策变化创造的创业机会。这包括经济体制等各方面变革创造的创业机会。政府政策变化无外乎是从两个方面的体现:第一,政策变化使得创业者可以去做原来不允许做的事情。第二,政策变化促使创业者去做原来不必要做的事情。

3. 创业机会的特征

如何判断一个好的商业机会呢? 杰弗里·A. 蒂蒙斯（Jeffry A. Timmons）提出,好的商业机会有以下四个特征:第一,它很能吸引顾客;第二,它能在你的商业环境中行得通;第三,它必须在机会窗口关闭前实施。第四,必须有资源（人、财、物、信息、时间）和技能才能创立业务。

创业机会要具有能给企业带来良好收益的可能性。对于创业成功,创业机会非常重要,只要抓住创业机会,创业者才能实现自己的创业梦想。创业机会据有以下特征。

(1)普遍性。凡是有市场、有经营的地方,客观上就存在着创业机会。创业机会普遍存在于各种经营活动过程之中。

(2)偶然性。对一个企业来说,创业机会的发现和捕捉带有很大的不确定性,任何创业机会的产生都有"意外"因素。

(3)实效性。创业机会存在于一定的时空范围之内,随着产生创业机会的客观条件的变化,创业机会就会相应地消逝和流失。

二、创业机会的来源

马克·吐温(Mark Twain,1835—1910,美国作家、演说家)说过:"我极少能看到机会,往往我看到机会的时候,它已经不再是机会了。"大多数的创业者都是抓住商业机会从而成功创业的。马云看到互联网的商机,"好利来"罗红看到蛋糕市场的商机,在现实生活中,这样的例子举不胜举。但这也只是千军万马过独木桥后幸存下来的成功企业。面对同一机会,有少数人成功了,但大多数人却失败了,那么,创业者究竟该如何把握机会? 这就需要创业者不仅要善于发现机会,更需要把握并果断行动,将机会变成现实的结果。机会的来源主要包括:问题、变化、技术创新、竞争和新知识(技术)的产生。

🍃 小贴士

菜 鸟 驿 站

2013 年 5 月 28 日,菜鸟网络正式成立,菜鸟网络的股东包含了阿里巴巴、银泰、复星、顺丰、"三通一达"(申通、圆通、中通和韵达)等企业。菜鸟网络的五大战略有:快递、仓配、跨境、农村和驿站。菜鸟驿站作为菜鸟网络五大战略方向之一,在高校通过创业的学生、在小区通过绿城、万科等物业,通过社会化协同,形成覆盖全国主要城市的末端公共服务网络。现在网购的人们越来越多,网购频率也越来越大。人们享受着网购的乐趣,也面临着新的问题。如果快递到了,收件人不在,该如何解决? 因为代收出现的快递丢失事件各地时有发生,却又无可奈何。菜鸟驿站的出现,正是解决类似问题的最佳方案。那么,菜鸟驿站是如何实施的呢?

对于收货不便和有保护隐私需求的用户,在天猫和淘宝平台下单后填写地址时,从页面上选择菜鸟网络推出的"菜鸟驿站",即可免费使用代收包裹服务。除"菜鸟驿站"免费代收包裹服务外,菜鸟网络还将与合作伙伴在寄件上进行合作:通过整合零散用户寄件需求,减少"最后一公里"的物流成本,优化时效,提高用户体验。菜鸟驿站与所有合作伙伴一起,为解决物流业的"最后一公里"而努力,让网购用户的商品安全、快捷送达,给用户获得更好的物流体验,提升行业的服务能力。

问题就是机遇,从尚未解决的问题中,发现创业机会,是创业者必备的技能之一。

(资料来源:编者根据网络资料整理而成。)

1. 问题

创业的根本目的是满足顾客需求。而顾客需求在没有被满足前就是问题。寻找创业机会的一个重要途径是善于去发现自己和他人在需求方面的问题或生活中的难点和痛点。

2. 变化

创业的机会大都产生于不断变化的市场环境,环境变化了,市场需求、市场结构必然发生变化。彼得·德鲁克(Peter F. Drucker,1909—2005,现代管理学之父)将创业者定义为那些能"寻找变化,并积极反应,把它当作机会充分利用起来的人"。这种变化主要来自于产业结构的变动、消费结构升级、城市化加速、人口思想观念的变化、政府政策的变化、人口结构的变化、居民收入水平提高、全球化趋势等诸方面。比如居民收入水平提高,私人轿车的拥有量将不断增加,这就会派生出汽车销售、修理、配件、清洁、装潢、二手车交易、代驾等创业机会。

3. 发明创造

世界产业变革的历史告诉我们,几乎每一个新兴产业的形成和发展,都离不开发明创造。发明创造提供了新产品、新服务,更好地满足了顾客需求,同时也带来了前所未有的创业机会。比如随着电脑的诞生,电脑维修、软件开发、电脑操作的培训、图文制作、信息服务、网上开店等创业机会随之而来,即使你不发明新的东西,你也能成为销售和推广新产品的人,从而给你带来商机。

4. 竞争

商业竞争非常残酷,如果你能弥补竞争对手的缺陷和不足,这也将成为你的创业机会。看看你周围的公司,你能比他们更快、更可靠、更便宜地提供产品或服务吗?你能做得更好吗?若能,你也许就找到了机会。当年苹果手机开启了手机的职能时代,当然价格也很贵,后来千元机弥补了它的不足,造就了小米。再后来有充电五分钟通话两小时,通过闪充弥补了智能手机待机时间短的不足,造就了OPPO。

第二节 创业机会的识别

一、创业机会识别的因素

什么因素导致创业者更善于识别出有价值的创业机会？以下是创业机会识别的 4 类主要因素。

1. 先前经验

在特定产业中的先前经验有助于创业者识别出商业机会，这被称为走廊原理。它是指创业者一旦创建企业，就开始一段旅程，在这段旅程中，通向创业机会的"走廊"将变得清晰可见。这个原理提供的见解是，个体在特定领域的经验和知识存量越多，就越容易发现并把握该领域内的创业机会，从而成功创业。

2. 认知因素

机会识别可能是一项先天技能或一种认知过程。有些人认为，创业者有"第六感"，他们能看到更多的机会。多数创业者也以这种观点看待自己，认为他们比别人更"警觉"。警觉很大程度上是一种习得性的技能；拥有某个领域更多知识的人，倾向于比其他人对该领域内的机会更警觉。

3. 社会关系网络

社会关系网络能带来承载创业机会的有价值信息，个人社会关系网络的深度和广度影响着机会识别。研究已经发现，社会关系网络是个体识别创业机会的主要来源，与强关系相比，弱关系更有助于个体识别创业机会。

4. 创造性

创造性是产生新奇或有用创意的过程。从某种程度上讲，创业机会的识别过程也要求创造新的价值，最终形成新的产品、新的服务、新的原材料，是一个不断反复的创造性思维过程。当创业者创造性地想出了解决既有产品或服务的问题时，可以用提高性价比的方法，形成了新的创意或者创新，也发现了创业机会。例如，Google 创业者想出了一个方法改善现有搜索引擎的搜索效果，在设计了新搜索引擎并测试成功后，他们最终创造出了一个创业机会。对个体来说，创造过程可分为准备、孵化、洞察、评价和阐述五个阶段。

二、创业机会识别的过程

创业过程始于创业者对创业机会的把握。创业者从成千上万繁杂的创意中选择心目中的最佳创业机会,随之不断持续开发这一机会,使之成为真正的企业,直至最终收获成功。这一过程中,机会的潜在预期价值以及创业者的自身能力得到反复的权衡,创业者对创业机会的战略定位也越来越明确,这一过程称为机会的识别过程,一些研究也称之为机会开发过程,或者机会规划过程。应当注意的是,机会识别过程实际上应当是一种广义的识别过程,因为它事实上囊括了大部分研究中提到的机会发现、机会鉴别、机会评价识别过程。创业机会识别的过程可概括为以下 3 个方面。

1. 创业准备

创业者根据自身的背景、经验和知识,对整个经济系统中可能的创意展开搜索,决定是否创业,如果创业者意识到某一创意可能是潜在的商业机会,具有潜在的发展价值,就将进入下一阶段。

2. 机会发现

机会发现是创业准备的结果。这一过程包括两个步骤:首先是通过对整体的市场环境,以及一般的行业分析来判断该机会是否在广泛意义上属于有利的商业机会,称之为机会的标准化识别阶段;其次是考察对于特定的创业者和投资者来说,这一机会是否有价值,也就是发现机会的阶段。

3. 机会的评价

这个阶段是创造过程中仔细审查创意并分析其可行性的阶段。许多创业者错误地跳过了这个阶段,在确定创意可行之前没去设法实现它。这个过程主要考察的内容是各项财务指标,创业团队的构成等,通过机会的评价,创业者决定是否正式组建企业,吸引投资。

三、创业机会的分类

在成功创业的路上如何识别机会,是创业者首先要解决的问题。好的创业机会,必然具有特定的市场定位,专注于满足顾客需求,同时能为顾客带来增值的效果,创业需要机会,机会要靠发现。依据不同标准分类,可以分为以下创业机会。

1. 现有市场机会和潜在市场机会

现有市场机会是市场机会中那些明显未被满足的市场需求,往往发现者多,进入者也多,竞争势必激烈。潜在市场机会是那些隐藏在现有需求背后的、未被满足的市场需求,不易被发现,识别难度大,往往蕴藏着极大的商机。

2. 行业市场机会与边缘市场机会

行业市场机会是指在某一个行业内的市场机会,发现和识别的难度系数较小,但竞争激烈,成功概率低。边缘市场机会是在不同行业之间的交叉结合部分出现的市场机会,处于行业与行业之间出现"夹缝"的真空地带,难以发现,需要有丰富的想象力和大胆的开拓精神,一旦开发,成功的概率也较高。

3．目前市场机会与未来市场机会

目前市场机会是那些在目前环境变化中出现的机会,未来市场机会是通过市场研究和预测分析它将在未来某一时期内实现的市场机会。若创业者提前预测到某种机会会出现,就可以在这种市场机会到来前早做准备,从而获得领先优势。

4．全面市场机会与局部市场机会

全面市场机会是指在大范围市场出现的未被满足的需求,在大市场中寻找和发掘局部或细分市场机会,见缝插针,拾遗补阙,创业者就可以集中优势资源投入目标市场,有利于增强主动性,减少盲目性,增加成功的可能。局部市场机会则是在一个局部范围或细分市场出现的未被满足的需求。

🍃**小贴士**

粽 叶 之 王

2021年的端午节像往年一样火爆,假如此时你刚上了创业管理的课程,你们团队成员提出,"粽子经济"的到来带给我们的是一个非常好的创业机会,你们准备如何做?

拓展阅读

四、创业机会的识别方法

1．新眼光调查

开展初级调查,通过与顾客、供应商、销售商交谈或采访,直接与市场互动,了解正在发生什么以及将要发生什么;注重二级调查,参加各种学术和展览会议、利用互联网搜索数据、浏览寻找包含你所需要信息的报纸、文章等都是二级调查的形式。

2．通过系统分析发现机会

实际上,绝大多数的机会都可以通过系统分析发现。可以从企业的宏观环境(政治、法律、技术、人口等)和微观环境(顾客、竞争对手、供应商等)的变化中发现机会。借助市场调研,从环境变化中发现机会,是机会发现的一般规律。

3. 通过问题分析和顾客建议发现机会

问题分析从一开始就要找出个人或组织的需求和他们面临的问题,这些需求和问题可能很明确,也可能很含蓄。一个有效并有回报的解决方法对创业者来说是识别机会的基础。这个分析需要全面了解顾客的需求,以及可能用来满足这些需求的手段。

4. 从顾客那里征求想法

一个新的机会可能会由顾客识别出来,因为他们知道自己究竟需要什么。这样,顾客就会为创业者提供机会。顾客建议多种多样,最简单的,他们会提出一些诸如"如果那样的话就好了"这样的非正式建议,留意这些,有助于你发现创业机会。

5. 通过创造获得机会

这种方法在新技术行业中最为常见,它可能始于明确以满足的市场需求,从而积极探索相应的新技术和新知识,也可能始于一项新技术发明,进而积极探索新技术的商业价值。通过创造获得机会比其他任何方式的难度都大,风险也更高。同时,如果能够成功,其回报也更大。这种情况下所产生的创新在人类所具有重大影响的创新中,居于压倒性的主导地位。

⊙ 案例

胡润的富豪榜

胡润(Rupert Hoogewerf),1970 年出生于卢森堡,英国注册会计师,著名的《胡润百富》创刊人。1993 年毕业于英国杜伦大学(Durham University),曾在中国人民大学学习汉语,后留学日本学习日语,通晓德语、法语、卢森堡语、葡萄牙语等 7 种语言。在会计师行业拥有七年安达信伦敦和上海的工作经验,1999 年推出中国第一份财富排行榜"百富榜"。

胡润的父亲做了一辈子会计事务工作,母亲是家庭主妇。家族最辉煌的历史要追溯到英国工业革命时期曾经涉足房地产业,此后就平淡了。他与中国的感情最初可追溯到1988 年,因得到赴日本留学机会,胡润第一次踏上亚洲的土地。在日本的经历让他爱上了中国汉字,并开始对中国产生了兴趣。于是在回国就读英国杜伦大学时,他选择了中文系。

1990 年大学期间,胡润到中国人民大学深造了一年,毕业后胡润从事与父亲一样的会计行业。凭借中文优势,1997 年胡润从伦敦来到上海的安达信,胡润最初的想法只是希望在华奋斗几年后回到英国做个中产。

从 1990 年第一次来中国,胡润就感受着中国日新月异的剧变。每次回到英国,朋友都会很好奇地问他,中国是什么样子? 这个问题看似简单,不过还真是难回答,关键是没有标准,偌大一个中国,五千年历史,十三亿人口,给亲朋好友说什么呢?

胡润为了这个事特别烦恼,一个在中国的留学的人,连这么个简单的问题都回答不了。每次回国,胡润都要受这种刺激。于是他试图去寻找一种万变经济中的不变标准。

胡润想到了那些中国经济成长的最大受益者。从一开始,胡润就很明确,这些人的故事代表着中国的故事,诠释着中国的变迁。对于他们的故事,包括中国十多亿百姓在内,全世界都十分好奇却又毫不知情。

1999 年,胡润开始利用业余时间和假期,查阅了 100 多份报纸杂志及上市公司的公告报表,凭着兴趣和职业特长,经历了几个月的努力后,胡润终于排出了中国历史上第一份和国际接轨的财富排行榜。

(资料来源:编者根据网络资料整理而成。)

第三节　创业机会评估

所有的创业行为都来自绝佳的创业机会,创业团队与投资者均对于创业前景寄予极高的期望,创业家更是对创业机会在未来所能带来的丰厚利润满怀信心。事实上,创业获得高度成功的概率大约不到 1%。首先,并非所有的机会都有足够大的价值潜力来填补为把握机会所付出的成本,包括市场调查、产品测试、营销和促销等一系列机会开发活动相关成本,成功与失败之间,除了不可控制的机运因素之外,显然一定有许多创业机会在开始的时候,就已经注定未来可能失败的命运。创业本身是一种高风险行为,而且失败也可能是奠定下一次创业成功的基础。

创业活动是创业者和创业机会的结合,其核心观点是,一方面创业者识别并开发创业机会;另一方面创业机会也选择创业者,只有当创业者和创业机会之间存在着恰当的匹配关系时,创业活动才最可能发生,也更可能取得成功。

一、创业机会价值评估的基本框架

美国百森商学院的蒂蒙斯提出的创业机会评价基本框架是相对比较完善的创业机会评价指标体系,其中,蒂蒙斯教授认为创业者应该从行业和市场、经济因素、收获条件、竞争优势、管理团队、致命缺陷问题、个人标准、理想与现实的战略差异 8 个方面评价创业机会的价值潜力,并围绕这 8 个方面形成了 53 项指标,见表 4-1。

表 4-1 蒂蒙斯的创业机会评价框架

行业和市场	（1）市场容易识别，可以带来持续收入 （2）顾客可以接受产品或服务，愿意为此付费 （3）产品的附加值高 （4）产品对市场的影响力高 （5）将要开发的产品生命长久 （6）项目所在的行业是新兴行业，竞争不完善 （7）市场规模大，销售潜力达到 1000 万～10 亿元 （8）市场成长率在 30％～50％甚至更高 （9）现有厂商的生产能力几乎完全饱和 （10）在五年内能占据市场的领导地位，达到 20％以上 （11）拥有低成本的供货商，具有成本优势
经济价值	（1）达到盈亏平衡点所需要的时间在 1.5～2 年以下 （2）盈亏平衡点不会逐渐提高 （3）投资回报率在 25％以上 （4）项目对资金的要求不是很大，能够获得融资 （5）销售额的年增长率高于 15％ （6）有良好的现金流量，能占到销售额的 20％～30％ （7）能获得持久的毛利，毛利率要达到 40％以上 （8）能获得持久的税后利润，税后利润率要超过 10％ （9）资产集中程度低 （10）运营资金不多，需求量是逐渐增加的 （11）研究开发工作对资金的要求不高
收获条件	（1）项目带来的附加价值具有较高的战略意义 （2）存在现有的或可预料的退出方式 （3）资本市场环境有利，可以实现资本的流动
竞争优势	（1）固定成本和可变成本低 （2）对成本、价格和销售的控制较高 （3）已经获得或可以获得对专利所有权的保护 （4）竞争对手尚未觉醒，竞争较弱 （5）拥有专利或具有某种独占性 （6）拥有发展良好的网络关系，容易获得合同 （7）拥有杰出的关键人员和管理团队
管理团队	（1）创业者团队是一个优秀管理者的组合 （2）行业和技术经验达到了本行业的最高水平 （3）管理团队的正直廉洁程度能达到最高水准 （4）管理团队知道自己缺乏哪方面的知识
致命缺陷	不存在任何致命缺陷

续表

创业家的 个人标准	(1) 个人目标与创业活动相符合 (2) 创业家可以做到在有限的风险下实现成功 (3) 创业家能接受薪水减少等损失 (4) 创业家渴望进行创业这种生活方式,而不只是为了赚大钱 (5) 创业家可以承受适当的风险 (6) 创业家在压力下状态依然良好
理想与现实 的战略差异	(1) 理想与现实情况相吻合 (2) 管理团队已经是最好的 (3) 在客户服务管理方面有很好的服务理念 (4) 所创办的事业顺应时代潮流 (5) 所采取的技术具有突破性,不存在许多替代品或竞争对手 (6) 具备灵活的适应能力,能快速地进行取舍 (7) 始终在寻找新的机会 (8) 定价与市场领先者几乎持平 (9) 能够获得销售渠道,或已经拥有现成的网络 (10) 能够允许失败

需要指出的是在现实创业活动中,创业者不太可能按照框架中的指标对创业机会作出一一评价,而仅会选择其中若干要素来判断创业机会的价值,从而使创业者机会评价表现为主观而非客观分析的过程。

二、市场评估准则

1. 市场定位

市场定位是指根据竞争者现有产品在市场上所处的位置,针对消费者或用户对该种产品的某种特征、属性和核心利益的重视程度,强有力地塑造出本企业产品与众不同的、给人印象深刻、鲜明的个性或形象,并通过一套特定的市场营销组合把这种形象迅速、准确而又生动地传递给顾客,影响顾客对该产品的总体感觉。好的创业机会,必然具有特定市场定位,专注于满足顾客需求,同时能为顾客带来增值的效果。在评估创业机会的时候,可由市场定位是否明确、顾客需求分析是否清晰、顾客接触通道是否流畅、产品是否持续衍生等,来判断创业机会可能创造的市场价值。创业项目带给顾客的价值越高,创业成功的机会也会越大。

2. 市场结构

市场结构是指一个行业内部买方和卖方的数量及其规模分布、产品差别的程度和新企业进入该行业的难易程度的综合状态,也可以说是某一市场中各种要素之间的内在联系及其特征,包括市场供给者之间(包括替代品)、需求者之间、供给和需求者之间以及市场上现有的供给者、需求者与正在进入该市场的供给者、需求者之间的关系。针对创业机会的市场结构进行 6 项分析,包括进入障碍、供货商、顾客、经销商的谈判力量、替代性竞争产品的威胁,以及市场内部竞争的激烈程度。由市场结构分析可以得知新企业未来在市场中的地位,以及可能遭遇竞争对手反击的程度。

3. 市场规模

市场规模主要是研究目标产品或行业的整体规模,可能包括目标产品或行业在指定时间内的产量、产值等,具体根据人口数量、人们的需求、年龄分布、地区的贫富度调查所得的结果。市场规模大小与竞争性可能直接决定了对新产品设计开发的投资规模。市场规模大小与成长速度,也是影响新企业成败的重要因素。一般而言,市场规模大者,进入障碍相对较低,市场竞争激烈程度也会略为下降。如果要进入的是成熟的市场,那么纵然市场规模很大,由于已经不再成长,利润空间必然很小,因此这些新企业恐怕就不值得再投入。反之,一个正在成长中的市场,通常也会是一个充满商机的市场,所谓水涨船高,只要进入时机正确,必须会有获利的空间。

4. 市场渗透

市场渗透是指实现市场逐步扩张的拓展战略。该战略可以通过扩大生产规模、提高生产能力、增加产品功能、改进产品用途、拓宽销售渠道、开发新市场、降低产品成本、集中资源优势等单一策略或组合策略来开展。其战略核心体现在两个方面:利用现有产品开辟新市场实现渗透、向现有市场提供新产品实现渗透。对于具有巨大市场潜力的创业机会,市场渗透(市场机会实现的过程)评估将会是一项非常重要的影响因素。创业家知道选择在最佳时机进入市场,也就是市场需求将要大幅增长之际。

5. 市场份额

市场份额指一个企业的销售量(或销售额)在市场同类产品中所占的比重。市场份额是企业的产品在市场上所占份额,也就是企业对市场的控制能力。从创业机会预期可取得的市场占有率目标,可以显示这家新创公司未来的市场竞争力。一般而言,要成为市场的领导者,最少需要拥有 20% 以上的市场占有率。但如果低于 5% 的市场占有率,则这个新企业的市场竞争力不高,自然也会影响未来企业上市的价值。尤其处在具有赢家通吃特点的高科技产业,新企业必须拥有成为市场前几名的能力,才具有投资价值。

6. 成本结构

成本结构亦称成本构成,产品成本中各项费用(如人力、原料、土地、机器设备、信息、通路、技术、能源、资金、政商关系、管理素质等)所占的比例或各成本项目占总成本的比重。产品的成本结构,也可以反映新企业的前景发展如何。例如,从物料与人工成本所占比重之高低、变动成本与固定成本的比重,以及经济规模产量大小,可以判断企业创造附加价值的幅度以及未来可能的获利空间。

三、效益评估准则

1. 合理的税后净利

一般而言,具有吸引力的创业机会,至少需要能够创造 15％以上税后净利。如果创业预期的税后净利是在 5％以下,那么这就不是一个确定的投资机会。

2. 达到损益平衡所需的时间

合理的损益平衡时间应该能在两年以内达到,但是,如果三年还达不到,恐怕就不是一个值得投入的创业机会。不过有的创业机会确实需要经过比较长的耕耘时间,通过这些前期投入,创造进入障碍,保证后期的持续获利。在这种情况下,可以将前期投入视为一种投资,才能容忍较长的损益平衡时间。

3. 投资回投率

考虑到创业可能面临的各项风险,合理的投资回报率应该在 25％以上。一般而言,15％以下的投资回报率,是不值得考虑的创业机会。

4. 资本需求

资金需求量较低的创业机会,投资者一般会比较欢迎。事实上,许多个案显示,资本额过高其实并不利于创业成功,有时还会带来稀释投资回报率的负面效果。知识越密集的创业机会,对资金的需求量越低,投资回报反而会越高。因此,在创业起步阶段,不要募集太多资金,最好通过盈余积累的方式来创造资金。而比较低的资本额,将有利于提高每股盈余,并且还可以进一步提高未来上市的价格。

5. 毛利率

毛利率高的创业机会,相对风险较低,也比较容易取得损益平衡。反之,毛利率低的创业机会,风险则较高,遇到决策失误或市场产生较大变化的时候,企业就很容易遭受损失。一般而言,理想的毛利率是 40％。当毛利率低于 20％的时候,这个创业机会就不值得再予以考虑。软件业的毛利率通常都很高,所以只要能找到足够的业务量,从事软件创业在财务上遭受严重损失的风险相对会比较低。

6. 策略性价值

能否创造新企业在市场上的策略性价值,也是一项重要的评价指标。一般而言,策略性价值与产业网络规模、利益机制、竞争程度密切相关,而创业机会对于产业价值链所能创造的价值效果,也与它所采取的经营策略与经营模式密切相关。

7. 资本市场活力

当新企业处于一个具有高度活力的资本市场时,它的获利回收机会相对也比较高。不过资本市场的变化幅度极大,在市场高点时投入,资金成本较低,筹资相对容易。但在资本市场低点时,投资新企业开发的诱因则较低,好的创业机会也相对较少。不过,对投资者而言,市场低点的成本较低,有的时候反而投资回报会更高。新创企业活跃的资本市场比较容易创造增值效果,因此资本市场活力也是一项可以被用来评价创业机会的外部环境指标。

8. 退出机制与策略

所有投资的目的都在于回收,因此退出机制与策略就成为一项评估创业机会的重要指标。企业的价值一般也要由具有客观鉴价能力的交易市场来决定,而这种交易机制的完善程度也会影响新企业退出机制的弹性。由于退出的难度普遍要高于进入,所以一个具有吸引力的创业机会,应该要为所有投资者考虑退出机制,以及退出的策略规划。

第四节　创业机会项目实训

一、实训目的

通过创业机会项目的实训,使学生能够认识创业机会,了解识别创业机会的方法,掌握如何评估创业机会,同时结合自身专业,尝试寻找和选择适合自己的市场机会。

二、实训要求与内容

日本企业如何识别市场机会?

美国汽车制造业一度在世界上居霸王地位,而日本的汽车工业则是 20 世纪 50 年代通过学习美国发展起来的。但是,时隔 30 年,日本汽车业突飞猛进,充斥欧美市场及世界各地,何以会出现这种情况呢?

20 世纪 60 年代,主要有两个因素影响汽车工业:一是第三世界的石油生产被工业发达国家所控制,汽油价格低廉;二是轿车制造业发展很快,多座位的豪华车、大型车盛极一时。

擅长市场调查与预测的日本制造商首先通过表面的经济繁荣,看到了产油国与跨国公司之间正在暗中酝酿和发展着的斗争,以及工业发达国家能源消耗量的增加,预测出即将要产生世界性的能源危机,石油价格将很快上涨。因此,必须生产耗油量小的汽车来适应能源奇缺的环境。其次,日本估计,随着汽车数量的增多,马路上车流量增加,停车场收费会提高。因此,只有造小汽车才能适应拥挤的马路和停车场。最后,日本汽车制造商分析了工业发达国家家庭成员的用车情况:主妇要上超级市场,男主人要上班,孩子要上学,一个家庭只有一辆汽车显然不能满足需求。这样,通过调查分析,日本制造商掌握经济环境、自然规律、交通情况等因素的变化趋势,进而作出了正确的决策。于是,日本物美价廉、小巧玲珑型节能汽车在20世纪70年代的世界石油危机中横扫欧美市场,市场占有率不断提高,而欧美各国传统豪华型小轿车却因耗油量大,成本高而销路大受影响。

以小组讨论案例为主要形式,开展讨论,分析日本汽车是从哪几个方面识别市场机会的?中国的汽车发展的机会可从哪些方面进行?最终形成小组报告,并在课堂进行分享交流。

即练即测

【思考题】

1. 如何正确理解创业机会的概念?

2. 怎样识别创业机会?

3. 你觉得为什么有的人能够看到创业机会,而更多的人却看不到?

4. 结合个体的环境,说说你看到的创业机会有哪些?

5. "互联网+"为创业的热潮,结合身边案例,谈谈大学生开设网店的利弊。

🎯 案例

空气中抓汽油发展环保产业,"80后"创业家5年赚千万

一名毕业不久的研究生,在大学四年研究出"空气中抓汽油"的技术,5年就成为千万富翁。"空气中抓汽油"的技术是把弥漫在空气中的汽油进行分离,这项"空气中抓汽油"的技术不仅解决了大家反感的刺鼻味道,还解决了空气污染的问题。研究出这项技术的赵新表示,"空气中抓汽油"的技术主要适用于油气回收行业,赚钱只是其次,更大的意义是倡导环保。

在加油站,大家都能闻到刺鼻的汽油味,让人反感而且感觉不安全,"空气中抓汽油"这项技术就是针对这个问题来实现油气回收的,"80后"赵新在读研究生时,就很关注这

个问题,为了研究出"空气中抓汽油"这项技术,他在实验室研究了4年,终于取得成功,还转化为了生产力,成为年轻有为的科技型创业家。

2006年研究生毕业,2007年成立南京天膜科技有限公司,2011年公司纳税额就达900多万元!翻看赵新的简历,记者非常好奇,短短几年,这个刚从象牙塔里走出来的学生怎么会把公司经营得风生水起的!

"其实,我在成立公司之前,就做了大量准备。"赵新告诉记者,他读研究生时就从事现在所成立的公司的核心技术——分离膜的研发了。

读研究生的4年里,同学们除了学业还有丰富的课外生活。可是,赵新每天就会把自己关在研究室,反复捣鼓一层膜,设法通过这层膜将油气、空气分离开。

"提倡环保是个大趋势。"赵新告诉记者,他研究这项技术,主要是希望能生产出一种设备,做油气回收,就是在装卸汽油和给车辆加油的过程中,将挥发的汽油油气收集起来,通过吸收、吸附、冷凝或膜分离等工艺中的一种或两种方法,减少油气的污染或使油气从气态转为液态,重新变为汽油,达到回收利用的目的。

功夫不负有心人。研究生毕业时,赵新研发出了有机气体分离膜。他本人也很自信地认为:"21世纪是个膜分离时代。"不过,他并没有匆忙注册公司,而是去了一家中美合资企业做了一名技术员。

"老板肯定不是那么好当的。"赵新说,他要在自己当老板前,先在这家企业积累一定的管理经验。

他靠透支信用卡发工资

2007年10月,赵新突然炒掉老板鱿鱼,在秦淮区科技创业中心正式开始自己的创业之路。原来,嗅觉敏锐的他,预感到商机要来了!"2007年国家出台了储油库大气污染物排放标准、加油站大气污染物排放标准、汽油运输大气污染物排放标准。"赵新说,这一系列国标出台,给企业发展迎来契机。当时,他就了解到,北京、天津、河北等地的储油库、加油站不能直接将油气排入大气中,必须在2008年5月,赶在奥运会之前全部进行改造处理。

为了抓住这个契机,赵新赶紧成立公司,把技术投入到产品生产中。这个契机,让他挖到了第一桶金。"北京有30多个储油库,我做了5家民营企业的储油库。"赵新介绍说,万事开头难,起初这些储油库、加油站并不是很信任他的产品。无奈之下,他只好先垫资,免费把设备投给这5家企业用。再把回收的汽油折价卖给它们,"其实,我挣的第一桶金,全是从空气中'抓'回来的。"

不过,随着奥运会结束,好日子也很快结束了。

整个2009年,他的企业几乎没有接到一笔业务。另外3个股东也没有能力再投资,当时企业的资金非常紧张,不仅拖欠了大半年房租,连员工的工资都是靠刷信用卡来支付的。

"冬天来了,春天还会远吗?"赵新认为,在创业过程中,"坚守"非常重要。

公司年纳税 900 多万元

"在我最困难时,秦淮区政府给了我很大帮助。"回顾最艰难的日子,赵新很感激政府当时没把他从厂房中轰出来。靠着自己的坚守,他等到了春天。

伴随上海世博会、广州亚运会的召开,赵新和他的企业又迎来了机遇。2010 年,仅借着世博会这股春风,他就成功将企业产品推销给了 6 家储油库。

"我们的产品,在技术和性能上,一点都不输于进口产品,而价格却比国外低不少。"去年,他继续调整经营策略,并成功将产品打入了中石油、中石化这样的大企业。"它们现在已经成了我们的纳税大户。"秦淮区宣传部工作人员告诉记者,去年赵新的企业纳税达到了 900 多万元!

昨天记者了解到,赵新研究的有机气体分离膜,已经被评为十佳优秀专利。他本人去年也被评为南京市科技型创业家,而且是全市最年轻的科技型创业家。

环保产业大有可为,他争取三年让公司上市

据了解,去年 3 月南京市政府就印发了《南京市储油库、油罐车及加油站油气污染治理工作方案》的通知,将油气回收列入了工作目标,也是作为实施蓝天工程不可缺少的重要组成部分。

"南京一共有 8 个储油库,目前正在治理改造,其中 4 个是我们企业做的。"赵新告诉记者,今年他要大展拳脚争取纳税达到 2000 万元。他的目标是,争取在未来 3 年让公司上市。

据了解,南京加油站年销售汽油达到约 100 万吨,这等于排放了 8000 吨油气进入大气。而油气排放的高度是 1.2 米,恰好在人的呼吸范围内,长期吸入油气对人体的危害显而易见。汽油挥发在空气中产生的"油气",属于有毒有害的物质,其主要成分有苯、二甲苯、乙基苯及其他碳氢化合物,其中不少是致癌物质。

如果将南京每年"漏"掉的油气都回收起来,不仅可以改善空气质量,还能带来经济效益。赵新给记者算了一笔账,一个常规加油站改造后,通常每个月大约能够回收 3 吨的汽油。

"上市也好,盈利也罢,这只是我理想的一部分。"采访中,已经是千万富翁的赵新坦言,做这件事更大的意义,其实是倡导环保。

(资料来源:http://www.lz13.cn/lizhichuangye/6676.html。)

第五章

创业者与创业团队

故事引入

UU跑腿乔松涛：一个程序员的互联网江湖

提到UU跑腿，相信很多人都不陌生，它为人提供买、送、取、办等生活服务，把人们从琐碎的事情中解放出来，用更多的时间享受生活。

这样一款"懒人神器"到底是如何诞生的？UU跑腿创始人乔松涛开门见山地说："我是一个特别特别'宅'的程序员，对我来说一个月不下楼是很正常的事情，经常需要别人替我买东西、办一些事，这就是我的刚需。"

在创办UU跑腿之前，乔松涛有过丰富的创业经历。大学时，他就开始创办社交类网站，网站初期的丰厚盈利给了他闯荡互联网行业的信心，他也相信自己一定能在互联网行业里成就一番事业。

然而现实却并非一帆风顺。无论是企查查、IK8，还是后期创办的爱时间，他创办的这些网站和平台都在红火一阵后因为各种原因夭折。"这些经历其实很有意思，当时是没有大数据这个概念的，当时还叫数据挖掘，我们做的这些把后面做UU云、UU跑腿的整个信息都积累出来了"。在他看来，这些失败的经验，让他的互联网技术和团队得到了磨炼，是他今天成功不可或缺的奠基石。

2015年6月，乔松涛带着他的团队从郑州起航，创办了UU跑腿，开展起同城速递业务。在乔松涛看来，人们的需求是潜力巨大的，这个市场是个持续爆发的市场。"在2015年开始做的时候，发现同城物流全国市场有20个亿，到2016年上半年整个中国市场达到了72个亿，下半年又发现已经到了200多个亿，今年年底可能会达到千亿规模，未来可能到万亿市场"，乔松涛说。

平台的迅速发展印证的乔松涛的判断。短短三年时间，UU跑腿已开通了北京、西安、深圳、南京等100多座城市，全国合作"跑男"超过100万，服务全国2000多万用户。这种"互联网＋跑腿"业务也很快受到了资本青睐，目前UU跑腿已经拿下了3轮融资，成为同行业的佼佼者。极光数据给出的大数据显示，UU跑腿已经在全国同城配送行业占据第一的位置。

互联网企业要讲究一个"快"字,乔松涛除了在个人身上把"快"字演绎得淋漓尽致之外,还将这个字融入了整个团队当中,让自己的整个团队都能够快速灵活的处理各种问题,激发出团队中每个人的潜能。

乔松涛面相憨厚,内心却从不安分。拥有 IT 男的执着,也兼具企业家的睿智。从好玩到狂热,从执着到创新,乔松涛的创业之路,经历过大起大落,也收获着风生水起;从当初扬言要干掉阿里巴巴,到现在声称要做河南的第一家独角兽公司,乔松涛的霸气和"野心"从来没有隐藏过。关于未来乔松涛信心十足,因为他并不孤单,身后是 100 万+"跑男"兄弟,跟他一起撑着梦想的风帆,远航。

(资料来源:http://www.pedaily.cn/tag/22037/。)

第一节 创 业 者

创业是一项艰巨而复杂的工程,创业者作为其中最关键,最具能动性的因素,其能力和素质直接关系着创业活动的成败。提起创业者,人们会如数家珍般地列出一份长长的名单,如联想的柳传志、华为的任正非、蒙牛的牛根生、新东方的俞敏洪、阿里巴巴的马云、聚美优品的陈欧等。人们自然会关注他们独特的品质特征,比如强烈的成功欲望、勇于承担风险的独特心理素质。

一、创业者的含义

创业者(entrepreneur)一词由理查德·坎蒂隆(Richard Cantillon,1680—1734,法国经济学家)于 1755 年首次引入经济学。1800 年,巴蒂斯特·萨伊(Say,Jean Baptiste,1767—1832,法国经济学家)首次给出了创业者的定义,他将创业者描述为将经济资源从生产率较低的区域转移到生产率较高区域的人,并认为创业者是经济活动过程中的代理人。熊彼特(Schumpeter,美籍奥地利政治经济学家)则认为创业者应为创新者。这样,创业者概念中又加了一条,即具有发现和引入新的、更好的能赚钱的产品、服务和过程的能力。

在欧美学术界和企业界,创业者被定义为组织、管理一个生意或企业并承担其风险的人。创业者有两个基本含义:一是指企业家,即在现有企业中负责经营和决策的领导人;二是指创始人,通常理解为即将创办新企业或者是刚刚创办新企业的领导人。

创业者是指某个人发现某种信息、资源、机会或掌握某种技术,利用或借用相应的平台或载体,将其发现的信息、资源、机会或掌握的技术,以一定的方式,转化、创造成更多的财富、价值，并实现某种追求或目标的过程的人。

二、创业者的特征

学术界研究创业者的心理特征，而且发现创业者的心理特征比天生特质重要得多，而心理特征或素质在一定程度上可以改变和培养。创业者区别于一般人的特征表现为以下 6 个方面。

（1）创新。创新是创业精神的本质所在，创业者趋向于那些具有创新精神的群体就不足为奇了，创业者发明新的方法迎接不同的挑战。

（2）成就导向。创业者几乎无一例外都是目标导向型的，他们很自然地设定个人目标并且确保成长以完成这些目标。

（3）独立。创业者是出了名的独立自主。他们大多数都高度地自我依赖，而且他们中的许多人都很自然地偏向于独立工作来完成他们的目标。

（4）内控性人格。创业者很少把自己看作环境的受害者，而是自己掌控自己的命运。这可能是由于他们具有把消极的环境看作机会而不是威胁的趋向。

（5）低风险厌恶。创业者不会为了风险带来的利益而去寻找风险，而是对风险有更多的包容性，并且在找到方法降低风险方面更具有创造性。

（6）对不确定性的包容。创业者总是比其他人更加适应动态变化且不是特别明确的情况。

三、创业者应具备的知识和能力结构

1. 创业者应具备的知识结构

创业者的知识素质对创业起着举足轻重的作用。在知识大爆炸、竞争日益激烈的今天，单凭热情、勇气、经验或只有单一专业知识，要想成功创业是很困难的。创业者要进行创造性思维，作出正确决策，必须掌握广博的知识，具有一专多能合理的知识结构。

知识结构是指一个人经过专门学习培训后所拥有的知识体系的构成情况与结合方式。所谓合理的知识结构，就是既有精深的专门知识，也有广博的知识面，具有事业发展实际需要的最合理、最优化的知识体系。合理的知识结构既是实现创业目标的必要条件，也是个人事业发展的基础。

创业者应该具有扎实的专业基础和完善的知识结构。创业者的专业知识对于创业者确定创业目标及成功创业有直接作用。除此之外，还应该掌握与经营管理相关的非专业知识。具体来说，创业者应该具有以下几方面的知识。

（1）政策法律法规。理解法律与政策的内涵和意义,做到用足、用活政策,依法行事,用法律维护自己的合法权益。

（2）科学的经营管理知识和方法,提高管理水平。

（3）与本行业本企业相关的科学技术知识,依靠科技进步增强竞争能力。

（4）市场经济方面的知识,如市场营销、财务会计、财政金融、国际贸易等知识。

（5）有关世界历史、世界地理、社会生活、文学、艺术等人文素养方面的知识。创业者应该在事业起步之前就建立起合理的知识结构,培养科学的思维方式,提高自己的实用技能,以适应创业的要求。

2.创业者应具备的能力结构

能力结构,是指一个人所具备的能力类型及各类能力的有机组合。从不同角度或不同层面,可以划分不同的能力类型,每个人所具备的能力结构是不同的。创业能力是指创业者能够完成创业所必须具备的能力,它是在知识、经验、技能的基础上形成的。创业者仅有创业的激情是不够的,他必须还要有能够创业的能力。

创业者至少应具有以下能力。

（1）创新能力：指的是能够提出新观点、新办法,能够创造性地解决现实问题的能力。

（2）分析决策能力：是指通过对企业所面临形势的分析,对企业的发展和问题的解决等方面作出决断、确定方向的综合性能力。

（3）预见能力：就是指创业者根据当前经济发展或企业生存环境等方面的发展特点、方向、趋势所进行的预测、推理的一种思维能力,是思维能动性的表现,还是一项重要创业能力。

（4）应变能力：是指创业者在外界环境和事务发生改变时,能够作出正确的反应和决策。

（5）用人能力：要想成为一名成功的创业者,必须有一套自己的"管人用人"能力。

（6）组织协调能力：是指根据工作任务,对资源进行分配,同时控制、激励和协调群体活动过程,使之相互融合,从而实现组织目标的能力。

（7）沟通能力：指的是善于交流与表达,与他人进行有效的沟通的能力。

（8）激励能力：是指依据人的行为活动规律,采取有效的方法,充分调动和发挥人的工作积极性的能力。

拓展阅读

创业能力是以智力活动为核心的能力,但同时它也具有很强的社会实践性,是与创业实践活动紧密相连的。创业能力的强弱,决定了创业实践活动效率的高低。反过来,创业实践活动又可以促成创业能力的形成和发展,只有在创业实践活动中,通过完成各项艰巨而富有挑战性的工作,才能激发个体的创业能力。因此,并不是要求创业者必须完全具备以上这些能力才能去创业,而是需要创业者本人有不断提高自身素质的自觉性和实际行动。一靠学习,二靠改造。要想成为一个成功的创业者,就要做一个终身学习者和改造自我者。

小贴士

你是一个创业者吗?

1. 追求什么?(A)安稳(B)自由

2. 哪一种情况更可怕?(A)不知道明天怎么样(B)每天都一样

3. 人生更重要的是:(A)挫折少(B)经历多

4. 哪一种情况更有安全感?(A)有人可依赖(B)独立

5. 面对未知的难题:(A)看别人怎么做(B)我试试

6. 哪种情况更容易?(A)遵守别人的规则(B)自己制定规则

7. 遇到问题更倾向于说:(A)这不是我的责任(B)我承担全部责任

8. 更愿意思考什么问题?(A)有标准答案的(B)没有标准答案的

9. 哪一种情况更有优越感?(A)做得比别人好(B)做别人没做过的事

10. 更喜欢哪个头衔?(A)大公司高管(B)小公司老板

【结论】　创业者基本更倾向于 B 类答案。

四、创业者的创业动机

从短期看,创业者的需求层次及其影响因素的共同作用形成了创业者不同的创业动机,不同的创业动机导致创业者创业行为过程与行为结果的差异;同时,创业者的创业活动导致创业者的现实需求得到满足。从长期看,由于需求在时间上的连续性,已有需求的满足又会导致新需求的产生,从而形成一个循环,最终表现为创业精神对经济增长的贡献与经济的繁荣。由此可见,决定创业者行为差异的深层次原因是创业者的需求层次及其影响因素。

创业动机是各种因素共同作用的结果。一方面,包括创业者的个性特点、个人环境、相关的商业环境、个人目标和可行的商业计划。另一方面,创业者将预期的结果同自己的心理期望相比较。此外,创业者还应关心创业中付出的努力与可能的收获之间的关系。

创业者最初的期望和最终的结果会极大地影响到他们创建和维持一个企业的动力。

当企业的经营业绩达到或超出期望,创业行为就会被正面强化,创业者将有动力继续创业。而到底是留在现在的企业,还是创建另一家新企业就依他们的创业目标而定。当实际结果难以达到预期时,创业者的动力就会下降并负面地影响继续创业的决定。这些对未来的预期同样会影响到后面的企业战略、战略的实施和企业管理。

创业者的需求层次不同,因此产生的创业动机也存在差异。机会拉动型创业者的需求层次比生存推动型创业者高,机会拉动型创业者的创业动机受自我实现需求的推动,机会拉动型创业者大多没有生活压力,但是具备一定的知识、经验和能力,敢于承担风险,并相信能通过创业活动来实现自己的价值。生存推动型创业者则处于生理需求或安全需求等较低的需求层次,生活压力是生存推动型创业者处于生理或安全需求的根本原因。由此可见,不同的需求层次决定了不同的创业动机,从而影响了创业者行为过程与行为结果。

从间接影响创业动机形成的原因看,创业者的需求层次还受诸多具有长远意义的宏观因素的影响。一是社会保障。高水平的社会保障可以提高人们的需求层次,由于需求层次决定创业动机,从而可以得出:社会保障越高,机会拉动型创业比率就越高;社会保障越低,生存推动型创业者比率就越高。二是收入水平。创业者作为理性个体,短期内的收入变化不会对创业者需求层次产生显著作用,长期内收入变化必然导致创业者需求层次的变化,长期内收入水平提高有利于创业者需求层次的提升,反之下降。三是人口统计特征。人口统计特征是创业者自身特点的整体体现,主要表现为创业者群体的受教育水平、经验和经历等因素。由于人口统计特征的差异,相同的外部要素对创业者个体的作用产生不同的结果,从而形成了同一国家或同一地区创业者需求层次的多样性和创业者创业动机的差异。

拓展阅读

五、创业能力的训练与培养

责任感与决策力。承担责任和决策力是创业者具备的第一要素。有了责任承诺(承诺指对过去所做努力的坚持)和决策力,创业者可以克服难以想象的障碍,并且可以弥补其他缺点。责任感与决策力通常意味着个人牺牲。衡量创业者的责任承诺有以下三方面:是否把自己净资产的一大部分投资于企业;是否愿意接受较少的薪水;在生活方式和家庭上是否作出较大牺牲。

领导力。成功的创业者不需要凭借正式权力(多为组织授予的权力)就能向别人施加影响,这就是领导力。他们善于化解冲突,懂得什么时候以理服人,什么时候以情感人,什么时候该做出妥协,什么时候寸步不让。要想成功经营企业,创业者必须学会与许多角色,包括客户、供应商、资金援助者、债权人、合伙人以及内部员工等相处。由于不同的角色在目标上常会有冲突,创业者要成为一个调停者、磋商者而非独裁者。

执着于创业机会。成功的创业者都会为创业机会而殚精竭虑。他们的目标是寻求并抓住商机,并将其变成有价值的东西。他们受到的困扰往往是陷在商机里不能自拔,他们总能发现机会。这就要求创业者区分各种创意和机会的价值,抓住重点。

对风险不确定性的容纳度。创业总是伴随着高风险、模糊和不确定性,成功的创业者需要容忍风险、模糊和不确定性。他们能乐观而清晰地看到公司的未来,从而保持了勇气。通过仔细定义目标、战略,控制和监督他们的行动方式,并按照他们预见的未来加以调整,减少了创业风险。成功的创业者把压力化为好的结果,将绩效最大化,并把负面影响、精疲力竭和沮丧情绪最小化。

创造自我依赖和适应能力。成功的创业者不满足也不会停留于现状,是持续的革新者。真正的创业者会积极寻找主动权并采取主动。他们喜欢主动解决问题,通过创新和创造实现生存和发展。成功创业者有很强的适应力和恢复力,从错误和挫折中学习经验,能在将来避免类似的问题发生。创业者总是优秀的听众和快速的学习者。

超越别人的动机。成功企业家受到内心强烈愿望的驱动,希望和自己定下的标准竞争,追寻并达到富有挑战性的目标。新创建企业的创业者对地位和权力需求很低,他们从创建企业的挑战和兴奋中产生个人动机。他们受获取成就的渴望,而不是地位和权力的驱动。

如何提升创业者(包括潜在创业者)的创业能力,是创业教育需要回答的问题。伴随着工业社会向信息社会的转型,创业教育受到前所未有的重视并迅速普及。创业教育的重点在于新创企业管理与大公司专业化管理的区别,创业教育的重点首先是培养学生对机会的识别、评估和捕捉能力。能够看到或者想到做事情的新方法是创业精神的根本所在,对机会的评估是一种重要的技能。其次是培养学生掌握和运用管理知识和技能创建并管理新企业、新事业,使机会转化为商业利润和社会价值。最后是培养学生应对不确定性环境的能力。

🌢 小贴士

大学生创业者自我训练计划

说尽千言万语,走遍千山万水,历经千难万险,吃尽千辛万苦。这是前辈们创业历程的真实写照!

这段话的意思是说:你唯有先"苦"过,后能成就事业!这个"苦"不是非要挨饿受冻,这个"苦"指的是自我突破,是苦其心志。"天将降大任于斯人也,必先苦其心志,劳其筋骨,饿其体肤,曾益其所不能。"

训练的关键在于自我培养,可以从"知识、品质、能力"三个方面构建自我培养计划。创业训练的目的不在于马上创业(更支持先就业再创业),而是在于走上那条"巅峰之路",成为一个"你想成为的人"。这必然是一个改变的,向上攀登的过程。

第一步:选择一个让你佩服的大人物

有志于创业的大学生们,就是一群希望从谷底走上人生巅峰的人,所以构建自我培养计划时,必然存在一系列供学习参考的优质偶像,比如敬爱的马云大哥。建议把"成功人士"作为硬性指标,那种天赋异禀却时运不济的人物,或许存在我们看不出来的问题,不要指望一口吃成一个胖子。

第二步:解剖你的偶像

从可能的途径多了解他:传记、讲话、访谈节目和事件评论等,了解得越多,你越能全面地看待他。提供一个思路:从知识、品质、能力、方法、遭遇等方面去分析,把你的结论做成一个表。如果你愿意,多研究几位成功人士,进行横向对比。这个步骤说起来简单,真正做起来才会有所收获。

第三步:结合自身特点,为自己拟一个表

上一步结束之后,你会对成功人士有一个新的认识,因人而异。你会得出成功人士该具备的素质(没有对与错的概念),在你脑海里构建出你未来的模样。如:我要成为一个坚强的、果断的、开放的、敢于颠覆的人(品质),具备金融、管理等专业知识(能力),善于协调、决策(能力)的人。知道一些必然遇到的困难,有充分的准备(遭遇),明白解决问题的一些方法,以后会继续积累(方法)。如果能成为这样的人,那在未来条件成熟时,就有胆量摘下创业的果实。

再全面一些,也可以做成一个表,随着自己的进步,经常去修订。

第四步:按照计划,有目的地参与大学生创业项目训练

最容易陷入的误区是为交创业计划书而奋斗,时刻注意自己是否在舍本逐末。其次容易掉入无用的争论当中,一群啥都不懂的人,反认为自己比别人强一些,应该获得主导权,其实是很没有意义的。最终闹完了内讧,交了一份计划书,报销了几张发票,创业训练项目一般就结束了,但是收获却十分有限。因此,大学生参与创业训练项目的目的在于有计划地自我培养,使自己成为"一个更符合理想的人"。

第五步:回顾创业训练过程

这个过程有意义吗?我获得成长了吗?我犯了什么错误?以后应当注意什么?我还欠缺什么?应该怎么做?

第二节　创 业 团 队

一、创业团队的含义

创业团队是由两个以上具有一定利益关系、共同承担创建新企业责任的人组建形成的工作团队。

1. 团队与群体

创业团队是团队而不是群体。团队中成员所作的贡献是互补的,而群体中成员之间的工作在很大程度上是互换的。简单地说,在团队中离开谁都不行,在群体中离开谁都无所谓。具体表现在,团队的成员对是否完成团队目标一起承担成败责任并同时承担个人责任,而群体的成员则只承担个人成败责任;团队的绩效评估以团队整体表现为依据,而群体的绩效评估则以个人表现为依据;团队的目标实现需要成员间彼此协调且相互依存,而群体的目标实现却不需要成员间相互依存性。此外,团队较之群体在信息共享、角色定位、参与决策等方面也进了一步。

2. 一般团队与创业团队

从团队基本特征、功能作用及管理模式三大方面,一般团队与创业团队比较如表 5-1 所示。

表 5-1　一般团队与创业团队比较

比较项目	一 般 团 队	创 业 团 队
目的	解决某类或者某个具体问题	开创新企业或者拓展新事业
职位等级	成员并不局限于高层管理者职位	成员处在高层管理者职位
权益分享	并不必然拥有股份	一般情况下在企业中拥有股份
组织依据	基于解决特定问题而临时组建在一起	基于工作原因而经常性地一起共事
影响范围	只是影响局部性、任务性问题	影响组织决策的各个层面,涉及范围较宽
关注视角	战术性、执行性问题	战略性的决策问题
领导方式	受公司最高层的直接领导和指挥	以高管层的自主管理为主
成员对团队的组织承诺	较低	高
成员与团队间的心理契约	心理契约关系不正式,且影响力小	心理契约关系特别重要,直接影响到公司

初创时期的创业团队组建的目的在于成功地创办新企业，随着企业成长，创业团队可能会发生成员的进出变化，新组建的高管团队是创业团队的延续，其目的在于发展原来的企业或者开拓新的事业领域；创业团队成员往往处在企业高层管理者位置，他们会对企业重大问题决策产生影响，甚至会关系到企业的存亡；创业团队成员往往拥有公司股份，以便团队成员拥有更高的责任感来参与决策、关心企业成长；创业团队所关心的往往是公司全局性的、战略性的决策问题；创业团队成员对公司有一种浓厚的感情，其连续性承诺（由于员工对组织投入而产生的一种机会成本，足以让成员不离开组织的倾向）、情感性承诺（个体对组织的认同感）和规范性承诺（个人受社会规范影响而不离开组织的倾向）都较高。

然而，一般团队的组建只是为了解决某个或者某类特定问题；一般团队成员往往是由一群满足解决特定问题的专家所组成，绝大多数成员并不处于企业高层位置，只是为了解决某问题而临时组建形成；一般团队未必要求成员拥有股份；一般团队只是关注战术性或者执行层面的问题；一般团队中，成员对公司的连续性承诺、情感性承诺和规范性承诺并不高。

拓展阅读

二、创业团队的构成

狭义的创业团队是有着共同目的、共享创业收益和共担创业风险的一群创建新企业的人，即初始合伙人团队；广义的创业团队则不仅包括狭义创业团队，还包括与创业过程有关的各种利益相关者，如风险投资家、专家顾问等。

1. 初始合伙人团队

初始合伙人团队由在创业初期就投资并参与创业行动的多个个体组成。初始合伙人团队知识、技术和经验往往是企业所具有的最有价值的资源。正是由于这个原因，人们经常通过评估初始合伙人团队的素质来预期企业未来发展的前景，这些素质特征包括以下方面。

（1）受教育程度。初始合伙人团队的受教育水平一定程度上可以反映其知识掌握的程度，具有较高受教育程度的初始合伙人团队往往具备与创业有关的重要技能，可能在研究能力、洞察力、创造力和计算机技术应用等方面表现略胜一筹，而这些素质是创业成功的关键性因素。如果新创企业所从事行业领域具有较强的专业特征，那么，接受过高等教育的初始合伙人团队就会从工程技术、计算机科技、管理科学、物理、化学、生物等专业教育中获得显著优势。

（2）前期创业经历。具有创业经历的初始合伙人团队，无论曾经取得成功还是惨遭失败，都可以成为新创企业成功经营的有利因素，甚至成为一种独一无二的优势。因为，他要比初次接触创业过程的创业者更熟悉创业过程，并可以在新创企业中复制以前的成功创业模式，或者有效规避导致巨大失败的错误。

（3）相关产业经验。初始合伙人团队所拥有的相关产业经验，有利于更为敏锐地理解相关产业发展趋势，可以更加迅速地开拓市场和开发新产品。例如，对于以开办一家生物制药企业来说，初始合伙人团队是否具有相关领域的生物制药技术就特别重要，如果他采取边学习边创业的方式，想成功地创建并经营好一家生物制药企业则十分困难。

（4）社会网络关系。具有广泛社会网络关系的初始合伙人团队往往更容易获得额外的技能、资金和顾客认同。初创企业应当善于开发和利用网络化关系，构建并维持与兴趣类似者或能够给企业带来竞争优势者的良好人际关系，这种网络化关系也是创业者社会资本的具体体现。初始合伙人团队打电话给业务上的熟人或朋友，请他们介绍投资者、商业伙伴或者潜在消费者，在创业过程中经常采取行之有效的方法。

2. 董事会

如果创业者计划创建一家公司制企业，就需要按规定成立董事会，由公司股东选举产生以监督企业管理的个人小组。董事会一般由内部和外部董事构成。如果处理得当，公司董事会能够成为新创企业团队的重要组成部分，可以通过提供以下两种方式帮助新企业有一个良好的开端并形成持久的竞争优势，具体表现在：

提供指导。虽然董事会具有正式的治理职责，但是，董事会所发挥的最大作用还是为企业管理者提供指导和支持。实现这一点的关键是企业挑选的董事会成员要有能力、有经验，愿意给予建议并能够提出具有洞察力和深入性的问题。因此，一定要有目的地选择外部董事，要让他们填补创业者和其他董事在经验和背景方面的空缺。

增加资信。董事会是由股东大会选举产生的，负责处理公司诸种重大经营管理事项。具有较高知名度和地位的董事会成员能为企业带来即时的资信。没有可信资质，潜在顾客、投资者或员工很难识别出高质量的新创企业。高素质的人不会愿意在低水平的企业董事会任职，因为这对他们的名誉和声望而言是有风险的。所以，当高素质的人同意在企业董事会任职，那么，他们本质上是在"发信号"，即这个公司很有可能取得成功。

3. 专业顾问

除了上述介绍的创业团队成员以外，在许多情况下，创建者还需要依靠一些专家顾问，通过与他们的互动交流获取重要的建议和意见。这些专家顾问通常都成为创业团队的重要组成部分，在外围发挥着重要作用。

顾问委员会。顾问委员会是企业管理者在经营过程中向其咨询并能得到建议的专家小组。和董事会不同,顾问委员会对企业不承担法定责任,只提供不具约束性的建议。组建顾问委员会的目的既可以是一般意义上的,也可以满足特定主题或需要,因此,顾问委员会成员要尽可能涵盖较为广泛的才能和技术领域,而且在经验和技能方面应当是相互协调和彼此补充的。

贷款方和投资者。贷款方和投资者会为企业提供有用的指导和资信,并保证发挥基本的财务监管作用。有时,贷款方和投资者还会通过多种途径积极帮助企业增加新价值。如帮助识别和招募核心管理人员、洞察企业计划进入的行业和市场、帮助企业完善商业模式、扩充资本来源渠道、吸引顾客、帮助企业安排商业合作以及在企业的董事会或顾问委员会任职等。

咨询师。咨询师是提供专业或专门建议的个人。当新企业需要从专家那里获取诸如：专利、缴税计划和安全规章等复杂问题的建议时,咨询师的作用不会太大。但是,当企业的咨询师以企业名义开展可行性分析研究或行业深入分析时,咨询师的作用就十分关键。由于这些活动要花费一定的时间,无法让董事会或顾问委员会来承担,因此可以借助咨询师来完成。

三、创业团队的组建

1. 成功团队的基本特征

一般来讲,成功的创业团队普遍具有下列特征。

（1）共同的创业信念和清晰的目标

这是一个成功团队的基本要求。共同的创业信念决定着创业团队的性质、宗旨和任何获取创业的回报,并且关系到创业的目标和行为准则。这些准则指导着团队成员如何工作和如何取得成功。被团队的所有成员接受和认可的、清晰的奋斗目标可以将整个团队拧成一股绳,使团队成员齐心协力、为完成这个目标共同奋斗。如果这个目标能够与每个成员的个人目标完美结合,那么就更能充分调动员工的积极性。

（2）互相团结和信任

成员间的团结和信任可以说是所有完美团队的共有特性,只有这样所有的人才能在分派任务、设定计划、职权划分、相互沟通和协同工作时保持足够的尊重和信任,都会认真思考其他成员提出的问题和看法,认真反思自己可能存在的问题和缺点,充分提高每个成员的工作积极性和技术水平。尊重和体现每个成员的自我价值,使每个成员都有幸福感和归属感。

（3）知识技能的互补

任何一个团队在技术上都会有他们的强项和弱项,每个较大的团队里不是每个成员都能熟练精通所有的技术。关键在于能够找准合适的位置,并做好人员之间的合理搭配。团队成员之间可以有一定的交叉,但又要尽量避免过多的重叠。团队成员可能是某一方面的专家,但不可能样样精通,那就有必要利用其他团队成员或外部资源来弥补。掌握了相关技能的不同性格不同能力的人协同工作,可以提高工作效率和化解团队内部的误解和矛盾。

（4）团队利益至上

事业是团队的事业,集体的事业,个人的力量是有限的。成功靠团队共同推进,团队的利益、团队的目标重于个人的利益和目标。团队成员应能够同甘共苦,每一位成员都应将团队利益置于个人利益之上,每一位成员的价值,体现在其对于团队整体价值的贡献。团队成员都应当愿意牺牲短期利益来换取长期利益,比如团队成员不计较短期薪资、福利、津贴,而将创业目标放在成功后的利益分享。

（5）良好的沟通

优秀的团队并不回避不同的意见,而是进行充分的沟通和交流,畅所欲言,坦诚相见,最后达成一致。团队成员之间恰当而良好的沟通可以加强内部团结、化解内部矛盾、减少分歧,提高信息共享性和透明度,快速理解其他成员的意图,充分理解客户的需求和各模块之间的协同性,大幅度提升产品质量和开发进度,同样也就提升了团队的工作效率和企业业绩。

（6）灵活的应变能力

一个团队要尽可能地去适应各种各样的与自己团队定位不冲突的任务,并不断地学习和跟踪新技术、新技能和新知识,这样团队的适应性强,团队的生存能力就更强。

（7）恰当的领导

最胜任的团队领导者不是最强悍的控制者,他不仅要指定团队方向,设定短期目标和长期目标,组织、协调、监督和控制团队内外的所有关系、任务和资源,并能够在团队陷入困境时带领大家走出困境,同时还要能够为大家带来丰厚的利益。恰当的领导的含义还包括:领导者能够善于担任教练和后盾的角色,对团队提供指导和支持,既能够妥当地发号施令,更能够为团队提供周到细致的服务。

（8）外部和内部支持

所谓外部支持就是建立这个团队所需要的软硬件资源要到位,内部支持则是团队的人员搭配要合适,各项机制运行正常,比如具备准确的项目风险和成本审核机制、公平的绩效考核机制、及时的冲突解决机制、适当的培训和激励机制、良好的上下和平行沟通机制、合适的人员调配机制等。

2．创业团队的组建原则

（1）理性与非理性原则

有些创业者遵循理性逻辑来组建创业团队,他们会理性分析创业所需要的资源和能力,并将其与自己所拥有的资源和能力相比较,将组建创业团队视为弥补自身能力空缺的一种方式,目的是整合优秀的资源来推动创业成功。

寻找合作伙伴,理应关注他们拥有的资源和能力。但现实中,创业者往往更倾向于找那些志趣相投而不是技能互补的人合作。创业要面对大量的不确定性,风险也很大,是否具有共同的兴趣点、是否具有相似的工作背景、是否具有共同创业理想等,对提成和保持团队成员的凝聚力非常重要。在多数情况下,成功并不是因为团队结构有多么优秀,而是因为团队成员之间的齐心协力;失败也并不是因为团队结构的缺陷,而在于团队成员之间的内部争斗。

创业机会特征是在创业者组建创业团队时必须考虑的重要因素,如果创业机会所蕴含的不确定性较高,价值创造潜力较大,往往意味着创业过程中面临的任务也就越复杂,越具有挑战性,此时,理性地组建创业团队可能会更好地应对创业过程中的复杂任务,有助于创业成功。例如,在高新技术领域,大部分创业者都在依据理性逻辑来组建创业团队,强调团队成员之间在技术、营销、财务等职能经验领域的互补性。

而如果创业机会所蕴含的不确定性较低,价值创造潜力一般,在这样的条件下,创业团队成员之间的齐心协力和信任感更加关键。例如,在服装、零售、餐饮等传统行业,大多数创业者都是依据非理性逻辑组建创业团队。夫妻店、兄弟店、父子店比比皆是。当然,选择与谁合作,也和创业者自身的能力有关。

（2）互补性与相似性原则

新企业的成功在很大程度上取决于它所获取的人力资源。其中一个需要考虑的首要问题是,在角色安排上,创业者究竟是应当选择那些在各个方面都与自己相似的,还是应当以互补的方式选择那些有差异的人,以便提供他们自己所缺少的知识、技术和能力。

人们往往愿意同在许多方面与自己具有相似性的人交往,觉得相互之间更加了解,而且更容易自信地对彼此未来的反应和行为加以预测,从而更易选择他们作为自己的合作伙伴。由于创业者也会遵循"相似性导致喜欢"的规则,多数人倾向于选择那些在背景、教育、经验上与他们非常相似的人,许多新企业就是由来自同一领域或同一职业的创业者所组成的团队创建的。

但是,创业者选择那些具有与自己相似背景和教育的人作为合作伙伴的趋向存在的最重要缺点就是冗余问题:相似的人越多,他们的知识、培训、技能和欲望重叠的程度就越大。例如,当所有人都是技术专家,这在设计一个现实中可行的新产品时十分有用,但对市场营销、法律事务或者有关员工健康与安全等方面的规定知之甚少。这通常不利于企业获取必要的财务资源以及有效运营,而且如果所有人都在同一领域,他们往往具有相互重叠的社会网络,因而他们所接触的能够从对方获取财务支持等资源的人就很有限。

创业团队为获得成功,必须掌握非常宽泛的信息技能、才能和能力,当创业团队的所有成员在各重要方面都具有高度的相似性时,这种成功不太可能出现。理想的状况是,如果一个团队成员所缺少的东西可以由另一个或者其他更多的成员提供,那么,整体的确大于各部分之和,因为团队能够整合人们的知识和专长。在许多情况下,强调互补性在一定程度上可能是更好的策略,因为它可以提供给新企业一种强有力和多样化的人力资源基础。

应当如何考虑相似性还是互补性?最终取决于创业者所考虑的维度。在知识、技术和经验方面互补性是非常重要的。为了取得成功,新企业必须获得丰富和有价值的人力资源。另外,相似性也是有利的,它增加了沟通的便利性并有助于形成良好的人际关系,动机方面的相似性也非常重要。因此一种平衡的方法是,在知识、技能和经验方面主要关注互补性,而在个人特征和动机方面则考虑相似性。

（3）认知冲突与情感冲突原则

认知冲突是指团队成员对有关企业生产经营管理过程中出现的与问题相关的意见、观点和看法所形成的不一致性。通俗地讲,认知冲突是论事不论人。从本质上说,只要是有效的团队,这种团队成员之间就生产经营管理过程中的相关问题存在分歧是一种正常现象,而且在一般情况下,这种认知冲突将有助于改善团队决策质量和提高组织绩效。

认知冲突是有益的。通过推动不同选择方案的坦率沟通和开放式的交流,认知冲突鼓励创造性的思维,促进创造性的方案。作为冲突管理的一种结果,认知冲突将有助于决策质量的提高。事实上,如果没有认知冲突,团队决策就不过是一个团队里最能自由表达的或者最有影响力的个别成员的决策。除了提高决策质量以外,认知冲突能够促进决策本身在团队成员中的接受程度。通过鼓励开放和坦率的沟通,以及把团队成员的不同技术和能力加以整合,认知冲突必定会推动对团队目标和决策方案的理解,增强对团队的责任感,从而也有助于执行团队所形成的创业决策方案。

冲突有时候也是极其有害的。当创业团队内的冲突引发团队成员间产生个人仇恨时,冲突将极大地降低决策质量,并影响到创业团队成员在履行义务时的投入程度,影响对决策成功执行的必要性的理解。与那些基于问题导向的不一致性相关的认知冲突不同,基于人格化、关系到个人导向的不一致性往往会破坏团队绩效,冲突理论研究者共同把这类不一致性称为"情感冲突"。通俗地讲,情感冲突是论人不论事。由于情感冲突会在成员间挑起敌对、不信任、冷嘲热讽、冷漠等表现,所以它会极大地降低团队有效性。

因此,对于团队绩效来说,冲突既可能是有益的,又可能是有害的,主要取决于它是认知冲突还是情感冲突。认知冲突可以通过改善决策质量和提高成功地执行决策的机会,进而提高团队绩效。然而,情感冲突却降低了决策质量,破坏了对成功执行决策的理解,甚至不愿意履行作为团队成员的义务,进而导致团队绩效下降。

【小讨论】

《西游记》中的四位主要人物,唐僧、孙悟空、猪八戒、沙僧,这支取经团队中各成员的特点及其对完成团队任务的作用。

四、团队内部的冲突管理

在一定范围内,冲突有助于团队成员激发和分享不同的观点,进而形成更好的决策,但如果冲突超越了认知的范畴,就可能会导致创业团队的决策失效,甚至会引发团队分裂和解散,因此,管理团队冲突是核心创业者必须具备的才干之一。在团队结构和管理机制既定的情况下,团队管理者在团队管理中面临的主要问题是如何提高团队的工作效率和维护团队的稳定,具体体现在以下几个方面。

1. 团队成员之间的合作与竞争

在团队中,成员与成员之间的关系往往会走向两个极端:一种是成员按照自己的个性,最大限度地发挥自身的才能,于是一些个人能力很强的成员之间可能会形成恶性竞争,从而不利于个人和组织目标的实现;另一种情况是团队中的成员由于经常在一起生活和工作,常常会导致成员之间相互依赖,而失去相对的独立性,阻碍成员积极性的发挥。合作与竞争理论认为,人们如果各自为战,认为双方目标没有关系,就会漠视他人福利或困难,对之袖手旁观,组织也会一盘散沙,士气低落;如果人们处于竞争关系,相互之间就会封锁信息和资源,甚至相互攻击和破坏。

在团队中,成员保持自己的个性,最大限度地发挥自己的才能,对于实现自己在团队中的价值,为团队和企业实现目标有积极的意义。同时,团队成员只有相互合作,相互依赖,团队的作用才能得到发挥。因此,团队管理者面临的问题就是如何使团队成员之间保持适度竞争的同时使每一位成员最大限度地发挥自己的作用。使团队成员之间一方面保持相对独立性;另一方面又能密切合作,共同努力。最后在团队中形成共同目标和合作气氛,在共同目标下合作,成员之间相互尊重,共享信息和资源,互相交流,取长补短。

2．团队成员之间的沟通与协调

成员具有不同的文化背景、宗教传统、风俗习惯等，不可避免地会产生文化冲突。例如由于语言上的差异，在信息交流时，很容易导致信息传递的丢失和失真；由于文化背景不同，每个成员很容易带着自身文化的"有色眼镜"来感知信息，从而导致对信息理解上的偏差，甚至误解；在合作过程中，习惯性的防卫心理和行为，也是团队内部沟通的障碍。

团队每一成员都有自身的核心竞争力，要把这些强势个体糅合在一起，本身就具有很大的挑战性。同时，每个成员有着不同的作息时间、不同的工作学习顺序、不同的生活方式等，这也给整个团队的协调增加了难度。此外，每个成员的技术熟练程度不同也可能会导致信息的单向流动和反馈的不及时，进而影响整个团队的效率。

建设性冲突理论认为，团队虽然着力使成员形成合作关系，但这并不意味着团队中不允许存在不同意见。不同目标是形成高质量决策的前提。只要团队真正形成了合作关系，人们就会坦诚地交换意见，吸取对方意见中有价值的成分，在充分交流的基础上达成共识。通过建设性冲突的处理，团队的成员会更加认同团队的目标，团队的合作关系也更加巩固。

3．团队成员对团队的认同和归属

根据现代管理学家对人性的研究，人性可分为四种：经济人、社会人、自我实现人、复杂人。其中自我实现人为团队建设提供了可靠的理论基础。自我实现人认为，人并无好逸恶劳的天性，人的潜力要充分表现出来，才能充分发挥出来，人才能感受到最大的满足。现代管理学认为，人是有欲望和需求的，人的行为受到人的欲望和动机的驱使，只有满足人的需要才能对人的行为产生激励作用。

团队的特点决定了自我管理是其主要管理方式，这就给成员个体充分利用自己的信息优势规避义务或责任留下了广阔的空间。每个团队成员都是理性的，都拥有自身的核心竞争力，可以轻易离开所处的团队。这不仅会造成团队人才的流失，而且也可能造成知识、信息、技术的泄露，给组织带来严重损失。

作为组织的一名员工，在加入一个团队一段时间后，会逐渐认同他们所在的团队，这种认同感能够促使个人接受团队的价值观、态度和工作习惯。但是，这种认同是需要一定手段达成的。员工卷入理论认为实行员工参与决策和管理是增强员工对团队认同度的重要措施。让员工对那些关系到他们切身利益的决策发表意见，增加员工的自主化和对工作的控制程度。人在组织中有决策权，就会更加认同组织的目标，并积极主动地去执行决策。

针对以上对管理者在团队管理过程中遇到的问题，管理者可以通过采取以下四种方法来解决。

（1）打造团队文化。发挥团队文化塑造价值和传递价值的双重作用,能够深入员工内心,使员工紧密团结,荣辱与共。为及时消除团队内耗,营造一个相互帮助、相互理解、相互激励、相互关心的工作氛围。从而稳定工作情绪,激发工作热情,形成共同的价值观。

（2）增强归属感。应该在员工清楚自己角色的基础上,增强员工的归属感。组织应积极帮助员工进行职业生涯规划,让员工更好地规划自己的人生方向。只有员工能更好地开发自己的潜能,实现自我价值,才能为组织带来更多的价值。

（3）加强沟通。沟通是指人与人之间、组织与组织之间的信息交流。作为团队领头人,要能信任下属,充分授权,培养员工的成就感;要开诚布公,利用多种方式,让每位成员充分了解组织内外信息,解释团队作出某项决策的原因,鼓励员工发表自己的看法,做到充分沟通,坦诚相待,客观公平。

（4）尊重和信任。团队的尊重和信任包括两重含义。一是团队内部的每个成员能够相互尊重和彼此理解;二是组织的领袖或团队的管理者能够为团队创造一种相互尊重、彼此信任的基调,确保团队成员有一种完成工作的自信心。人们只有彼此尊重信任对方,团队工作才会更有效率。

第三节　创业团队能力训练

一、实训目的

通过创业团队能力实训,使学生认识创业团队的重要性,熟悉创业团队组建时应关注的问题及重点。锻炼学生团队建设的能力,提高团队成员之间的沟通水平。

二、实训要求与内容

1. 沟通训练

时间:活动限时 10 分钟

人数:10 人一组

道具:长 20 米的绳子

活动程序:10 名同学为一组,每个小组分别领到长 20 米的绳子。小组中所有成员均戴上眼罩(队长除外),在队长的指挥下,把绳子围成一个正方形。

对比与讨论：为什么有的组正方形摆得好，有的组摆得不好？

2. 创造力训练

时间：活动限时 10 分钟

人数：12 人一组

活动程序：12 人为一组，每个团队要创造出一个怪兽，这只怪兽只有 11 只脚，4 只手在上，而且全体人员必须连接在一起成为一个整体。

请讨论：大家如何达成共识？最有创意的团队其创新之处体现在哪里？

3. 能力训练

时间：活动限时 20 分钟

人数：4～5 人一组

道具：每组 10 张报纸，一卷双面胶，一个橘子

活动程序：发给每个小组相应的材料，并说明每组要在 10 分钟之内用这些材料建一座好看又稳固的塔，要求塔顶放置一个橘子。大家做完之后进行评比，看看哪一组的最好看、最高、最稳固。

请讨论：在活动的过程中，你所在小组的每个人是否都有参与？当别人参与程度不够时你有什么感受？活动中你的创意是怎样得来的？你对你们小组的合作有什么看法？

【思考题】

1. 为什么要成为创业者？

2. 影响创业动机的因素有哪些？

3. 你认为大学生创业需要培养哪些技能？

4. 团队和群体的关系是什么？

5. 创业团队经常包括哪些成员？

6. 组建创业团队应该注意什么？

7. 请你在现实中筛选一两家公司创业团队的案例，并注意比较分析高管团队成员的变化对企业不同成长阶段策略选择和具体方案的影响。

即练即测

案例

我们身边的创业者

刘辉（黄河科技学院市场营销专业学生）是一个典型的大学生创业者，大学四年，他没少"折腾"。用他自己的话说，"校园里能赚钱的事情我们都做过"。最开始，团队里只

有两个人；最顶峰的时候,团队里曾有11个人。直到现在,"梳女馆"6人的团队里,其中王丽州是最早就跟着刘辉一起"折腾"的同学。

珍惜逆境将创业进行到底。创业是困难的,尤其是对于一个还没有走出校门的学生来说,创业更是难上加难。最开始的时候只有刘辉一个人"单打独斗",后来慢慢地才有合伙人陆续加入。最早是在演讲比赛中认识的朋友王丽州的加入,后来在一些创客活动中,认识了郑州大学的小超,华北水利水电学院的丁东,安阳师范的映辉,还有黄河科技学院的楠楠,最终几个人走到了一起。

从进入大学校门,"不安分"的刘辉就开始琢磨着各种赚钱的方法。他摆过地摊卖盆栽,也当过校园代理,不断尝试之后,他不仅可以自己养活自己了,甚至还可以养活团队了,这让他渐渐意识到,或许,大学生也能搞出一些事情。刘辉说这些经历对他的创业带来了很大的帮助。

2014年2月,一次偶然的机会,刘辉接触到了檀木梳这个行业。因为听说檀木梳可以提神醒脑,宁神定气,而且檀木富含的天然油脂,有滋养头发的作用,于是放假回家想给母亲带把檀木梳。但是市场上檀木梳的定位很高,不是所有的人都能买得起。经过一番考虑和调查,刘辉觉得这是一个不错的机会,于是他决定开创一个檀木梳的中端品牌——梳女馆。

刘辉说:"有调查才有发言权,初创企业一定不能想当然。就像梳女馆前期开发的产品,都是我们自己认为什么样式的好卖,但市场就是不接受。后来梳女馆做了深入的市场调查,郑州大大小小檀木梳的专卖店我们几乎都跑遍了,研究了市场上的各大品牌后,才推出了被市场认可的产品。"现在"梳女馆"已经进驻了高校周边的14家精品店,在很多高校也都发展了校园代理,"梳女馆"已步入正轨。从最初每次跟工厂下单100把梳子到如今每次几千把甚至上万把,刘辉说这些都是他们的团队努力的结果。

刘辉,男,黄河科技学院2013级市场营销专业本科学生。从2013年一进入大学,就努力地想通过自己的双手养活自己,在学习之余,积极地参加各种活动,参加学生社团、创业实践,并在演讲比赛、辩论赛、营销大赛取得优异成绩,在这些活动中自己开阔了眼界,增长了知识。曾在黄河科技学院"秋韵杯"演讲比赛中获商贸学院第一名,并在决赛中荣获"优秀奖"。在大河报社与中原爱心联盟联合举办的"第四届大学生营销大赛"中获得"营销精英"的称号,并代表学校团队在决赛中获得"三等奖"。2014年4月21日注册成立郑州梳女馆商贸有限公司,现任郑州梳女馆商贸有限公司总经理。

(资料来源:刘辉口述,编者整理而成。)

第 六 章

创 业 资 源

故事引入

蒙牛的快速发展离不开资源整合

"蒙牛速度"在中国企业界引人注目。CCTV 2003"中国经济年度人物"对牛根生的颁奖词写道:"他是一头牛,却跑出了火箭的速度!"蒙牛创造了多项全国纪录,例如:荣获中国成长企业"百强之冠",位列"中国乳品行业竞争力第一名",拥有中国规模最大的"国际示范牧场",并首次引入挤奶机器人,是中国乳界收奶量最大的农业产业化"第一龙头";蒙牛单品销量居全球第一,液态奶销量居全国第一,"消费者综合满意度"列同类产品第一名。

"蒙牛集团的创立者牛根生当年创业时,也跟很多人一样,缺衣少食,可是蒙牛却跑出了火箭一般的速度:他整合工厂,整合政府农村扶贫工程,整合农村信用社资金。没运输车,整合个体户投资买车;没宿舍,整合政府出地,银行出钱,员工分期贷款。这样,农民用信用社贷款买牛,蒙牛用品牌担保农民生产出的牛奶包销,蒙牛一分钱没花,整个北方地区 300 万农民都在为蒙牛养牛。"蒙牛与亿万消费者、千万股民、百万奶农及数十万产销大军结成命运共同体,被人们称为西部大开发以来"中国最大的造饭碗企业",由此诞生了一段流传甚广的民谣:"一家一户一头牛,老婆孩子热炕头;一家一户两头牛,生活吃穿不用愁;一家一户三头牛,三年五年盖洋楼;一家一户一群牛,比蒙牛的老牛还要牛。"

从蒙牛的案例中可以看出任何企业家都不可能拥有世界上所有的资源,你手中可支配的资源总是有限的。想要实现自己的发展目标,就必须利用自己手中可占用和支配的资源与他人交换自己所需要的资源,同时让对方也能得到他想要的资源。这就是资源整合的一个重要法则。

(资料来源:http://www.360doc.com/content/16/0107/19/30024019_526218535.shtml。)

第一节　创业资源概述

一、创业资源的含义

依照企业的资源基础论[①],创业的前提条件之一就是创业者拥有或者能够支配一定的资源。所谓资源,依照目前战略管理中很有影响的资源基础理论的观点,企业是一组异质性资源的组合,而资源是企业在向社会提供产品或服务的过程中,所拥有的或者能够支配的,用以实现自己目标的各种要素以及要素组合。概括地讲,创业资源是企业创立以及成长过程中所需要的各种生产要素和支撑条件。对于创业者而言,只要是对其创业项目和新创企业发展有所帮助的要素,都可归入创业资源的范畴。

创业资源于创业活动的重要意义,不仅仅局限在单纯的量的积累上,应当看到创业过程实质上是各类创业资源重新整合,支持企业获取竞争优势的过程。从这一角度看,创业活动本身是一种资源的重新整合。

二、创业资源的作用

在此将创业过程分为企业创立之前的机会识别过程和创立之后的企业成长过程两个阶段,分别考察创业资源在每个阶段中如何发挥作用。

1. 机会识别过程

机会识别与创业资源密不可分。从直观的含义上看,机会识别是要分析、考察、评价可能的潜在创业机会。柯兹纳(Kirzner,奥地利经济学家)认为,机会代表着一种通过资源整合、满足市场需求以实现市场价值的可能性。因此,创业机会的存在本质上是部分创业者能够发现其他人未能发现的特定资源价值的现象。例如在同样的产品,或者盈利模式下,一些人会付诸行动去创业,其他人却往往放任机会流失;有的人会经营得很成功,有的人会遭受损失。对后者来说,往往是缺乏必要创业资源的缘故。

2. 企业成长过程

企业创立之后,一方面,创业者仍需要积极地从外界获取创业资源;另一方面已经获取的创业资源在企业发展过程中逐渐被整合、利用。资源整合对于创业过程的促进作用

---

① 1984 年沃纳菲尔特(Wernerfelt)提出"企业的资源基础论"。

是通过创业战略的制定和实施来实现的。丰富的创业资源是企业战略制定和实施的基础和保障。同时，充分的创业资源还可以适当校正企业的战略方向，帮助新创企业制定正确的创业战略。

需要注意的是，新创企业所拥有的创业资源必须加以有效整合，才能形成企业的核心竞争优势。资源整合，就是把企业所拥有的自然资源、信息资源和知识资源在时间和空间上加以合理配置、重新组合，以实现资源效用的最大化。必须注意的是，这种资源效用的最大化，并非简单的各项资源各安其位，各司其职，而是能够通过重新整合规划，创造企业独特的核心竞争力，实现企业在市场上的竞争优势。

拓展阅读

三、创业资源的分类

早期的学者将资源分为三种类型，即物质资源（存货、设备）、财务资源（资金、贷款）、人力资源（劳动力、管理者）。资源基础理论强调资源的异质性和独特性，因此，这些资源演变为后来描述更加细致的组织资源（技能和知识的结合）、技术（技术诀窍）和声誉资源。后来学者提出了突出创业者重要性的一种资源——社会资本，又称网络资源或关系资源。另外，创业过程通常被解释成组织的形成过程，所以对于创业企业来说组织资源是具有标志性意义的一类资源。

学术界对创业资源的分类大致有以下 5 种类型。

1. 按来源分类

创业资源按其来源可以分为自有资源和外部资源。自有资源是指创业者或创业团队自身所拥有的可用于创业的资源，如自有资金、技术、创业机会信息等。外部资源是指创业者从外部获取的各种资源，包括从朋友、亲戚、商务伙伴或其他投资者等筹集到的投资资金、经营空间、设备或其他原材料等。自有资源的拥有状况（特别是技术和人力资源）会影响外部资源的获得和运用。

2. 按存在形态分类

创业资源按其存在形态可以分为有形资源和无形资源。有形资源是具有物质形态的、价值可用货币度量的资源，如组织赖以存在的自然资源以及建筑物、机器设备、原材料、产品、资金等。无形资源是具有非物质形态的、价值难以用货币精确度量的资源，如信息资源、人力资源、政策资源以及企业的信誉、形象等。无形资源往往是撬动有形资源的重要杠杆。

3．按性质分类

根据资源的性质,可将创业资源分为 6 种资源,即物质资源、声誉资源、组织资源、财务资源、智力和人力资源、技术资源。

(1)物质资源

物质资源指创业和经营活动所需要的有形资产,如厂房、土地、设备等。有时也包括一些自然资源,如矿山、森林等。

(2)声誉资源

声誉资源是一种无形资产,包括真诚、信任、尊严、同情和尊重等。在商业关系中,声誉资源已成为商业运营成功的决定性因素,比任何有形资产更为重要。

(3)组织资源

组织资源包括组织结构、作业流程、工作规范、质量系统。组织资源通常指组织内部的正式管理系统,包括信息沟通、决策系统以及组织内正式和非正式的计划活动等。一般来说,人力资源需要在组织资源的支持下才能更好地发挥作用,企业文化也需要在良好的组织环境中培养。

(4)财务资源

财务资源包括资金、资产、股票等。对创业者来说,财务资源主要来自个人、家庭成员和朋友。由于缺乏抵押物等多方面原因,创业者从外部获取大量财务资源比较困难。

(5)智力和人力资源

智力和人力资源包括创业者与创业团队的知识、训练、经验,也包括组织及其成员的专业智慧、判断力、视野、愿景,甚至是创业者本身的人际关系网络。创业者是新创企业中最重要的人力资源,因为创业者能从混乱中看到市场机会。创业者的价值观和信念,更是新创企业的基石。如果说新创企业之间的竞争实际上是创业者个人之间的竞争,这样的判断也并不夸张。

人力资源中包含社会资源,主要指由于人际和社会关系网络而形成的关系资源。社会资源对创业活动非常重要,因为能使创业者有机会接触到大量的外部资源,有助于透过网络关系降低潜在的风险,加强合作者之间的信任和声誉。

(6)技术资源

技术资源有关键技术、制造流程、作业系统、专用生产设备等。技术资源与智慧等人力资源的区别在于,后者主要存在于个人身上,随着人员的流动会流失,技术资源大多与物质资源结合,可以通过法律手段予以保护,形成组织的无形资产等资源。

4．按对生产过程的作用分类

资源还可以按照其对生产过程的作用分为生产型资源和工具型资源。生产型资源直接用于生产过程或用于开发其他资源。例如物质资源，像机器、汽车或办公室，被认为直接用于生产产品或提供服务；工具型资源则被专门用于获得其他资源，例如财务资源，因为其具有很大的柔性而被用于获得其他资源，比如用来获得人才和设备。产权型技术可能是生产型资源，也可能是工具型资源，这要根据其所依存的条件。如果依赖于某个人则可能是工具型资源，如果是以专利形式存在的则可直接用于生产过程。需要指出的是个人的声誉资源和社会网络也属于工具资源，有些时候也可以用来吸引其他资源，因此我们也将其归为工具型资源。

5. 按其在创业过程中的作用分类

创业研究学者通常将创业资源划分为两类。一类是运营性资源，主要包括人力资源、技术资源、资金资源、物质资源、组织资源和市场订单等资源；另一类是对新企业生存和发展具有关键作用的战略性资源，主要指知识资源。知识型社会给企业带来了持续而深远的影响，知识成为企业进行生产、竞争的关键，企业组织工作的重要任务是战略性地开发和利用知识资源。由于新企业的高度不确定性及创业者和资源所有者之间的信息不对称性，知识资源对运营资源的获取和利用具有促进作用。

另外，还有将资源分为离散资源和系统资源两种类型。离散资源的价值相对独立于组织环境，合同和技能属于这类资源。系统资源的价值则体现在这种资源是网络或系统的组成部分。比如分销网络或团队能力，其价值依赖于所处的系统环境。

第二节　创业资源的获取

一、创业资源获取的途径

创业资源的获取途径分为市场途径和非市场途径两大类。当创业活动进行时，需要的资源有活跃的市场，或者有类似的可比资源进行交易时，可以采用市场交易的途径，其他情况下则可以采用非市场交易的途径。

1. 通过市场交易途径获取资源

市场途径获取资源的方式包括购买、联盟和并购。

购买是指利用财务资源通过市场购入的方式获取外部资源。主要包括购买厂房、装置、设备等物质资源，购买专利和技术，聘请有经验的员工等。需要注意的是，如品牌、信用、专利等隐性知识等资源虽然可能会附着在非知识资源之上，通过购买物质资源（如机器、设备等）得到，但很难通过市场直接购买。因此，新创企业需要通过非市场途径去开发或积累。对创业者来说,购买资源可能是其最常用的资源获取方式。大部分资源,尤其是物质资源、技术资源、人力资源等都可以通过从市场上购买的方式得到。

联盟是指通过联合其他组织,对一些难以或无法自己开发的资源实行共同开发。这种方式不仅可汲取显性知识资源,还可汲取隐性知识资源。但联盟的前提是联盟双方的资源和能力互补,有共同的利益,并且能够对资源的价值及其使用达成共识。通过联盟的方式共同研究、开发、获取技术资源,也是创业者经常采用的方式,尤其对于高科技企业来说,和高等院校和研究机构的联盟,可以在不增加设备投入的同时,及时得到企业发展所需要的技术资源,使企业保持可持续发展的后劲。

资源并购是通过股权收购或资产收购,将企业外部资源内部化的一种交易方式。资源并购的前提是并购双方的资源,尤其是知识等新资源,具有比较高的关联度。并购是一种资本经营方式,通过并购可以帮助创业者缩短进入一个新领域的时间,从而及时把握商机,实现创业目标。

2. 通过非市场途径获取资源

非市场途径获取资源的方式主要有资源吸引和资源积累。

资源吸引是指发挥无形资源的杠杆作用,利用新创企业的商业计划,通过对创业前景的描述,利用创业团队的声誉来获得或吸引物质资源(厂房、设备)、技术资源(专利、技术)、资金和人力资源(有经验的员工)。创业者在接触风险投资或者技术拥有者的过程,可以通过对创业前景的描述或团队良好声誉的展示,获得资源拥有者的信赖,吸引其主动将拥有的资源投入创业企业。

资源积累指利用现有资源在企业内部通过培育,形成所需的资源。主要包括自建企业的厂房、装备,在企业内部开发新技术,通过培训来增加员工的技能和知识,通过企业自我积累获取资金等。创业者很多时候会采用资源积累的方式来筹集企业所需的人力资源或技术资源。通过资源积累的方式获取人力资源可以作为一种激励方式,激发创业团队或企业员工的工作积极性,提高工作效率;通过资源积累的方式获取技术资源,则可以在获得核心技术优势的同时,保护好商业机密。

获取资源贯穿创业的整个过程,在创业的初始阶段,它具有更加重要的作用。对于多数新创企业来说,由于初始资源的缺乏,创业者需要取得资源供应商的信任来获取资源。但无论如何,采用多种途径同时获取不同资源总是正确的选择。

洛朗斯·凯普伦(Laurence Capron,美国策略学教授)和威尔·米切尔(Will Mitchell,美国管理学教授)2010 年经过对 162 家电信公司长达 10 年研究得出结论,与采用单一途径的企业相比,通过多种方式获取资源的企业更有优势:它们在未来 5 年内继续经营的概率比那些主要依赖联盟的企业高 46%,比专注于并购的企业高 26%,比坚持内部研发的企业高 12%。

二、创业资源获取的影响因素

资源获取是在识别资源的基础上,得到所需资源并用之于创业过程的行为。对于初创企业而言,是否能够从外界获取所需资源,首先取决于资源所有者对创业者或创业团队的认可,而是否认可在很大程度上取决于商业创意价值的高低。商业创意为资源获取提供了杠杆,一项能被资源所有者认同的、有价值的商业创意,有助于降低创业者获取资源的难度。

除了商业创意的价值,影响创业资源获取的因素还包括创业导向、创业者先前工作经验、资源配置方式、创业者的管理能力、社会网络等。

1. 创业导向

创业导向的概念源于战略管理领域的战略决策模式研究,其根源可以追溯到战略选择理论。该理论强调企业通过市场分析来选择并实施战略行为和新市场进入行为。概括地讲,创业导向反映了企业建立新事业、应对环境变化的一种特定心智模式,是一种态度或意愿,这种态度或意愿会产生一系列创业行为。

在常见的创业研究模型中,创业导向被划分为三个维度:创新性、风险承担性和前瞻性。创新性是指企业热衷于能够带来新产品、新服务、新工艺的新思想、新观点和新的实验手段。风险承担性是指管理者愿意承担较大和有风险事务的程度。前瞻性是指企业通过预测未来需求改造环境,来寻找比竞争对手更早引入新产品或服务的机会。在日益激烈的竞争环境中,新创企业往往需要采取更多的创新行为、承担更多的风险来参与竞争,以取得良好的企业绩效。在明确的创业导向指引下,企业能够创造性地整合资源、利用资源。并在资源的动态获取、整合、利用过程中,注意区分不同的资源,充分发挥知识资源的促进作用。为此,创业者要注重创业导向的培育和实施,充分关注创业团队的价值观、组织文化和组织激励等影响创业导向形成的重要因素。

🌿**小贴士**

课堂小组讨论活动

一项调查显示,95%的在校大学生认为创业面临的最大难题是缺乏资金,90%有工作经验的 MBA 学生以及其他在职学习的学生则认为创业面临的最大难题是缺乏好的商业创意。为什么这两类人群的看法如此不同?

2．创业者先前工作经验

创业者先前工作经验分为创业经验和行业经验两大类。

创业经验是指先前创建过新的企业或组织,是创业者在此过程中所获得的感性和理性的观念、知识和技能等,它提供了诸如机会识别与评估、资源获取和公司组织化等方面的信息。行业经验是指创业者在某行业中的先前工作经历,它提供了有关行业规范和规则、供应商和客户网络以及雇用惯例等信息。

创业过程本身就是个知识转移的过程。从先前创业经验中转移来的知识能够提高企业家有效识别和处理创业机会的能力,有助于发现、获取创业资源。拥有创业经验的创业者有种"创业思维定式",驱使他们寻求和追求那些最好的机会。在不确定性和时间压力下,先前创业经验提供了有利于对创业机会做出决策的隐性知识。这种隐性知识可以通过创业者而转移到新创的组织里。因此,创业者拥有较多的创业经验更容易获得可取的特定机会,从更多的途径获取到创业资源。此外,先前创业经验还提供了帮助创业者克服新企业面临的新的不利因素的知识。这些都能够帮助社会企业家规避风险,增强他们的资源获取能力。

先前行业经验中所积累的顾客问题知识、市场服务方式知识、市场知识等造就了创业者的"知识走廊",强化了其发现创业机会、获取资源的能力。同时,先前行业的管理经验能够帮助创业者解决创建和管理创业团队过程中遇到的诸多困难,而且管理能力越多,获取资源的可能性越大。此外,拥有先前行业经验的创业者往往享有更强的社会网络,其在先前行业中获得的公正声誉和处理利益相关者之间关系的技能有利于新创企业获得合法性认可。

3．资源配置方式

资源配置是人们对相对稀缺的资源在各种不同用途上加以比较做出的有利选择。在创业过程中,资源总是表现出相对的稀缺性,创业者不可能获取到所有资源以开发创业机会。因此要求创业者对有限的、稀缺的资源进行合理配置,充分利用好已有的资源、身边的资源、别人不重视的资源,发挥资源的杠杆撬动作用。

资源的配置方式有市场交易与非市场交易两种。在市场经济条件下,大多数资源可以通过市场交易而得到。但是,由于资源的异质性、效用的多样性和知识的分散性,人们对于同样资源往往具有不同的效用期望,有些期望难以依靠市场交易得到满足。因此,如果通过资源配置方式创新,能够开发出新效用,使之更好地满足资源所有者的期望,创业者就有可能从资源所有者手中获得资源使用权,以开展生产经营活动。

4．创业者的管理能力

创业资源获取的关键往往取决于企业的软实力。创业者的管理能力是企业软实力的主要表现,管理能力越强,获取资源的可能性越大。创业者的管理能力可以从其沟通能力、激励能力、行政管理能力、学习能力和外部协调能力等多方面予以衡量。

良好的沟通能力可以使创业团队表现出坚强的凝聚力,采取共同的行动,从而更容易获取必要的外在资源;团队激励和合作有助于企业综合能力的提升,产生团队外溢效果,获取必要的资产和资源;较强的行政管理能力有利于将各种资源进行较完美的匹配与组合,使企业的正常运作更有效率,企业因而会根据成员的要求和组织发展的需要,去吸引更多的人力资源和其他无形资产;学习能力则可以不断地提升自身管理能力,了解外部市场的变化和创业企业内部的需求,对其做出理性判断,运用一定的方式获取企业所需的资源;外部协调能力是创业者个人才能的外向性应用,创业者的外部协调能力越强,与合作者(如供应商、销售商等)达成一致的可能性就越大,创业者就可以利用外部资源为企业服务,得到资源获取的外在效应,在获取必要资源的同时,为企业创造良好的发展环境。

5. 社会网络

社会网络是多维度的,能够提供企业正常运转所需的各种资源,也是新创企业最重要的资源之一。社会网络是隐性知识传播的重要渠道,它能通过促进信息的快速传递而协助组织学习,同时还可以大大降低企业的交易成本,帮助企业获取与其需求相匹配的资源,因此对于创业资源的获取具有重要意义。

社会网络的关系强度、关系信任以及网络规模对创业资源的获取具有正向影响,因此新创企业应关注强关系网络的维护和利用以弥补其合理性的不足。强关系网络的主体通常以家庭、亲戚、朋友为主,与强关系频繁密切接触,更易于获取资金、技术、人力等运营资源和有益的创业指导。

第三节　创业资源的开发

一、人脉资源的开发

人脉即人际关系,体现为人的人缘和社会关系,是经由人际关系而形成的人际脉络。人脉资源的开发主要有熟人介绍、参与社团、利用网络等途径。在个人创业过程中人脉资源是第一资源,有各种良好的人脉关系,可方便地找到投资、找到技术与产品、找到渠道等各种创业机会。

开发人脉资源是创业成功的基本条件,需要注意人脉资源的以下特性。

（1）长期投资性。平时要注意人脉资源的积累，不要事到临头才去找人帮忙。在公司做业务也一样。现在不是你的客户，明天就可能成为你的客户。因而你必须从现在开始建立联系。人脉资源的形成需要很多时间和精力，这也是一种投资。

（2）可维护性和可拓展性。人脉资源可以通过合作、交流、关心、帮助、友情、亲情等进行维护，并且会不断巩固。当然如果不去维护就会变得疏远，所以人脉资源需要经常性地维护，同时在维护中可以不断地发展新的人脉关系。

（3）有限性和随机性。每个人一生中能认识包括老师、同学、同事、亲戚、朋友、客户等。每个人的人脉资源都是有限的，你的发展同样也会受到你人脉资源的限制。同时，你所认识的可能没有能力帮助你，有能力帮助你的你可能不认识，所以在客观上就需要你不断认识更多的人，但是每个人的能力又是有限的，又不可能认识所有那些潜在的帮助者。

（4）辐射性。你的朋友帮不了你，但是你朋友的朋友可以帮你。因此，熟人介绍是种事半功倍的人脉资源开发的方法，可以加快人与人之间信任的速度，降低交往成本，提高合作成功的概率。

人脉资源的开发一定要注意培养健康的人脉资源，要以自身的人格魅力来积聚，为此创业者自身的素质、人格、品质需要不断提升。

二、人力资源的开发

创业的整个过程都需要人来推动，因此人力资源成为创业中的关键因素。优秀的人才是有价格的，企业不支付高薪人家就不愿意来，反之，也不是每个人都是为了高薪活在世界上的。关键在于创业者有无能力、依靠什么来吸引人才。优秀的人才不是天生的，都是在实践锻炼中成长起来的，关键在于创业者能否慧眼识人才，给人以机会和提携，能让人迅速成长，人的想法也是不断变化的。虽然当初创业者靠概念、愿景吸引一些人才，但如何留住人才又是一个难题。求才、爱才、育才、重才是新创企业人力资源开发的重要内容。

新创企业的人力资源，包括创业发起者、核心团队成员、管理团队与其他人力资源构成。创业发起者的经验、知识、技能都是新创企业的无形财产，许多投资人正是把对创业发起者的认知，作为决定是否投资企业的依据。优秀的创业发起者应该具备的素质包括创业激情、工作经验、社会关系、专业知识等，随着事业的发展，这些素质也成为吸引其他人加入创业过程的重要因素。

核心团队成员是指在创业初期加入团队,以创业发起者为中心,团结在周围的团队成员。他们从各自的视角为创业发起者筹划,并且能够很好地完成自身职责范围内的工作,是创业发起者同甘共苦的朋友。创业初期,创业者需要能够清晰发掘出自己的核心伙伴,如果选择不善,将会给公司今后的发展带来障碍。可以从两个渠道来找核心伙伴,一是依靠自己的人脉网络;二是求助于熟人推荐。

随着新创公司发展到一定阶段,部分创业初期的核心成员的能力与精力可能出现不能胜任的情况,就有必要从外部引进管理团队,推动公司管理的规范。与此同时,新创企业应根据企业发展战略,相应地建立起一套人才资源规划体系。

(1)建立完善的激励体系,精神激励与物质激励共同运用,用奖惩制度去激发员工的潜能,让员工的潜能发挥到极致。

(2)建立培训机制,培养人才,让人才在企业里发挥其最大的潜能为企业作出贡献。

(3)善待员工,让员工有一种家的感觉,善待员工是留住人才的重要法宝。

(4)要量才而用,用人的长处,控制人的短处,不要为了节省开支而凑合。

(5)分工明确,也可根据职务的重要与否适当地兼职。

(6)引入外部力量,如通过培训班等来协助你快速找到自己所需要人才。

三、信息资源的开发

当今社会的飞速发展给创业者提出一个新的信息时代的视角,信息资源对很多创业者来说就是成功的机遇。而机遇转瞬即逝,要善于整合把握。信息资源与人力、物力、财力以及自然资源一样,都是创业企业的重要资源,应该像开发、整合其他资源那样整合信息资源。

信息资源的开发效率主要取决于两个因素:信息存量和创业者的理性程度。信息存量是指创业者掌握的相关市场信息、产品或技术信息、创新信息,以及政府政策与相关法规。创业者理性程度受到先前经验、认知能力、创造性、社会网络的影响。开发信息资源的过程,就是处理信息存量与创业者理性程度的匹配过程,在这一过程中,要做好以下三个方面的工作。

第一,抓住有用的信息。随着信息技术的发展,信息与日常生活越来越密不可分,最直接的体现就是信息量的剧增和信息流转速度的加快。在信息大爆炸的时代,创业者如何在最有效的时间内获得最有效的内外部信息,抓住成功创业的机遇往往较为困难。

第二,开发信息资源应该得到创业者的高度重视。企业在做决策时,关心的问题是来自包括竞争对手、政府、行业、合作伙伴、客户等在内的周边环境的变化。对创业者而言,信息是不对称的,了解周边环境的变化信息,我们才能做到"知己知彼,百战不殆",才能做到"有的放矢"。所以重视开发信息资源,才能更好地抓住转瞬即逝的成功机遇。

第三,整合管理好企业内部信息资源,进行信息资源的规划。资源规划是指通过建立健全企业的信息资源管理基础标准,根据需求分析建立集成化信息系统的功能模型、数据模型和系统体系结构模型,然后再实施通信计算机网络工程、数据库工程和应用软件工程的一个系统化的企业信息化解决方案,以使企业高质量、高效率地建立高水平的现代信息网络。

四、技术资源的开发

在创业初期,创业技术是最关键的资源。美国的微软公司和苹果公司,最初创业资本不过几千美元,创业人员也只有几人,但是能够迅速获得成功,就是因为他们拥有独特的创业技术。

新创企业成功的关键是首先要开发出或者寻找到成功的创业技术,原因有以下几点:第一,创业技术是决定创业产品的市场竞争力和获利能力的根本因素。第二,创业技术核心与否决定了所需创业资本的大小。对于技术创新的企业来说,创业资本只要保持较小的规模便可维持企业的正常运营。第三,从创业阶段来说,由于企业规模较小,因此管理及对人才的需求度不像成长期那样高,创业者的企业家意识和素质是创业阶段最关键的人才及管理资源。

开发技术资源时,可以考虑整合企业外的技术资源。做成功企业的核心是要有好的产品,而企业的产品必须做到专业化。而要做到产品专一,在同一领域内做到最专,技术上则要处于领先水平。企业的成功经验表明,新创企业开发技术资源时,可以尽可能多与科研院所、高等院校合作,因为那里有技术上的前沿人才,而且科研院所、高等院校的人才也很愿意把技术资源转化为产品,实现技术成果转化。

开发技术资源时,一定要注意以市场需求、顾客满意为导向,不能只关注技术而忽视市场反应。以用户体验为中心,整合资源创造新的产品和服务。如在手机行业中,韩国企业以外观设计为突破点,赢得消费者的赶超方式曾得到过外界部分的肯定,而后苹果公司将艺术与工业结合所产生的奇迹,更让人意识到以消费者体验为中心确定竞争优势的普遍意义。技术资源的主要来源是人才资源,重视技术资源的整合同时也就是注重人才资源的整合。技术资源的整合,不仅要整合、积聚企业内部的技术资源,还要整合外部的可利用的技术资源。整合技术资源只是起点,技术资源整合是为了技术的不断创新。自主研发并拥有自主知识产权,才能保持技术的领先、保持市场优势地位。

创业总是和创新、创造及创富紧密联系在一起。缺资金、少设备、缺少雇员等资源限制,实际也会成为一种优势,因为这会迫使创业者把有限的资源更加集中整合利用,用有限的资源创造更多的价值。同时,也应注意发挥资源"杠杆效应"。尽管存在资源约束,但创业者并不会止步于当前的限制,成功的创业者善于利用关键资源的"杠杆效应",利用一种资源撬动和获得其他资源,来完成自己的创业目标。例如,腾讯众创空间,它们做得更多的就是资源的互换,进行资源结构更新和调整,积累战略性资源。最后,还应设置合理利益机制。创业者之所以容易从亲戚那里获得资金,就因为亲戚之间是利益相关者,更是一个利益整体。所以,创业者应该借助利益机制,把明显的、潜在的、直接的、非直接的利益相关者整合起来,利益关系越强、越直接,整合到资源的可能性就越大。

第四节 资源整合模拟实训

一、实训目的

通过本次实训,帮助学生将创业思维运用于资源获取。很多时候,现金不是创业者最重要的资产,利用手头资源而不是他们需要的资源起步,将提高成功的概率。

二、实训要求与内容

1. 活动准备
每个团队发一个信封,里面装有100元人民币和资源挑战活动要求。

资源挑战活动要求:

(1) 在打开信封前,你的团队可以用尽可能多的时间做计划。但是,一旦打开信封,你就只有2个小时的时间在某天(下次上课之前)去赚尽可能多的钱。

(2) 信封中的100元钱是你的团队拥有的唯一的种子资金。

(3) 活动要求:不能从事非法活动;不能购买彩票;不能参与各种形式的抽奖;不能参与赌博。

(4) 在进行活动(2小时)之前和之后,不能募集资金。

2．课堂活动内容

(1) PPT展示

要求每个团队在5分钟内展示PPT,需要回答下列问题:你做了什么;你赚到了多少利润(利润必须是以现金形式体现,展示结束后收到的资金或赚到的钱都不算数);关于资源,你学到了什么。

(2) 课堂讨论

建议讨论以下问题:

a. 你收到任务时感受如何?

b. 描述你的团队是如何产生后来实施的那个创意的? 100元的种子资金发挥了什么作用?

c. 这次活动中最令你感到意外的是什么? 为什么?

(3) 评分

小组得分将由以下因素决定:赚取的利润额;团队的创造力。

即练即测

【思考题】

1. 创业者一般会拥有哪些资源?

2. 创业者为什么经常受到资源匮乏的约束?

3. 影响创业资源获取的因素有哪些?

4. 有人说创业者是赌徒,而实际上创业者将风险控制在可承受范围内。请结合实际案例分析其原因。

5. 人们常说创业是白手起家、无中生有,对此你怎么看?

🎯 案例

从60平方米小店到吸金9500万美元的美国最火沙拉店

这个创业案例主角是纽约最火的沙拉店Sweetgreen。从一个60平方米小店到美国最火、经常排队的店,最重要的是采取O2O模式成功。2007年,三个大学生在学校附近开了一家不到60平方米的小店,当时专门开店卖沙拉还是一件新鲜事,开张前两周,一个顾客都没有。

如今Sweetgreen在8个州开了100家连锁店面,员工数量超过3500人,融资超过3亿美元。

用餐高峰期疯狂排队,顾客平均等候时间约为20分钟,通过手机软件和网站可以直接下单,直接到店铺取菜的顾客可以避过午餐的人潮。Sweetgreen的沙拉不算便宜,最高价的沙拉超过 15 美元,大部分主菜的价格大约 10 美元。大部分食材都从当地农户和食品供应商那里采购,加上 Sweetgreen 独特的秘制酱料,一次又一次挑逗着顾客们的味蕾。所有的食物始终是新鲜的,而且有益健康,菜单跟随季节不断更新。

三个创始人 Nicolas Jammet、Nathaniel Ru 和 Jonathan Neman 曾就读于华盛顿乔治城大学金融和管理专业。"我们有着健康、平衡的生活方式,但是我们很难找到一家能够满足我们需要的餐厅,只能被迫吃汉堡和比萨饼等高热量低营养的食品。"

健康饮食是被很多人长期忽略的巨大市场,毕业后他们向家人筹集费用,立即在校区附近开设了第一家 Sweetgreen 沙拉店。从 2013 年开始,美国在线 AOL 创始人史蒂夫·凯斯对其多次注入巨额资金。2014 年,Sweetgreen 的销售额达到 5000 万美元。

如何把"吃草"做成爆品?

1. 拒绝反季节蔬菜

下一个迎来新变革的将会是食品行业。美国在过去的十五年里掀起了愈演愈烈的有机食品热。美国人越来越关注食品质量,提供优质食材的大型连锁超市在美国遍地开花。一部分美国人不仅关注食物的种类,而且越来越在意自己吃的东西从哪里来。

大多数人吃到的都是反季节蔬菜,但是 Sweetgreen 希望改变顾客对事物的认知。很多食材虽然只在菜单上停留很短的时间就会更换,但顾客也会及时体验到当季的特色食物。Sweetgreen 希望顾客能吃到土地里自然生长的食物,人们应该尊重大自然、保持和自然的节拍。

2. 有格调的店面和设计感的包装

Sweetgreen 每一间店都有独一无二的设计,同时一致保持简约主题、以绿白为主的色彩搭配、绿色的植物,切合其"自然"主题,很受年轻人欢迎。所有的分店里都有一个共同的装饰,那就是挂在墙上的春、夏、秋、冬四个字。迎合了随着四季变换的菜谱。Sweetgreen 很多分店装修会选用回收的二手木料。在马里兰的一家分店,墙体和桌椅的木料分别来自于旧谷仓和保龄球跑道。打包的餐盒也是用回收纸做成。

3. 玩转社群

在美国,虽然健康饮食越来越受到重视,但比较昂贵的价格还不能被普通大众所接受。即使是现在,每天来 Sweetgreen 这样的沙拉店解决午餐还只是小众人群的选择。

当初开张的时候,人们还不太能接受 Sweetgreen 这样新奇的事物,一段时间里,小店门可罗雀。三个创始人购置一些音箱,每周六和周日都在店外播放音乐。奇怪的是,顾客渐渐多了起来,将音乐与食物联系起来,也许是因为热爱生活的人本能的选择。也是因为这个缘故,Sweetgreen 每年都会举办自己的音乐节。"人们不是要买你做的东西,而是要买你做那些东西的方式。"Sweetgreen 经常会举办一些其他的社交活动,将年轻人带到一个农场中,举办一个沙拉 Party。大家都希望自己友善、迷人、漂亮的乡土气息对久居城市的年轻人有着很强的吸引力,一起听厨师讲解蔬菜的知识,也可以自己亲手采摘然后制作沙拉。

他们真正要做的便是与更多的小社群紧紧联系在一起,这些铁杆粉丝是传播健康饮食最好的群体。哥卖的不只是沙拉,更是生活方式。

(资料来源:http://www.201980.com/chuangye/canyin/16310.html。)

第七章

创业融资

故事引入

视美乐——中国第一家大学生高科技公司的融资教训

"视美乐"曾被媒体誉为中国第一家大学生高科技公司,核心技术产品叫作"多媒体投影机",是由清华大学材料系学生邱虹云发明的。1999年5月,邱虹云、王科和徐中三位清华学生靠打工挣的钱和朋友、家人的资助,筹集50万元注册了公司。两个月后,上海第一百货商店股份有限公司与"视美乐"签订分两期注入5250万元风险投资的协议,这是中国第一例本土化的风险投资。1999年12月,"视美乐"的专利产品——多媒体超大屏幕投影机中试成功。2000年4月,澳柯玛集团投资3000万元与"视美乐"合资注册成立北京澳柯玛视美乐信息技术有限公司(简称澳视),开发、生产、销售多媒体超大屏幕投影机及相关视听产品。2000年6月,年产10万台多媒体投影机的生产基地在青岛经济技术开发区落成,该投影机涉及光学、电子、机械等多方面的尖端专业技术,可播放计算机、电视等多种数字及模拟信号,是与因特网相连的领导世界新潮的产品。2007年,青岛澳柯玛集团控股澳视70%的股份,三位视美乐创始人只作为小股东存在,相继退出了公司管理层。对于过去的创业经历及后来的退出,这些曾经的创业大学生都不愿再谈。

(资料来源:http://wenku.baidu.com/link? url＝S6PhbUdhn9fcNfL-Hk3spqDkg9tYxJv9xtiVNCntccy3j3S0dLsuGpMv3F6EV9enEm2eXlA2hdfA3cd9-lbR4YEq38_-Wsw3luTU6NLN-FC。)

第一节 融资需求的确定

在创业组织开业经营之前,创业者需要确定公司启动所需要的资金。为了保证公司在启动阶段业务运转顺利,在公司业务经营达到收支平衡之前,创业者需要准备足够的资金以备支付各种费用。为了应对意外,创业者可以将每项实际费用多估算出一部分,从而将估算费用控制在安全范围之内。另外,创业者还应对预估融资额的合理性进行验证,并采取各种方式将预算减至最低。

一、测算创业启动资金

下面以开办汽车美容店为案例,说明如何预测创业启动资金。

汽车美容是指对汽车进行外观与内饰彻底地清洁与保护,例如汽车漆面处理、打蜡、改装、装饰、美化、保护等都属于汽车美容的领域。汽车美容店的初始投资可大可小,从几万元到几十万元不等。汽车美容店固定成本投入大、退出成本较高。办一家汽车美容店所需资金的考虑因素:

1. 定位目标市场是预算基础

开办一家汽车美容店的前提是创业者对该行业的深入了解,根据自身情况和当地的消费实力以及竞争情况确定市场定位,即主要面对的顾客群体的平均车价是多少。比如家庭成员结构,是高知人群还是暴发户等。有了市场定位,才可以计算投资规模,如店铺规模、装修、人员配置、产品线、服务内容等。

2. 选址影响创业预算

选址对开任何店的成败都有很大的影响,也是创业资本预算时要考虑的重要因素。房租是开办汽车美容店总投资的重要组成部分,最多的时候它能占到总投资的 50%。

一般来说,以下 3 种地方是开店比较理想的地址。

(1)大型住宅区。车主把车开回家后就可以找到专业人士把爱车打扮一新。

(2)加油站和汽修店附近。车主在加油和维修的时候,就是车跑了很长一段路的时候,自然也是给车保养的时候。

(3)车流量比较大的公路附近。

初步选址后,需确定特定区域内符合开店标准的门面房最低租金。根据市场定位以及周边竞争环境,综合考虑开店规模之后,计算出半年的房租。

3. 环保也会构成预算的重要内容

汽车美容是特殊行业,必须在申请营业执照前由环保部门进行环境测评,这是进入汽车美容业最大的一道坎。建设该类店铺,环保工程与主体工程要同时设计、同时施工、同时投入使用,达到排污要求、隔油沉渣池也要合乎标准等。

4. 留出充足的人员预算

根据市场定位,确定人员数量及工资标准。准备好 6 个月的人员工资和福利,这也是投资的一部分。有了这些钱,即使再困难也能度过半年的存活期,不会有员工流失。

5. 考虑装修、设备等费用

开店所需的装修、设备、材料、物资等问题,均可根据市场定位来确定,没有市场定位测算出的资金额是没有实际意义的。创业者需要一个精通市场行情或者开过店的老行家指点迷津,在什么地方可以采购到质优价廉的商品。

6.预留运营经费

一家店新开张,要做好 3～6 个月生意没有起色的准备,事先筹备好充足运转费,例如进货款等。

二、启动资金的基本要素

启动资金就是开办企业必须购买的物资和必要的其他开支。按照用途划分,启动资金可以分为固定资产投入和流动资金。

1.固定资产投入

固定资产投入指企业所购置的价值较高、使用寿命较长的物资,包括场地费、设备购置费、开办费(如培训费、加盟费、技术转让费、装潢装修费等)。在预算房租费用时,要根据当地市场行情,预计租期预算(如按季、按年等)。

房屋装修费用视其项目而定。例如,餐馆的装潢要按照当地卫生防疫部门的规定来装修,否则很难获得营业执照;直接对外经销产品的加盟店,其装修还要计算货柜橱窗的费用。

2.流动资金

流动资金是保证企业日常运转所需要支出的资金,也称为运营资金。流动资金包括产品或原材料、人员工资与福利、保险费、水电费、电话费、网络费、材料费、广告费、维修费、物业费、运输费、外包费、不可预见费用(罚款、盗窃、丢失)等。如果有分期偿还的借款,各期偿还本金也要计算在内。

流动资金周转不灵会导致企业破产,因此要预测“流动资金持续投入期”,即没取得销售收入以前需投入多长时间的流动资金。为稳妥起见,创业初期应准备一段时间(如 3 个月或半年)的流动资金。

同样的创业项目,因为目标市场、经营地点、创业者对该项目的预期等的不同,所需启动资金亦不相同。

三、判定启动资金的合理性

启动资金数额应合理,如果筹资过多,有可能造成资金闲置浪费,增加融资成本。甚至可能导致企业负债过多而无力偿还。而如果筹资不足,又会影响创业组织的投融资计划及业务的正常发展。因此,创业组织在进行融资决策时,要根据企业对资金的需求、企业自身的实际条件以及融资的难易程度和成本情况,量力而行来确定企业合理的融资规模。

创业者初步预估的启动资金数量是否合理还需多方验证,可以采用以下几种方法判定启动资金规模的合理性。

1. 向同行咨询

调查和了解类似经营领域企业创业初期的各项运营成本,是判定启动资金规模合理性较好的方法,创业者也可向行业商会咨询。

2. 询问供应商

在一般情况下,供应商愿意为创业者提供咨询和帮助,以图获得更多的业务机会。创业者可以向多家供应商咨询设备租赁、批发折扣、信用条件、启动库存量以及其他降低前期成本的选择,进行比较后可以判定启动资金的合理规模。

3. 网上咨询

很多创业网站提供专家咨询和类似创业项目介绍,还有一些创业者论坛、QQ群、微信群等互动交流平台,创业者可以通过这些渠道咨询启动资金的合理规模。另外,一些报纸、期刊、网站上与创业相关的文章和报道,也可以帮助创业者列出需要调查的费用清单,估算所需的启动成本。

4. 请教专家

通过授课教师或培训机构联系相关有实践经验的专家进行咨询。

四、减少启动资金数量的方法

在启动阶段,创业组织的资金获得渠道有限,因此创业者应采取各种方法降低成本。

1. 充分利用政府支持创业的政策

包括政府的创业贷款以及各种补贴政策等。

2. 节省场地费用

经营场地费用往往在创业组织启动资金中占有较大比例,因此可以运用一些技巧降低该笔费用。例如,可以选择住宅或商住两用房作为办公或经营场地、与其他企业合租办公楼、入驻由政府补贴的孵化器、采用移动办公等。

3. 节省设备费用

创业者可以考虑通过网上竞拍、购买二手设备或二手办公家具、租赁、团购等方式降低成本。

4．减少资金占用

在购进原材料或产品销售阶段，创业者应尽量减少对企业内部资金的占用，尽可能利用别人的钱实现"借鸡下蛋"。当上游企业（卖方）要求创业组织预付货款时，创业者应尽力谈判以实现延期支付，从而减少资金周转的压力。对于下游企业或个人客户（买方），创业者应尽力谈判以达成预先付款，从而实现资金提前回笼。

第二节　创业融资渠道的类型与选择

融资渠道是指企业筹集资本来源的方向与通道，体现资本的源泉和流量，融资渠道主要由社会资本的提供者及数量分布决定。了解融资渠道的种类、特点和适用性，有利于创业者充分利用和开拓融资渠道，实现各种融资渠道的合理组合，有效筹集所需资金。创业融资的渠道主要包括私人资本融资、机构融资和政府专项扶持资金、互联网融资、知识产权融资。

一、创业融资渠道的类型

1．私人资本融资

创业企业具有的融资劣势，使它们难以通过传统的融资方式如银行借款、发行债券等获得资金，所以私人资本成为创业融资的主要组成部分。世界银行所属的国际金融公司对北京、成都、顺德、温州4个地区的私营企业调查表明：私营中小企业在初创阶段几乎完全依靠自筹资金，90％以上的初始资金都是由创业发起人、创业团队成员及家庭提供，而银行、其他金融机构贷款的占比很小。

大学生创业的资金来源同样具备相同的特征。表7-1为2010届本科毕业生自主创业资金来源。

（资料来源：麦可思2010届大学生社会需求与培养质量调查）。

表 7-1　2010届本科毕业生自主创业资金来源　　　　　　　　　　　％

资 金 来 源	比例
父母/亲友投资或借贷	63
个人积蓄	17
其他	13
风险投资	4
政府科研/创业基金或优惠贷款	2
银行贷款/信用卡透支	1

（1）自我融资

创业者往往将自有资金的大部分投入新创企业中。个人资金的投入对创业企业来说具有十分重要的意义。

一方面，创办新企业是捕捉商业机会实现价值的过程，将尽可能多的自有资金投入其中，可以在新创企业中持有较多的股份。创业成功后，将获得较大的创业回报。这样，个人才能和资产在创业活动中共同创造较高的价值。

另一方面，自我融资是一种有效的承诺，它告诉其他投资者，创业者对自己认定的商业机会非常有信心，对自己的新创企业充满信心，是全心全意、踏踏实实地干事业。这种信号会给其他资金持有者投资新企业一种积极的暗示，适度缓解信息不对称的负面作用，增加其对新创企业投资的可能性。

当然，在难以获得外部资金的情况下，自我融资虽然是一种途径，但是并不是根本性的解决办法。一般来说，通过自我融资得到的资金相对有限，很难满足资金需求，尤其是那些前期投入较大的行业。

（2）向亲朋好友融资

亲朋好友是创业融资的重要来源。家庭是市场经济的三大主体之一，在创业中起到重要支持作用，特别是以家庭为中心，形成了亲缘、地缘、文缘、商缘、神缘为经纬的社会网络关系，对包括创业融资在内的许多创业活动产生重要影响。家庭成员和亲朋好友由于与创业者的个人关系而愿意给予投资，这有助于克服非个人投资者面临的一种不确定性，缺乏对创业者的了解。在创业初期，创业者往往缺乏正规融资的抵押资产，缺乏社会筹资的信誉和业绩，因此非正规的金融借贷——从创业者的家人、亲戚、朋友处获得创业所需的资金，是十分常见、非常见效的融资方法。温州民营经济的融资特征是，在创业初期，以自有资金和民间融资为主；当企业具有一定的规模和实力以后，以自有资金和银行借贷为主，民间融资仍是重要的外部资金来源。有调查发现，企业在初创期75%以上的资金来源于自身积累和民间借贷；在企业发展阶段，其资金来源主要为初创时的自有资金、留存收益以及银行借贷。

虽然从家庭成员和亲朋好友处获得资金要相对容易一些，但与所有融资渠道一样，这种融资方式也有不利的一面。创业者必须明确所获得资金的性质是债权性资金还是股权性资金。在借助"五缘"等基于传统的社会网络关系时，必须要用现代市场经济的游戏规则、契约原则和法律形式来规范借贷或融资行为，保障各方利益，减少不必要的纠纷。为了避免日后出现问题，创业者必须将有利方面和不利方面都告诉家庭成员和朋友，还要告诉他们存在的风险，以便于将日后出现问题时对家庭成员和朋友关系的不利影响降到最低。用非个人投资者融资的商务方式来对待向家庭成员和朋友融资，对每一笔债权性资金都要讲明其利息率和还本付息计划,对股权性资金不能承诺未来支付红利的时间。如果能用对待其他投资者的方式对待家庭成员和朋友,就能避免将来的矛盾。创业者还可以事先用书面方式将一切事项确定下来,在将钱用于企业之前,必须规定融资的一切细节,这些细节包括资金的数量、有关条件、投资者的权利和责任以及对业务失败的处理等。制定一份涉及所有上述条款的正式协议可以帮助避免未来可能出现的纠纷。

（3）天使投资

天使投资是自由投资者或非正式机构对有创意的创业项目或小型初创企业进行的一次性的前期投资,是一种非组织化的创业投资形式。与其他投资相比,天使投资是最早介入的外部资金,即便还处于创业构思阶段,只要有发展潜力,就能获得资金,而其他投资者很少对这些尚未诞生或嗷嗷待哺的"婴儿"感兴趣。

天使投资人是用自有资金以债权或股权的形式向非朋友和家人的创业者或新创企业提供资本的个体。一般认为天使投资起源于纽约百老汇的演出,原指富有的个人出资,以帮助一些具有社会意义的文艺演出。对于那些充满理想的演员来说,这些赞助者就像从天而降的天使一样,使他们的美好理想得以实现。后来被运用到经济领域,引申为一种对高风险、高收益的新兴企业的早期投资。天使投资有三个方面的特征:一是直接向企业进行权益投资。二是天使投资不仅提供现金,还提供专业知识和社会资源方面的支持。惠普公司创业时,斯坦福大学的弗雷德里克·特曼教授,不仅提供了 538 美元的天使投资帮助惠普公司生产振荡器,还帮助惠普公司从帕洛阿尔托银行贷款 1000 美元,并在业务技术等方面给予创业者很大的支持。三是投资程序简单,短时期内资金就可到位。

天使投资人在投资决策方面看重产品和市场,更看重创业者个人,一般包括创业者的热情、可信度、专业知识、受欢迎程度以及过往创业记录等。天使投资更多是对创业者进行投资,在创业者和机会匹配的过程中,创业者的作用更大,更具有能动性。

天使投资人一般有两类:一是创业成功者。二是企业的高管或高校科研机构的专业人员。他们有富余的资金,也具有专业的知识或丰富的管理经验。他们对天使投资感兴趣的原因不仅仅限于能在自己熟悉或感兴趣的领域进行投资,获取资金的回报,还希望以自己的资金和经验帮助那些有创业精神与创业能力的志同道合者创业,以延续或完成他们的创业梦想。

近年来,天使投资发展较快,社会对天使投资的关注也越来越高。由《创业家》杂志发起并主办的"最受尊敬的创业天使"评选活动,从 2007 年起开始举办,活动主要是针对创业支持机构及天使投资领域的个人进行量化评价。在 2013 年评出"最佳天使投资人"

由真格基金创始人徐小平先生获得。这充分说明天使投资人已经成为国内创业生态中的重要一环。相信随着市场机制的完善,信用制度的建立以及个人财富的积累,天使投资一定会在促进我国的创业活动中发挥重要作用。对许多奔跑在创业之路上的大学生来说,天使投资可以说就是创业初期的"天使"。

🍃 小贴士

中国天使投资发展概况

新芽(NewSeed)成立于 2013 年,是致力于为早期创业者、创始人和天使投资人提供又新又快的创业咨询、数据、创投融资对接、创投学院。

以"天使"为关键词进行检索,有 57 家天使投资机构,投资事件共计 816 件。以"天使投资"为关键词进行检索,有 3449 家投资机构参与到天使投资中,投资事件共计 23474 件。从数据上来看,专门从事天使投资的机构和基金数量越来越多,且传统投资机构也逐渐关注天使投资项目,并参与到天使投资基金的设立中。

(资料来源:新芽 NewSeed 网站:https://www.newseed.cn/)

2. 机构融资

(1)商业银行贷款

向银行贷款是企业最常见的一种融资方式,创业者也可以通过银行贷款补充创业资金的不足。我国的商业银行推出的个人经营类贷款对创业者而言是一个好消息。个人经营类贷款包括个人生产经营贷款、个人创业贷款、个人助业贷款、个人小型设备贷款、个人周转性流动资金贷款、下岗失业人员小额担保贷款和个人临时贷款等类型。但由于创业企业的经营风险较高,价值评估困难,银行一般不愿意冒太大的风险向创业企业提供贷款。这类贷款发放时往往要求创业者提供担保,包括抵押、质押、第三人保证。

近年来,为了缓解中小企业融资困难,金融机构推出了许多新的金融产品。《北京中小企业银行融资创新产品汇编》中就罗列了北京 24 家金融机构面对中小企业推出的 120种金融创新产品。例如北京银行设立了"创意贷"文化创意企业贷款,这是一项针对文化创意企业及文化创意集聚区建设量身定制的特色金融创新产品。对于创业者来说,应密切关注银行贷款产品和政策的变化,以选择最适合自身情况的银行贷款。

信用卡取现是银行为持卡人提供的小额现金贷款,在创业者急需资金时可以帮助其解决临时的融资困难。创业者可以持信用卡通过银行柜台或是 ATM 提取现金。透支取现的额度根据信用卡情况设定,不同银行的取现标准不同,最低的是不超过信用额度的30%,最高的是可以取出信用额度的 100%。另外,除取现手续费外(各银行取现手续费不一),境内外透支取现还需支付利息,不享受免息待遇。创业者还可以利用信用卡进行透支消费,购置企业急需的财产物资等。

(2)中小企业间的互助机构贷款

中小企业间的互助机构是指中小企业在向银行融通资金过程中,根据合同约定,由依法设立的担保机构以保证的方式为债权人提供担保,在债权人不能依约履行债权时,由担保机构承担合同约定的偿还责任,从而保障银行债权实现的一种金融支持制度。从国外实践和我国实际情况看,信用担保可以为中小企业创业和经营融资提供便利,分散金融机构信贷风险,推进银企合作,是解决中小企业融资难的突破口之一。

拓展阅读

从1999年试点到现在,已经形成了以中小企业信用担保为主体的担保业和多层次中小企业信用担保体系,经过近些年的探索和规范,特别是在国家税收优惠等政策推动下,各类担保机构资本金稳步增加。2015年3月,工业和信息化部发布了《关于进一步促进中小企业信用担保机构健康发展的意见》,提出要充分发挥中小企业信用担保机构在缓解小微企业融资困难,促进其在"大众创业,万众创新"中的重要作用,进一步促进担保机构健康发展。

(3)非银行金融机构贷款

非银行金融机构指以发行股票和债券、接受信用委托、提供保险等形式筹集资金,并将所筹资金运用于长期性投资的金融机构。根据法律规定,非银行金融机构包括经中国银行监督管理委员会批准设立的信托公司、企业集团财务公司、金融租赁公司、汽车金融公司、货币经纪公司、境外非银行金融机构驻华代表处、农村和城市信用合作社、典当行、保险公司、小额贷款公司等机构。创业者还可以从这些非银行金融机构取得借款。筹集生产经营所需资金。

(4)风险投资

风险投资(venture capital,VC)又称为创业投资,是指投资人向初创企业提供资金支持并取得该公司股份的一种融资方式,因此,风险投资属于权益融资的一种。

风险投资的投资人通常将风险资本投资于具有发展潜力的初创高新技术公司,在承担很大风险的基础上,为融资人提供长期股权投资和增值服务,培育企业快速成长,数年后再通过上市、兼并或其他股权转让方式退出投资,取得高额投资回报的一种投资方式。风险投资有广义和狭义之分。广义的风险投资泛指一切具有高风险、高潜在收益的投资;狭义的风险投资是指以高新技术为基础,生产与经营技术密集型产品的投资。从投资行为的角度来讲,风险投资是把资本投向蕴藏着较大风险的高新技术及其产品的研究开发领域,旨在促使高新技术成果尽快商品化、产业化,以取得高资本收益的一种投资过程。从运作方式来看,风险投资是在专业化人才管理下,向具有潜能的高新技术企业投入风险资本的过程,也是协调风险投资家、技术专家、投资者的关系,利益共享、风险共担的一种投资方式。

① 风险投资的起源

风险投资其起源最早可以追溯到 15 世纪英国、葡萄牙、西班牙等西欧岛国创建远洋贸易企业时期。19 世纪末期,当时美国一些私人银行通过对钢铁、石油和铁路等新兴行业进行投资,从而获得了高回报。1946 年,美国哈佛大学教授乔治·多威特和一批新英格兰地区的企业家成立了第一家具有现代意义的风险投资公司——美国研究与发展公司。20 世纪 70 年代,伴随高新技术的发展,风险投资步入高速成长时期,培育出一大批世界级的著名企业,如微软公司、苹果公司、惠普公司、英特尔公司、思科公司、雅虎公司等,也造就了一大批创业企业家,如比尔·盖茨、史蒂夫·乔布斯、安迪·格鲁夫等。风险投资业在美国经济生活中扮演着不可或缺的重要角色,赢得了"新经济发动机"的美誉。风险投资从 1985 年科技体制改革决定开始引入中国,至今 36 年。中国风险投资经历了一个快速发展时期,目前的资金和项目规模已位居全球第二,仅次于美国。

② 风险资本的来源

富有的个人。作为个人投资者而言,主体主要是由两类人组成,一是有风险投资经验的投资人;二是创业企业家,曾得到过风险投资的支持,从自己的创业投资企业中获得了巨额的回报。

政府。出于产业政策以及宏观经济发展规划的考虑,政府会给予风险投资支持,主要有财政拨款、政府直接投资、政府担保的银行贷款等形式。政府起到的作用是巨大的但有时也是有限的,只能起到信用担保、放大资金的作用,不可能成为风险投资的主要资金提供者。

企业。企业是风险投资的主要参与者,企业介入风险投资主要是出于发展战略目标的考虑,为企业寻找到新的利润增长点,甚至是二次创业。在美国,企业的风险投资资本占风险投资基金来源的 30%。

机构投资者。包括保险公司、慈善基金、养老基金和信托投资公司。

商业银行。主要是商业银行的控股公司提供资金或者是从银行员工管理的资金池中取得资金,由于银行的天生谨慎性,因此不可能成为风险投资基金的主要提供者。

境外投资者。主要包括境外个人投资者和机构投资者。

③ 风险投资的类型

种子资本。种子资本是指在企业的技术成果产业化前期就进行投入的资本,也被称为种子资金。企业在缺乏可抵押财产的情况下,既不可能从传统的银行部门获取信贷,也很难从商业性的风险投资公司获得风险资本。此时,企业就会将更多的目光投向提供"种子资本"的风险投资基金。种子资本主要是为那些处于产品开发阶段的企业提供小笔融资,而这类企业在很长一段时期内(一年以上)都难以提供具有商业前景的产品,所以投资风险极大,但潜在收益也相对增加。对"种子资本"具有强烈需求的往往是一些高科技公司,如生物技术公司。从科技成果产业化的角度看,种子资本的作用是非常大的,正是由于种子基金的出现,才使许多科技成果能够迅速产业化,才有更大的发展。目前国内外常见的种子资本主要有四种类型,分别是政府种子基金,风险投资机构种子基金,天使基金和孵化基金。

导入资本。有了较明确的市场前景后,由于资金短缺,企业便可寻求"导入资本"以支持企业的产品中试和市场试销。但是由于技术风险和市场风险的存在,企业要想激发风险投资家的投资热情,除了本身达到一定的规模外,对导入资本的需求也应该达到相应的额度。这是因为从交易成本(包括法律咨询成本、会计成本等)角度考虑,投资较大公司比投资较小公司更具有投资的规模效应。而且,小公司抵御市场风险的能力也相对较弱,即便经过几年的显著增长,也未必能达到股票市场上市的标准。这意味着风险投资家可能不得不为此承担一笔长期的、不流动性的资产,并由此受到投资人要求得到回报的压力。

发展资本。发展资本这种形式的投资在欧洲已成为风险投资业的主要部分。以英国为例,发展资本已占到风险投资总额的30%。这类资本的一个重要作用就在于协助那些私人企业突破杠杆比率和再投资利润的限制,巩固这些企业在行业中的地位,为它们进一步在公开资本市场获得权益融资打下基础。尽管该阶段的风险投资的回报并不太高,但对于风险投资家而言,却具有很大的吸引力,原因就在于所投资的风险企业已经进入成熟期,包括市场风险、技术风险和管理风险在内的各种风险已经大大降低,企业能够提供一个相对稳定和可预见性的现金流,而且,企业管理层也具备良好的业绩记录,可以减少风险投资家对风险企业的介入所带来的成本。

风险并购资本。风险并购资本一般适用于较为成熟的、规模较大和具有巨大市场潜力的企业。与一般杠杆并购的区别在于,风险并购的资金不是来自银行贷款或发行垃圾债券,而是来自风险投资基金,即收购方通过融入风险资本,来并购目标公司的产权。以管理层并购为例,由于风险资本的介入,并购所产生的营运协力效果(指并购后反映在营运现金流量上的效果)也就更加明显。

小贴士

得物于 2015 年孵化于虎扑论坛,最初主要是提供产品信息,帮助年轻人了解球鞋文化和潮流文化,也有一些球鞋大神会自愿帮别人鉴定球鞋,后来它开始打造互动社区。2017 年 8 月,虎扑正式推出独立的毒 APP。

它最早从小众走入大众视野,是 2018 年王思聪等人曾在社交平台推荐。随后,炒鞋作为一个风口,迅速引发了大范围讨论。而毒 APP 作为潮鞋讨论和交易最大的平台,迅速破圈。

在资本端,毒 APP 最早于 2018 年获得虎扑资本天使轮融资,2019 年 2 月,获普思资本、高榕资本、红杉资本中国投资,2019 年 4 月,拿到了 DST Global 参与的 A 轮融资,投后估值达到十亿美元,跨入独角兽行列。

这次融资,让毒 APP 的影响力从小众球鞋爱好者正式扩展到了投资圈,其商业属性和价值令不少人惊叹。这不再是那个少数潮人"自嗨"的神秘之地了,而是一门从鉴定到销售都能带来商业价值的生意。资料显示,2019 年 8 月,毒 APP 注册用户突破 1 亿,DAU 约 800 万,2019 全年交易额达 60 亿~70 亿元。

(资料来源:编者根据网络资料整理而成。)

小贴士

著名的风险投资者

(1) IDG 技术创业投资基金:最早引入中国的 VC,也是迄今国内投资案例最多的 VC,成功投资过腾讯、搜狐等公司。投资领域:软件产业、电信通信、信息电子、半导体芯片、IT 服务、网络设施、生物科技、保健养生。

(2) 软银中国创业投资有限公司:日本孙正义资本,投资过阿里巴巴、盛大等公司。投资领域:IT 服务、软件产业、半导体芯片、电信通信、硬件产业、网络产业。

(3) 红杉资本中国基金:美国著名互联网投资机构,投资过甲骨文、思科等公司。

(4) 高盛亚洲:著名券商。引领世界潮流,投资过双汇集团等。

(5) 摩根士丹利:世界著名财团,投资过蒙牛等公司。

(6) 美国华平投资集团:投资过哈药集团、国美电器等公司。

(7) 鼎晖资本:投资过南孚电池、蒙牛等企业。

(8) 联想投资有限公司:国内著名资本。投资领域:软件产业、IT 服务、半导体芯片、网络设施、网终产业、电信通信。

　　（9）浙江浙商创业投资股份有限公司：投资领域有电子信息、环保、医药化工、新能源、文化教育、生物科技、新媒体等行业及传统行业产生重大变革的优秀中小型企业。

　　更多关于中国风险投资的信息，可参考 http://www.vcinchina.com。

　　（资料来源：风险投资网，http://www.vcinchina.com。）

（5）创业板上市融资

　　创业板市场着眼于创业，是指主板市场之外为满足中小企业和新兴行业创业企业融资需求和创业投资退出需求的证券交易市场，如美国的纳斯达克市场，英国的 AIM（Alternative Investment Market）市场等。创业板在服务对象、上市标准、交易制度等方面与主板市场存在较大差异，主板市场只接纳成熟的、已形成足够规模的企业上市，而创业板以成长型尤其是具有自主创新能力的创业企业为服务对象，具有上市门槛相对较低、信息披露监管严格等特点。它的成长性和市场风险均要高于主板，是对主板市场有效的补充。从世界范围看，创业板已成为各国高科技企业的主要融资场所。据统计，美国软件行业上市公司中的 93.6%、半导体行业上市公司中的 84.8%、计算机及外围设备行业上市公司中的 84.5%、通信服务业上市公司中的 82.6%、通信设备行业上市公司中的 81.7% 都在纳斯达克上市。

　　创业板市场具有资本市场的一般功能，能为处于创业时期饱受资金缺乏困扰的中小企业提供融资的渠道。创业板市场青睐成长性高、科技含量高，能够符合新经济、新服务、新农业、新材料、新能源和新商业模式特征的企业，适合于处于成长期的中小高新技术企业。与主板市场相比，创业板不过分强调企业规模和以往业绩，而是强调企业要有发展前景和成长空间，这为急需资金的创业企业提供了必要的金融支持，有利于促进创业企业的发展。

　　创业板上市不仅可以帮助创业者实现收益、风险投资退出等需求，还利于创业企业提高知名度。通过上市公开发行股票，企业可以在全国性的市场中树立品牌，使社会公众了解企业，提高企业形象，提高知名度，对人才、技术合作者等产生较强的吸引力，有利于企业的长远发展和市场开拓。另外，为确保上市公司的质量，创业板对公司治理结构的要求较高，要求构建产权明晰、权责明确、管理科学的现代企业制度，规范企业运作，制定严密的业务发展计划和完整清晰的业务发展战略，提炼核心业务范围，保持管理技术队伍的稳定，选择好投资项目与前景好的产品市场，不断提升业务增长潜力。而对创业企业来说，上市融资有助于建立现代企业制度，规范法人治理结构，提高企业管理水平，增强企业创业和创新的动力。

　　但是创业者对于上市可能带来的约束和风险也应有一定的心理准备。由于创业板市场的高风险性,为了保护投资者的利益,监管部门对创业板市场制定了更为严格的业务要求、信息披露要求、限售规则及退市制度,企业一旦成为上市公司,在信息公开、财务规范、治理结构方面必须遵循市场要求,股价直接反映了企业形象,这对较多依赖创业者个人、决策随意的创业企业来说,意味着管理模式的全面转型。另外,由于股本规模小及股份全流通,创业板上市企业很有可能成为其他企业的收购对象,对于看好企业发展的创业者或创业团队将形成收购风险,减弱甚至丧失创业者在企业中的话语权。

3. 政府背景融资

（1）科技部科技创新基金

科技型中小企业技术创新基金是经国务院批准设立,用于支持科技型中小企业技术创新的政府专项基金。通过拨款资助、贷款贴息和资本金投入等方式,扶持和引导科技型中小企业的技术创新活动。根据中小企业项目的不同特点,创新基金支持方式主要有三种。①贷款贴息,对已具有一定水平、规模和效益的创新项目,原则上采取贴息方式支持其使用银行贷款,以扩大生产规模。一般按贷款额年利息的 50%～100% 给予补贴,贴息总金额一般不超过 100 万元,个别重大项目可不超过 200 万元。②无偿资助,主要用于中小企业技术创新中产品的研究、开发及中试阶段的必要补助、科研人员携带科技成果创办企业进行成果转化的补助,资助额一般不超过 100 万元。③资本金投入,对少数起点高,具有较广创新内涵,较高创新水平并有后续创新潜力,预计投产后有较大市场,有望形成新兴产业的项目,可采取成本投入方式。

（2）针对某个特定群体的创业基金

目前,政府特别是地方政府根据各地实际情况针对特定群体推出诸多旨在鼓励创业的支持基金,这些群体大都具有强烈的创业愿望,如高校毕业生、留学生创业基金,或是就业市场的弱势群体,如下岗职工、待业青年、返乡农民工、妇女创业基金等。如中国青年创业国际计划(Youth Business China,YBC)就是由团中央、全国青联发起的一个旨在帮助中国青年创业的国际合作项目。中国青年创业国际计划的扶助对象是年龄介于 18～35 岁、具有创业意愿和潜力的失业、半失业或待业青年。符合条件者可以向项目办公室提出申请,寻求创业支持。项目办公室将指派工作人员、企业家志愿者与申请者联系,帮助其确定创业目标。在创业申请者提交创业计划后,由企业家组成的专家小组将对创业者进行面试评估,并决定是否为其提供创业支持。对通过评估的青年创业者,中国青年创业国际计划将为其提供创业启动资金,并为其指派一名创业导师。创业导师将在为期三年的时间内为青年创业者提供创业指导和专业技术支持,帮助他走上成功创业之路。

（3）地方性优惠政策

各地政府在支持创业企业发展方面,纷纷推出诸如税收优惠、小额贷款、中小企业信用担保、创业基地建设等扶持政策。如上海针对注册开业 3 年以内的创业企业推出小额贷款担保政策,担保金额高达 100 万元,其中 10 万元以下的贷款项目可免予个人担保。同时,根据创业组织在贷款期间吸纳当地失业、协保人员和农村富余劳动力的情况,给予一定的贷款利息的补贴。对前期投资资金较大、吸纳就业效果明显的创业项目,经论证也可给予创业前的小额贷款担保支持。在全国许多地区都有类似的创业优惠和扶持政策,创业者进入不同地区创业时,应关注并熟悉这些渠道。

4.互联网融资

随着互联网信息技术的成熟,互联网金融得到迅猛发展。互联网融资是指依托互联网信息科技,实现金融信息交换、资金融通和支付交易的融资模式。互联网融资以直接融资为主,互联网融资方式多为无抵押、无担保融资,融资成本低且效率高。投融资双方直接对接,配置效率和资源优化水平很高,个人和企业在互联网提供信用信息或资产信息,发布融资信息,由互联网融资平台审核和评级完成后,个人和企业可以直接向投资者借贷资金或者出让资产获得资金。新型融资渠道如众筹融资、基于大数据征信的网络贷款等也成为创业企业的融资渠道。

众筹融资(crowd funding)是指融资者借助于互联网平台为其项目向广泛的投资者融资,每位投资者通过少量的投资金额从融资者那里获得实物(例如预计产出的产品)、资金利息回报或股权回报的模式,包括借贷融资、股权融资等。以 Kickstarter(美国)、天使汇、点名时间网为代表。这种模式的兴起打破了传统的融资模式,每一位普通人都可以通过众筹模式获得从事某项创作或活动的资金,使得融资的来源不再局限于风投等机构,而可以来源于大众。相对于传统的融资方式,众筹更为开放,能否获得资金也不再是由项目的商业价值作为唯一标准。只要是网友喜欢的项目,都可以通过众筹方式获得项目启动的第一笔资金,为更多小本经营或创业的人提供了无限的可能。

众筹需要遵循的规则包括:

① 筹资项目必须在发起人预设的时间内达到或超过目标金额才算成功。

② 在设定天数内,达到或者超过目标金额,项目即成功,发起人可获得资金;筹资项目完成后,支持者将得到发起人预先承诺的回报,回报方式可以是实物,也可以是服务,如果项目筹资失败,那么已获资金全部退还支持者。

③ 众筹不是捐款,支持者的所有支持一定要设有相应的回报。

众筹具有以下几方面特征:

① 门槛低。无论什么身份、地位、职业、年龄、性别,只要有想法、有创造能力都可以发起项目。

② 形式多样。众筹的方向具有多样性,在国内的众筹网站上的项目类别包括设计、

科技、音乐、影视、食品、漫画、出版、游戏、摄影等。

③ 汇聚大众力量。支持者通常是普通的草根民众,而非公司、企业或是风险投资人。

④ 注重创意创新。发起人必须先将自己的创意(设计图、成品、策划等)达到可展示的程度。才能通过平台的审核,而不单单是一个概念或者一个点子,要有可操作性。

目前,众筹这一融资新形式已经得到快速发展,相关的法律法规还在进一步制定之中。

5. 知识产权融资

知识产权融资也是创业者值得关注的融资方式,知识产权融资可以采用知识产权作价入股、知识产权抵押贷款、知识产权信托、知识产权资产证券化等方式。

(1) 知识产权作价入股

2014 年 3 月 1 日实施的《中华人民共和国公司法》(以下简称《公司法》)第二十七条规定:"股东可以用货币出资,也可以用实物、知识产权、土地使用权等可以用货币估价并可以依法转让的非货币财产作价出资。"允许知识产权入股,明确了知识产权作为生产要素的原则。《公司法》还规定,不再限制股东(发起人)的货币出资比例,无形资产可以百分百出资。这说明股东可以以专利、商标、软件著作权等无形资产进行百分之百的出资,有效地减轻股东货币出资的压力。

根据《公司法》的规定,除了法律、行政法规规定不得作为出资的财产以外,股东可以用知识产权等可以用货币估价,并可以依法转让的非货币财产作价出资。对作为出资的非货币财产应当评估作价。核实财产,不得高估或者低估作价。必须经过专业的知识产权评估才可以作为出资依据。

(2) 知识产权质押贷款

知识产权质押贷款是指以合法拥有的专利权、商标权、著作权中的财产权,经评估后向银行申请融资,是商业银行积极探索的小企业融资途径。知识产权质押融资可以采用以下三种形式:质押——知识产权质押作为贷款的唯一担保形式;质押加保证——以知识产权质押作为主要担保形式,以第三方连带责任保证(担保公司)作为补充组合担保;质押加其他抵押担保——以知识产权作为主要担保形式,以房产、设备等固定资产抵押,或个人连带责任保证等其他担保方式作为补充担保的组合担保形式。

知识产权质押贷款仅限于借款人在生产经营过程中的正常资金需求。贷款期限一般为 1 年,最长不超过 3 年;贷款额度一般控制在 1000 万元以内,最高达 5000 万元;贷款利率采用风险定价机制,原则上在央行基准利率基础上按不低于 10% 的比例上浮。质押率:发明专利最高为 40%,实用新型专利最高为 30%,驰名商标最高为 40%,普通商标最高为 30%,质物要求投放市场至少 1 年以上;根据企业的现金流情况采取灵活多样的还款方式。

（3）知识产权信托

知识产权信托是以知识产权为标的的信托，知识产权权利人为了使自己所拥有的知识产权产业化、商品化，将知识产权转移给信托投资公司，由其代为经营管理，知识产权权利人获取收益的一种法律关系。依据知识产权的类型，结合我国目前已有的信托案例，当前的知识产权信托包括专利信托、商标信托、版权信托等方式。在美国、欧洲、日本等国家和地区，知识产权信托已广泛用于电影拍摄、动画片制作等短期需要大量资金的行业的资金筹措，流动资金少的文化产业公司，在投入制作时，可与银行、信托公司签订信托构思阶段新产品著作权的合同，银行或信托公司向投资方介绍新作品的构思、方案，并向投资方出售作品未来部分销售收益的"信托收益权"，制作公司等则以筹集到的资金再投入新作品的创作。

（4）知识产权资产证券化

知识产权资产证券化是发起人将能够产生可预见的稳定现金流的知识产权，通过一定的金融工具安排，对其中风险与收益要素进行分离与重组，进而转换成为在金融市场可以出售的流通证券的过程。知识产权资产证券化的参与主体包括发起人（原始权益人）、特设载体（SPV）、投资者、受托管理人、服务机构、信用评级机构、信用增强机构、流动性提供机构。近几年，美国、英国、日本等国家的知识产权资产证券化发展迅速。在美国，知识产权资产证券化的对象资产已经非常广泛，从电子游戏、音乐、电影、娱乐、演艺、主题公园等与文化产业关联的知识产权，到时装设计的品牌、最新医药产品的专利、半导体芯片、甚至专利诉讼的胜诉金，几乎所有的知识产权都已经成为证券化的对象；在日本，产业省在 2002 年就声明要对信息技术和生物等领域企业拥有的专利权实行证券化，成功地对光学专利实行了资产证券化。

二、创业融资渠道的选择

在进行创业融资渠道选择决策时，除了考虑不同融资方式的优缺点、融资成本的高低外，还要考虑创业企业所处的生命周期阶段、创业企业自身的特征，了解采用不同融资方式时应该特别予以关注的问题。

1. 不同创业阶段融资渠道选择

创业融资需求具有阶段性的特征，不同生命周期阶段具有不同的风险特征和资金需求，同时，不同融资渠道能够提供的资金数量和风险程度也不同。因此，创业者在融资时需要将不同阶段的融资需求和融资渠道进行匹配，提高融资工作的效率，以获得所需资金,化解企业融资难题。

在种子期,企业处于高度的不确定性当中,很难从外部筹集债务资金,创业者个人积蓄、亲友款项、天使投资、创业投资以及合作伙伴的投资可能是采用较多的融资渠道;进入启动期之后,创业者还可以使用抵押贷款的方式筹集负债资金。

企业进入成长期以后,已经有了前期的经验基础,发展潜力逐渐显现。资金需求量较以前有所增加,融资渠道也有了更多选择。在早期成长阶段,企业获得常规的现金流用来满足生产经营之前,创业者更多采用股权融资的方式筹集资金,战略伙伴投资、创业投资等是常用的融资方式。此时也可以采用抵押贷款、租赁,以及商业信用的方式筹集部分生产经营所需资金;成长期后期,企业的成长性得到充分展现,资产规模不断扩大,产生现金流的能力进一步提高,有能力偿还负债的本息,此时,创业者更多采用各种负债的方式筹集资金,获得经营杠杆收益。

2. 不同类型创业融资渠道选择

创业活动是不同的,在所涉及的行业、初始资源、面临的风险、预期收益等有较大的不同,其所要面对的竞争环境、行业集中度、经营战略等也会不同。因此,不同创业企业选择的资本结构会有所不同。

对于高科技产业或有独特商业价值的企业,经营风险较大,预期收益也较高,创业者有良好的相关背景,较多采用股权融资的方式;传统类的产业,经营风险较小,预期收益较容易预测,比较容易获得债权资金。

实践中,创业企业在初始阶段较难满足银行等金融机构的贷款条件,债权资金更多采用民间融资的方式。

第三节　债权融资与股权融资

根据资金来源的性质不同,融资可以分为债权性资金和股权性资金两种。

债权性资金是借款性质的资金,资金所有人提供资金给资金使用人,然后在约定的时间收回资金(本金)并获得预先约定的固定的报酬(利息),资金所有人不过问企业的经营情况,不承担企业的经营风险,他所获得的利息也不因为企业经营情况的好坏而变化,如上一节中提到的银行贷款、亲朋好友借贷等。

股权性资金是投资性质的资金,资金提供者拥有企业的股份,按照提供资金的比例享有企业的控制权,参与企业的重大决策,承担企业的经营风险,一般不能从企业抽回资金,其获得的报酬根据企业经营情况而变化。典型的如天使投资基金、风险投资基金、创业板融资等。

一、债权融资与股权融资的比较

债权融资和股权融资各有优缺点,债权融资的优点主要体现在:债权融资需要支付本金和利息,但创业者可以保持对企业的有效控制权,并且独享未来可能的高额回报率。只要按期偿还贷款,债权方就无权过问公司的未来及其发展方向;债权方只要求固定的本息,既不承担企业成长性的风险,也不享受企业成长性的收益。而缺点主要是这种融资方式要求企业按时清偿贷款,如果不能保证经营收益高于资金成本,企业就会面临收不抵支甚至亏损。而且债权融资提高了企业的负债率,如果负债率过高,企业的再筹资和经营能力都面临风险。

股权融资的优点主要体现在:投资者不要求债权融资中常见的担保、抵押等方式,而是要求按一定比例持有企业产权,并分享利润和资产处置收益,能够承担企业经营的风险。创业者通过股权融资不仅得到资金,很多时候投资者拥有创业企业所需要的各种资源,如关系网络、人力资源、管理经验等。股权融资的缺点主要体现在控制权方面,由于股份稀释,创业者可能失去企业的控制权,在一些重大战略决策方面,创业者可能不得不考虑投资方的意见,如果双方意见存在分歧,就会降低企业决策效率。企业如果能够成功上市,在融资的同时也要承担信息披露等责任,部分创业者可能对此会有顾虑。表 7-2 是对这两种性质资金的比较。

表 7-2　债权性资金与股权性资金比较表

比 较 项 目	债权性资金	股权性资金
本金	到期从企业收回	不能从企业抽回,可以向第三方转让
报酬	事先约定固定金额的利息	根据企业经营情况而变化
风险承担	低风险	高风险
对企业的控制权	无	按比例持有

小贴士

乔布斯与苹果公司

1976 年,21 岁的乔布斯与搭档沃兹尼亚克在乔布斯家的车库里成立了苹果电脑公司。1980 年 11 月,苹果股票上市股价至每股 22 美元,乔布斯和沃兹一夜之间变为百万富翁。1983 年,苹果公司的业务越做越大,乔布斯便开始寻找一名出色的首席执行官来管理公司,他相中了有过人事管理天赋的百事可乐总裁斯卡利。软磨硬泡了 4 个月,斯卡利仍犹豫不决,最后乔布斯凭一句"你是想卖一辈子糖水呢,还是想改变整个世界?"打动了斯卡利,随后欣然出任苹果公司 CEO。1985 年,电脑业界普遍萧条,苹果电脑最主要的现金牛 AppleⅡ在持续畅销 8 年后开始呈现下滑趋势,而诞生了 18 个月的 Macintosh 销售不容乐观。斯卡利和乔布斯的矛盾始于对公司发展方向的不同看法。来自传统行业的斯卡利把控制成本视为第一要务,而新兴 IT 行业需要高额的研发费用:AppleⅡ的开发费用是 50 万美元,到了 Macintosh 已经高达 8000 万美元。一方面是高额的开发费用;另一方面是低迷的销售态势,公司的赤字在惊人地增长。斯卡利决定改革苹果现有的组织结构。年轻气盛的乔布斯坚持己见,不接受斯卡利的主张。两人的关系急转直下,1985 年 5 月已经到了势不两立的境地。斯卡利向董事会施压,如果乔布斯留在苹果,他就挂冠而去。最终,针对乔布斯的投票开始了。乔布斯由于不掌握足够多的股权来反抗斯卡利,所以在投票中失败了。随后,斯卡利解除了乔布斯的一切权力,仅保留了他的苹果主席职务,但乔布斯已经不能对任何决策产生影响。同年夏天,乔布斯第一次离开了自己创办的苹果公司。

(资料来源:https://zhidao.baidu.com/question/198058744261740885.html。)

二、影响融资结构的相关因素

融资结构就是由不同渠道取得的资金之间的有机构成及其比重关系,即创业者的资金有多少是来源于债权融资,有多少是来源于股权融资。因为不同性质的资金有不同的影响,所以创业者应该合理均衡债权融资与股权融资之间的比例。通常创业者融资决策会受到以下几个因素的影响:创业所处阶段、新创企业特征、融资成本、创业者对控制权的态度。

1. 创业所处阶段

创业融资需求具有阶段性特征,不同阶段的资金需求量和风险程度存在差异,不同的融资渠道所能提供的资金数量和要求的风险程度也不相同,创业者在融资时必须将不同阶段的要求与融资渠道进行匹配,才能高效地开展融资工作,获得创业活动所需的资金,化解融资难题。

在种子期和启动期,企业处在高度的不确定中,只有依靠自我融资或亲朋好友的支持,以及从外部投资者处获取天使资本。创业投资很少在此时介入,而从商业银行获得贷款支持的难度更大。建立在血缘和信任关系基础上的个人资金是该阶段融资的主要渠道。

企业进入成长期后,已经有了前期的经营基础,发展潜力逐渐显现,资金需求量也比以前增大。成长期前期,在企业获得正的现金流之前,创业者获得债权融资的难度较大,即使获得,也很难支付预定的利息,这时创业者往往倾向于通过股权融资的方式来筹集资金。成长期后期,企业表现出较好的成长性,且具有一定的资产规模,可以寻求银行贷款、商业信用等债权融资方式。

进入成熟期后,债券、股票等资本市场可以为企业提供丰富的资金来源。如果创业者选择不再继续经营企业,则可以选择公开上市、管理层收购或其他股权转让方式退出企业,收获自己的成果。

2. 创业企业特征

创业活动千差万别,所涉足的行业、初始资源禀赋、面临的风险、预期收益都有较大的差异,不同行业所面临的竞争环境、行业集中度及经营战略等也有显著差异。创业企业的资本结构是不同的,不同资本结构产生了不同的融资要求。对于从事高科技产业或有独特商业创意的企业,经营风险较大,预期收益也较高,创业者有良好的相关背景,可考虑股权融资的方式;对于从事传统产业类,经营风险较小,预期收益较易预测,主要考虑债权融资的方式。

实践中,大部分新创企业不具备银行或投资者所要求的特征,在风险和预期收益方面均处于不利情况,这时只能依赖个人资金、向亲朋好友融资等自力更生的方式,直到能够证明自己的产品或创意可以在市场上立足,才能获得债权融资或股权融资。

3. 融资成本

不同的融资渠道,融资成本不一样。债权融资成本是使用债权资金所需要支付的利息。一般来说,支付周期较短,支付金额固定。在债权融资中应实现各种融资渠道之间的取长补短,将各种具体的债权资金搭配使用、相互配合,最大限度地降低资金成本。

而在股权融资中,投资者获得企业部分股权,未来潜在的收益不受限制,虽然不需要向利息那样无条件定期支付,但股权融资会影响创业者对企业的控制权,许多创业投资公司会要求一系列保护投资方利益的否决权,介入企业的经营管理中。即使创业者及其团队在初期拥有相对多数的股权比例,但往往在两到三轮融资之后,创业者的股权被大大稀释,决策效率及控制权都会受到影响。因此,在大多数情况下,股权融资的成本要比债权融资的成本高。

4. 创业者对控制权的态度

创业者对控制权的态度会影响到融资渠道的选择。一些创业者不愿意将自己费尽心血所创立企业的部分所有权与投资者共同拥有,希望保持对企业的控制权,因此更多地选择债权融资。而另一些投资者则更看重企业是否可以迅速扩大,取得跳跃式发展,获得渴望的财富,为此他们愿意引入外来投资,甚至让位于他人管理企业。按照哈佛大学教授诺姆·沃瑟曼的观点,创业者需要在"富翁"和"国王"之间进行选择,选择当"富翁",引入外来权益投资,可以让公司更具价值,但会失去CEO职位和主要决策权,在公司里靠边站;选择当"国王",则可以保留对公司的决策控制权,但往往会造成公司价值较低。对于创始人而言,选择当"富翁"不一定优于当"国王",反之亦然。这种决策的作出很大程度取决于创业的初衷。

第四节　创业融资模拟训练

一、实训目的

了解融资的方式、技巧,通过调研、撰写融资计划以及模拟测算创业所需资金,了解银行针对创业企业的新型融资方式种类,提前与银行建立联系,熟悉主要的融资渠道。

二、实训要求与内容

1. 团队活动

以小组为单位,选择当地的银行(如五大行——中国银行、农业银行、工商银行、建设银行、交通银行和地方股份制银行等)的中小企业部、开展贷款业务的典当公司、风险投资公司,通过资料收集及访谈,收集和比较这些机构在创业和中小企业融资服务方面的具体做法和规划。

2. 个人活动

假如你是一位即将毕业的大学生,准备开始自己的创业之路,结合本章的相关内容,撰写一份融资计划。要求如下:

(1) 列出可能寻求的主要融资渠道。

(2) 你所在的省市,或者是你计划进入的行业是否对创业活动有相关的扶持政策,请尽力搜集这些信息,分析哪些可能为你提供创业资金。

3. 测算创业所需资金

小王计划开办一家彩民茶社,为福彩爱好者提供一处适宜的交流场所。同时给自己带来可观的收入。

小王租到一处50平方米的房屋,月租金4000元(季付);简单装修5000元;购买桌椅、茶具等设备共花费 3000 元；购置彩票书籍、模拟摇奖机及各种茶叶等存货共花费 3000 元；办理营业执照等经营手续共花费 600 元；订阅一年的彩票相关的杂志和报纸等共花费 1200 元。另外，小王还雇了一名帮工，月工资 1500 元；他给自己定的工资是 2000 元/月。他又认真地估算了其他的费用，包括水电费 500 元/月，电话费 50 元/月。

根据以上资料，请你计算一下小王开彩民茶社需要多少创业资金便可以开业了。小王在现有 2 万元存款的情况下，还需向银行贷款多少元？（抵押贷款年利率 8％）

（1）估算启动资金

项　　目	总费用（元）

（2）估算流动资金（开业两个月达到盈亏平衡）

项　　目	开业前两个月总费用（元）

（3）计算创业资金总额和贷款额

项　　目	计　算　公　式	总额（元）

【思考题】

1. 创业融资的种类、渠道各有哪些？

2. 为什么初创企业的资金大部分来自于个人资金？

3. 天使投资和创业投资有什么不同？

即练即测

4. 债权融资与股权融资各有什么优缺点？

5. 如何有效获得创业融资？

6. 如果你是一个创业者,列出你可能使用的融资渠道？

案例

赵杰的融资之路

赵杰,黄河科技学院 2014 届毕业生,在考入哈佛大学 MBA 以后,却选择延迟深造,留校创业。如今,这个"90 后"的"哈佛男孩"带领团队研发的"VR＋"虚拟现实实景拍摄设备,已通过测试,成功融资 1300 万元,公司估值 1.5 亿元,拥有 3 个实验室,3 家子公司的规模,带动就业 200 人。

公司业务涉及全景拍摄设备、虚拟现实空间搭建、全景看房系统、VRTV(河南广电虚拟现实频道)。

全景拍摄设备

全景拍摄是一款让你足不出户就能身临其境地感受到现场环境的全新设备。全景摄影是利用相机环拍 720 度所得的一组照片,再通过专业软件无缝处理拼接所得的一部全景影像。影像可以用鼠标随意上下左右前后拖动观看,亦可以通过鼠标滚轮放大、缩小场景。图像内部可安放热点,点击可以实现场景的来回切换。还可以插入语音解说,图片及文字说明。

公司产品分消费者版本和专业电影级版本。消费者版本主要针对普通消费者群体,是一款便携式的 360 度全景摄像机,可满足消费者日常生活的拍摄需求。同时消费者还可以把自己拍摄的内容分享到自己的社交圈。

专业电影级版本主要针对电影制作公司,满足它们拍摄可变焦专业电影级别的画面需求,帮助它们实现虚拟现实沉浸式的观影体验。

可应用市场有旅游景点体验式宣传片、电影、赛事直播、演唱会直播、网络直播、视频通信,同时还可应用于房地产网上的实景看房体验等。

虚拟现实空间搭建

虚拟现实空间搭建是通过计算机模型软件和编程软件,通过数字模型搭建出虚拟的数字空间,配合虚拟现实头盔给受众营造虚拟的空间体验,同时配合交互程序,增强用户的体验。

可应用市场有地产公司的虚拟样板间、军事实战模拟、游戏、医疗保健、教育教学,比如军事培训模拟,医学、机械、历史、地理等学生课堂教学模拟,昂贵设备教学。

全景看房系统

全景看房系统是利用网络的轻量推广,用全景摄像机配合应用,可实现拍摄的全景照片实时上传通过对应 APP 制作发布轻量的全景看房体验,用户通过移动端拖拽屏幕和 VR 模式来体验图片式全景看房体验。

主要用于二手房出租、出售,地产开发公司实体样板间的户型推广。

VRTV(河南广电虚拟现实频道)

通过和河南广电总局合作,利用河南广电宽带和 120 万有线电视用户推出虚拟现实频道,利用广电宽带的互联网接入,结合公司虚拟现实头盔,使用户体验虚拟现实频道的丰富内容,公司为频道提供游戏和视频内容,为河南电视台提供专业级全景拍摄设备。

但是,在融资的道路上赵杰也并不是一帆风顺的,他在日记中这么写道:

我在网上检索投资互联网、新型科技产品的投资公司,每天早上 8 点到 9 点一个小时的时间给投资公司发送我的商业计划书,每天重复地海投,只希望有投资人对我们感兴趣。开始的时候每天都特别期待手机会响起陌生来电的铃声,可是每天也都在失望,而我们前期投入的资金也已经花完了,我特别的着急,那段时间每天晚上都睡不着觉,但是我并没有放弃,依然坚持每天花一个小时发送我的商业计划书,因为我相信总会有投资人对我们的项目感兴趣的。终于功夫不负有心人,有投资人开始和我们联系了,希望我们可以见面谈谈项目的事情。我便连夜赶火车前往杭州,坐了一夜的火车在公共厕所简单的洗漱之后就自信满满地去见投资人了。投资人在详细地了解我们的项目之后表示很感兴趣,也愿意投资,但是紧接着问我有没有固定资产,房子车子什么的可以抵押,我很不解,我需要的是风险投资,怎么感觉像是在放高利贷一样,虽然之前没有接触过风险投资但是我感觉不像他们这样,所以我便以考虑考虑为借口离开了。后来陆陆续续的有很多投资公司和我们联系,那段时间考虑到公司初创阶段我们一直很节俭,我基本上总是奔波在各个火车站,有一个多月的时间我基本上都在奔波,想省点钱,我睡过火车站、广场、24 小时的快餐店。每天吃方便面,身体很快都吃不消了,经常性的胃不舒服。随后见的投资人多了也学习到了很多东西,不同的投资人对于项目的侧重点都不一样,每次见完投资人我都很有礼貌地说不管您投不投我们,我希望您能给我的项目提一些意见,他们的建议真的很有用,我们的项目和商业计划书也越来越完善。终于有一天我们经过长达两个月的谈判最终确定了我们的投资,后来我问投资人为什么投给我们,他说第一我们的项目市场潜力非常巨大,第二就是我的学习能力和学习习惯,我不是理科专业的,对硬件开发一点都不懂,但是我愿意学习,不懂就查,不懂就问,时时保持一种学习的心态去面对和处理问题,他们相信我们一定会成功。

(资料来源:赵杰撰写,编者整理而成。)

第八章

商 业 模 式

🖋 故事引入

Uber 的商业奇迹

Uber 是一家按需交通服务企业，它们在全世界的范围内掀起了一场革命，彻底改变了出租车行业。该公司独特的商业模式，让每一个用户只需要点击一下手机就能够找到一辆出租车，车辆会在最短的时间内到达用户的所在地点，并且将用户送至他们想去的任何地方。Uber 采用轻资产模式，旗下没有任何一辆属于自己的出租车，但是依然凭借其强大的伙伴司机网络，每天为全世界人提供超过 100 万次的通勤服务。

选择一个行业，分析这个产业所面临的最普遍的问题，找到一个良好的解决方式，用技术设施打破既有的模式——Uber 在出租车行业就是这样进行破坏的。你的第一批用户对于企业增长来说极其重要。一步一步地完成扩张，而不要尝试一次性地在你的商业模式中添加所有的东西。Uber 最初的时候只是提供出租车服务，而现在它又有了轮渡、直升机、摩托车和其他通勤服务。

2019 年上市的 Uber，业务已经成功登陆了 70 个国家和地区的 400 多个城市。

（资料来源：编者根据网络搜集信息整理而成。）

第一节 商业模式概述

一、商业模式的含义

罗伯森·斯蒂文（Robertson Steven，美国硅谷最著名的风险投资顾问）说："一块钱通过你的公司绕了一圈，变成一块一，商业模式是指这一毛钱在什么地方增加的。"2000 年前后人们开始逐步形成共识，商业模式的核心是如何在变化的商业环境中创造价值。

泰莫斯（Taimosi）认为商业模式是指一个完整的产品、服务和信息流体系，包括每一个参与者和其在其中起到的作用,以及每一个参与者的潜在利益和相应的收益来源和方式。在分析商业模式的过程中,应主要关注一类企业在市场中与用户、供应商、其他合作者的关系,尤其是彼此间的物流、信息流和资金流。

米切尔·科尔斯(Mitchell Coles,美国企业咨询师)对商业模式的定义是:一个组织在何时(when)、何地(where)、为何(why)、如何(how)和多大程度(how much)地、为谁(who)提供什么样(what)的产品和服务(即7"w"),并开发资源以持续这种努力的组合。

奥斯特·沃尔德(Oster Walder,联合国大学校长)认为:商业模式是一种包含了一系列要素及其关系的概念性工具,用以阐明某个特定实体的商业逻辑。它描述了公司所能为客户提供的价值以及公司的内部结构、合作伙伴网络和关系资本等借以实现(创造、推销和交付)这一价值并产生可持续盈利收入的要素。哈佛商学院将商业模式定义为"企业盈利所需采用的核心业务"。

商业模式在学术界的定义是:商业模式是为实现客户价值最大化。把能使企业运行的内外各要素整合起来,形成一个完整的、高效率的、具有独特核心竞争力的运行系统,并通过最优实现形式满足客户需求、实现客户价值,同时使系统达成持续盈利目标的整体解决方案。其中"高效率""系统""核心竞争力"是基础或先决条件,"整合"是手段,"客户价值最大化"是主观目的,"持续盈利"是客观结果,也是检验一个商业模式是否成功的唯一的外在标准。

商业模式最通俗的定义是:描述企业如何通过运作来实现其生存与发展的"故事"。它涉及企业做什么、怎么做、怎么盈利的问题,是商业规律在经营中的具体应用。

商业模式有别于战略。首先,商业模式从为客户创造价值开始,就围绕如何提供这种价值展开,当然也涉及从所创造的价值中获取收益。而战略则更重视当前和潜在的威胁,关注竞争优势。其次,商业模式概念更强调为企业而不是股东创造价值。财务方面的因素在商业模式中经常被忽视,或默认早期创业资金来源于企业自有资金或风险投资。最后,商业模式假定企业、客户及第三方的知识都是有限的,容易被早期成功惯性所影响。战略假定存在大量可获得的可靠信息,要求对其进行仔细分析、计算及选择。

二、商业模式的构成要素

每种商业都有其模式,即为向顾客提供服务并从中获取利润而产生的一系列商业设计和执行方式。艾德琳·史莱渥士基(Adrian Slywotzky)在《发现利润区》中阐述了商业模式所包含的五个主要成分:第一,客户自选择与价值定位,即创业者决定要服务的对象;第二,价值捕捉及利润模式,即如何向顾客提供持续的服务或者维持商业往来;第三,战略控制,即如何向市场施加控制;第四,活动范围,即成功所需要的资产和活动;第五,组织架构,即如何把人员、流程、结构和管理进行配置,以保证成功。

克莱顿·克里斯坦森(Clayton M. Christensen,哈佛大学教授)和孔翰宁(Henning Kagermann,德国 SAP 公司 CEO)认为任何一个商业模式都是一个由客户价值、企业资源和能力、盈利方式构成的三维立体模式。在这 3 个要素中:"客户价值主张"是指在一个既定价格上企业向其客户提供服务或产品时所需要完成的任务;"资源和生产过程"是指支持客户价值主张和盈利模式的具体经营模式;"盈利方式"是指企业用以为股东实现经济价值的过程。

奥斯特·沃尔德(Osterwalder)在综合了各种概念的基础上,提出了一个包含 9 个要素的参考模型。

(1) 价值主张:公司通过其产品和服务所能向消费者提供的价值。

(2) 消费者目标群体:公司所瞄准的消费者群体。该过程也被称为市场细分。

(3) 分销渠道:公司用来接触消费者的各种途径。这里阐述了公司如何开拓市场以及确定分销策略。

(4) 客户关系:公司同其消费者群体之间所建立的联系。

(5) 价值配置:资源和活动的配置。

(6) 核心能力:公司执行其商业模式所需的能力和资格。

(7) 合作伙伴网络:公司同其他公司之间为有效地提供价值并实现其商业化而形成的合作关系网络。

(8) 成本结构:所使用的工具和方法的货币描述。

(9) 收入模型:公司通过各种收入流来创造财富的途径。

在组成商业模式的基本元素中的任何一个相对应的商业模式创新案例,最明显的是价值主张的创新。例如当移动电话出现在市场上的时候,它提出了一种与固定电话不同的价值主张;英国低成本航空公司易捷航空把航空旅行带给了普通大众;戴尔将互联网作为分销渠道取得了成功;吉列依靠其一次性剃须刀与客户建立了持续性的关系,也创造了大量的财富;苹果依靠其出色的设计和电子产品而迅速崛起;思科因对供应链活动的创新而成名;英特尔通过与合作伙伴共同建设加工平台而实现了繁荣;Google 依靠与搜索结果相关的文字广告而盈利;沃尔玛依靠巨大的销量成为供应链的主导,并借以降价。

三、商业模式的作用

在确立商业模式时,创业者会思考一系列的问题,如企业的收入来源,顾客看重的核心价值；企业是否拥有吸引和保留每一个收入来源的能力，通过什么方式向顾客提供价值和筹集资金；在经营活动中可以扩展和利用哪些优势、能力、关系和知识等。好的商业模式具有以下作用：第一，作为规划工具，商业模式的选择可以促使创业者缜密地思考市场需求、生产、分销、企业能力、成本结构等各方面的问题，将商业的所有元素协调成一个有效、契合的整体；第二，让顾客清晰了解企业可能提供的产品和服务，实现企业在顾客心目中的目标定位；第三，可以让企业员工全面理解企业的目标和价值所在，清楚地知道自己能做的贡献。从而调整自己的行动使之与企业目标和谐，这一点在高新技术企业和知识型企业中更为重要；第四，可以让股东更清晰、更方便地判断企业的价值及其在市场中的地位变化。

四、商业模式的特征

1. 成功的商业模式要能提供独特价值

由于企业自身的情况千差万别，这种独特性表现在它怎样赢得顾客、吸引投资者和创造利润上。它往往是产品和服务独特性的组合。这种组合要么可以向客户提供额外的价值；要么使得客户能用更低的价格获得同样的利益，或者用同样的价格获得更多的利益。

2. 成功的商业模式难以模仿

企业通过自己对客户的悉心照顾和无与伦比的实施能力等，来提高行业的进入门槛，从而保证利润来源不受侵犯。比如，人人都知道戴尔公司是直销的标杆，但很难复制戴尔的模式，原因在于"直销"的背后，是一整套完整的、极难复制的资源和生产流程。

3. 成功的商业模式应建立在客户体验基础上

成功的商业模式是在深入理解客户的基础上形成的，是建立在对客户行为的准确理解和把握上的。

🍃 **小贴士**

创业成功靠的是商业模式而不是概念

一位创业者非常自豪自己发现了一个"革命性填补市场空白"的"蓝海"项目。他希望把保健品卖到农村去，并认为：目前的营养品市场全部集中在地级市以上的大城市里，县、乡级以下的市场是一片空白。这个市场非常大，全中国有 9 亿农民，有 1/10 的人买我的产品,就是 9000 万的销售量。

这个市场是否真实存在?为什么这么大的空白市场没有人进入?这样的市场要怎么才能打开?后续如何进行开发?采取怎样的销售模式?如何进行渠道建设?产品采取何种价格策略?如何保证自己的价格具有竞争优势?当专家提出问题时,创业者认为:不应那么悲观,创业需要热情。有了好的概念,就要马上去做。马云就说过:"创业不能停留在理念与幻想上。时间不等人,等到别人也想到这个概念,再进去就晚了。"这位创业者误读了马云的这句话。马云还说过:"创业,要真正想清楚你解决了什么问题,创造了什么独特价值。"当然,比这更重要的是:市场愿意为这个价值支付你想的价格吗?而最重要的是:如何实现价值到价格的这一跳跃,即成功地将价值销售出去。

有很多创业者在创业之前计算市场,往往是"9 亿人,有 1/10 买我的产品"的计算法。他们先划定市场总量,然后定义出自己的目标份额,这样一乘除就 OK 了。这是不合逻辑的,问题的关键在于:凭什么那 1/10 的人要买你的产品?真正的市场,客户一个一个加上去,销售是一分一分加出来,利润是一分一分减出来的。要考虑自己什么时候能卖出第一个产品,什么时候企业能收支平衡。

以上这些,只是概念,它只是事情的一小部分。而比概念更重要的事情,就是商业模式。

(资料来源:编者根据网络资料整理而成。)

第二节　商业模式的类型

我们熟知的 360 杀毒软件和其他杀毒软件之间的"口水战"表面上看起来好像是在互相指责,恶意竞争,但实际上它不是简单的商业利益竞争,而是商业模式的对立。商业模式依据不同标准,可以进行不同的分类。

一、依据价值链的商业模式

1. 运营性商业模式

运营性商业模式重点解决企业与环境的互动关系,包括与产业价值链环节的互动关系。运营性商业模式创造企业的核心优势、能力、关系和知识,主要包含以下两个方面内容。产业价值链定位:企业处于什么样的产业链条中,在这个链条中处于何种地位,企业结合自身的资源条件和发展战略应如何定位。盈利模式设计:企业从哪里获得收入?获得收入的形式有哪几种？这些收入以何种方式和比例在产业链中分配？企业是否对这种分配有话语权？

2. 策略性商业模式

策略性商业模式对运营性商业模式加以扩展和利用。主要包括以下 3 个方面。

（1）业务模式：企业向客户提供什么样的价值和利益，包括品牌、产品等。

（2）渠道模式：企业如何向客户传递业务和价值，包括渠道倍增、渠道集中、渠道压缩等。

（3）组织模式：企业如何建立先进的管理控制模型？包括建立面向客户的组织结构？同企业信息系统构建数字化组织和建立产业联盟盈利等。

二、基于产业领域的商业模式

1. 传统制造商的商业模式

该模式是指企业根据自己的战略性资源，结合市场状况与合作伙伴的利益要求，而设计的一种商业运行模式，一般会涉及供应商、制造商、经销商、终端商以及消费者等的综合性利益。目前，制造商商业模式主要有以下 6 种形式。

（1）直供商业模式

这种商业模式主要应用在一些市场半径比较小，产品价格比较低或者是流程比较清晰，资本实力雄厚的大公司。直供商业模式需要制造商具有强大的执行力，现金流状况良好，市场基础平台稳固，具备市场产品流动速度快的特点。

（2）总代理制商业模式

这种商业模式为广大中小企业所使用，可以在一定程度上占有总代理商部分资金，甚至可以通过这种方式完成最初原始资金的积累，实现企业快速发展。

（3）联销体商业模式

该模式中，制造商与经销商共同出资成立联销体机构，该联销体既可以控制经销商市场风险，也可以保证制造商始终有一个很好的销售平台。格力空调就选择了与区域性代理商合资成立公司，共同运营市场的商业模式。

（4）仓储式商业模式

很多强势品牌基于渠道分级成本很高，制造商竞争能力大幅度下降的现实，选择了仓储式商业模式，通过价格策略打造企业核心竞争力。

（5）专卖式商业模式

选择专卖式商业模式需要具备三种资源中的任何一种或者三种特征均具备。其一是选择该模式的企业基本上具备很好的品牌认知度；其二是专卖渠道的企业必须具备比较丰富的产品线；其三是专卖商业模式需要成熟的市场环境。

（6）复合式商业模式

复合式商业模式是基于企业发展阶段而做出的策略性选择。一般情况下，无论多么复杂的企业与市场，都应该有主流的商业模式。一旦选择了一种商业模式，往往需要在组织构建、人力资源配备、物流系统、营销策略等方面都做出相应的调整。

（7）服务业的商业模式

服务业的商业模式就是通过提供顾客需求的服务，或在产品中增加或创新服务的方式来为产品增值的一种商业模式。最基本的商业模式就是"店铺模式"。零售行业本身不能为顾客提供如产品的质量等物质价值，但是能够决定产品到达消费者手中的方式和途径，服务的水平、形式、内容往往能够为产品增加价值。

2. 服务业的商业模式

服务盈利模式就是通过提供顾客需求的服务，或在产品中增加或创新服务的方式来为产品增值，从而更有效地满足顾客利益的一种盈利模式。最古老也是最基本的商业模式就是"店铺模式"，它在商业零售行业中应用较为广泛。目前大多数的商业模式都要依赖于技术。

拓展阅读

随着时代的进步，商业模式也变得越来越精巧。"饵与钩"模式（也称"搭售"模式）出现在20世纪早期年代。在这种模式里，基本产品的出售价格极低或呈亏损状态，而与之相关的消耗品或是服务的价格则十分昂贵。比如手机（饵）和通话时间（钩）、打印机（饵）和墨盒（钩）等。这个模式还有许多变形：软件开发者们免费发放文本阅读器，但是其文本编辑器的定价却高达几百美元。在20世纪50年代，新的商业模式是由麦当劳和丰田汽车创造的；70年代新的商业模式则出现在FedEx快递和Toys Bus玩具商店；80年代是英特尔和戴尔；90年代则是西南航空、eBay、亚马逊和星巴克；现在则是苹果APP Store、腾讯、奇虎360、滴滴打车、拼多多等相互匹配的模式。因此商业模式的设计和选择始终离不开对企业利润来源、利润生成过程、利润产出形式的研究和探寻。

小贴士

你会发现那些伟大企业的创始人大多没读过MBA，他们在初创时期也没有能说得清的商业模式。推动公司持续发展的关键因素，是创始人的使命感和价值观变成的整个企业的文化，变成的员工行动的准则。正是那些不变的理念和激情，而不是常变的战略和产品,造就了那些伟大的企业。

　　　　　　　　　　　　——陈雪频(《哈佛商业评论》中文版社群总监)

第三节　商业模式的构建与检验

一、商业模式的构建——商业模式画布

(一)商业模式画布介绍

　　商业模式画布是指一种能够帮助创业者催生创意、降低猜测、确保找对目标用户、合理解决问题的工具。

　　商业模式画布图不仅能够提供更多灵活多变的计划,而且更容易满足用户的需求。更重要的是,它可以将商业模式中的元素标准化,并强调元素间的相互作用。

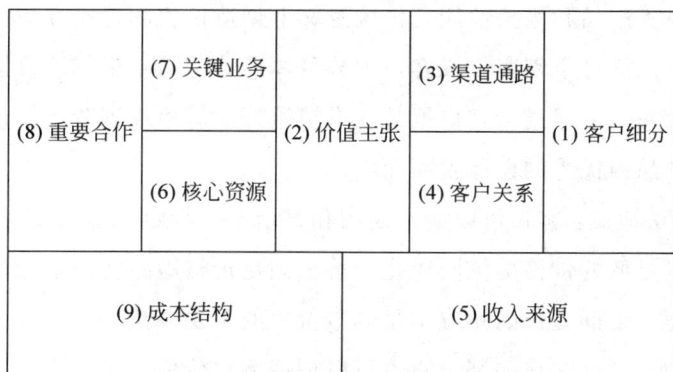

图 8-1　商业模式画布 9 个模块

　　如图 8-1 所示,商业模式画布由 9 个模块构成,每一个模块都是一个成功的商业模式的重要构建部分,包括客户细分、价值主张、渠道通路、客户关系、收入来源、核心资源、关键业务、重要合作、成本结构。9 个模块的具体内涵如下。

1. 客户细分

客户细分用来描述一个企业想要接触和服务的不同人群或组织。

我们正在为谁创造价值？谁是我们最重要的客户？

客户细分群体类型如下。

(1) 大众市场:价值主张、渠道通路和客户关系全都聚集于一个大范围的客户群组,客户具有大致相同的需求和问题。

（2）利基市场：价值主张、渠道通路和客户关系都针对某一利基市场的特定需求定制。这种商业模式常可在供应商-采购商的关系中找到。

（3）区隔化市场：客户需求略有不同,细分群体之间的市场区隔有所不同,所提供的价值主张也略有不同。

（4）多元化市场：经营业务多样化,以完全不同的价值主张迎合完全不同需求的客户细分群体。

（5）多边平台或多边市场:服务于两个或更多的相互依存的客户细分群体。

2．价值主张

价值主张用来描绘为特定客户细分创造价值的系列产品和服务。

我们该向客户传递什么样的价值？我们正在帮助我们的客户解决哪一类难题？我们正在满足哪些客户需求？我们正在提供给客户细分群体哪些系列的产品和服务？

价值主张的要素如下。

（1）新颖：产品或服务满足客户从未感受和体验过的全新需求。

（2）性能：改善产品和服务性能是传统意义上创造价值的普遍方法。

（3）定制化：以满足个别客户或客户细分群体的特定需求来创造价值。

（4）把事情做好：可通过帮客户把某些事情做好而简单地创造价值。

（5）设计：产品因优秀的设计脱颖而出。

（6）品牌/身份地位：客户可以通过使用和显示某一特定品牌而发现价值。

（7）价格：以更低的价格提供同质化的价值满足价格敏感客户细分群体。

（8）成本削减：帮助客户削减成本是创造价值的重要方法。

（9）风险抑制：帮助客户抑制风险也可以创造客户价值。

（10）可达性：把产品和服务提供给以前接触不到的客户。

（11）便利性/可用性：使事情更方便或易于使用可以创造可观的价值。

3．渠道通路

渠道通路用来描绘公司如何沟通接触其客户细分而传递其价值主张。

通过哪些渠道可以接触我们的客户细分群体？如何接触他们？我们的渠道如何整合？哪些渠道最有效？哪些渠道成本效益最好？如何把我们的渠道与客户的例行程序进行整合？

渠道类型如下。

（1）自有渠道——直接渠道：销售队伍、在线销售等。

（2）合作伙伴渠道——非直接渠道：自有店铺、合作伙伴店铺、批发商等。

4．客户关系

客户关系用来描绘公司与特定客户细分群体建立的关系类型。

我们每个客户细分群体希望我们与建立和保持何种关系？哪些关系我们已经建立了？这些关系成本如何？如何把它们与商业模式的其余部分进行整合？

关系客户类型如下。

（1）个人助理：基于人与人之间的互动，可以通过呼叫中心、电子邮件或其他销售方式等个人助理手段进行。

（2）自助服务：为客户提供自助服务所需要的所有条件。

（3）专用个人助理：为单一客户安排专门的客户代表，通常是向高净值个人客户提供服务。

（4）自助化服务：整合了更加精细的自动化过程，可以识别不同客户及其特点，并提供与客户订单或交易相关的服务。

（5）社区：利用用户社区与客户或潜在客户建立更为深入的联系，如建立在线社区。

（6）共同创作：与客户共同创造价值，鼓励客户参与到全新和创新产品的设计和创作。

5．收入来源

收入来源用来描绘公司从每个客户群体中获取的现金收入（需要扣除成本）。

什么样的价值能让客户愿意付费？他们现在付费买什么？他们是如何支付费用的？他们更愿意如何支付费用？每个收入来源占总收入的比例是多少？

收入来源类型如下。

（1）资产销售：销售实体产品的所有权。

（2）使用收费：通过特定的服务收费。

（3）订阅收费：销售重复使用的服务。

（4）租赁收费：暂时性排他使用权的收入。

（5）授权收费：知识产权的授权使用收入。

（6）经济收费：提供中介服务收取佣金。

（7）广告收费：提供广告宣传服务收入。

6．核心资源

核心资源用来描绘让商业模式有效运转所必需的最重要的因素。

我们的价值主张需要什么样的核心资源？我们的渠道通路需要什么样的核心资源？我们的客户关系呢？收入来源呢？

核心资源类型如下。

（1）实体资产：包括生产设施、不动产、系统、销售网点和分销网络等。

（2）知识资产：包括品牌、专有知识、专利和版权、合作关系和客户数据库。

（3）人力资源：在知识密集产业和创意产业中，人力资源至关重要。

（4）金融资产：金融资源或财务担保，如现金、信贷额度或股票期权池。

7.关键业务

关键业务用来描绘为了确保其商业模式可行，企业必须做的最重要的事情。

我们的价值主张需要哪些关键业务？我们的渠道通道需要哪些关键业务？我们的客户关系呢？收入来源呢？

关键业务类型如下。

（1）制造产品：与设计、制造及发送产品有关，是企业商业模式的核心。

（2）平台/网络：网络服务、交易平台、软件甚至品牌都可以看成平台，与平台管理、服务提供、和平台推广相关。

（3）问题解决：为客户提供新的解决方案，需要知识管理和持续培训等业务。

8.重要合作

重要合作指让商业模式有效运作所需的供应商与合作伙伴的网络。

谁是我们的重要伙伴？谁是我们的重要供应商？我们正在从伙伴哪里获取哪些核心资源？合作伙伴都执行哪些关键业务？

合作关系类型如下。

（1）在非竞争者之间的战略联盟关系。

（2）竞合：在竞争者之间的战略合作关系。

（3）为开发新业务而构建的合资关系。

（4）为确保可靠供应的购买方-供应商关系。

合作关系作用如下。

（1）降低风险和不确定性：可减少以不确定性为特征的竞争环境的风险。

（2）商业模式优化和经济规模：优化的伙伴关系和规模经济的伙伴关系通常会降低成本，而且往往涉及外包或基础设施共享。

（3）特定资源和业务的获取：依靠其他企业提供特定服务资源或执行某些行业活动来扩展自身能力。

9.成本结构

成本结构指运营一个商业模式所引发的所有成本。

什么是我们商业模式中最重要的固有成本？哪些核心资源花费最多？哪些关键业务花费最多？

成本结构类型如下。

（1）成本驱动：创造和维持最经济的成本结构，采用低价的价值主张、最大程度自动化和广泛外包。

（2）价值驱动：专注于创造价值，增值型的价值主张和高度个性化服务通常是以价值驱动型商业模式为特征。

商业模式画布9个模块的关系如图8-2所示。

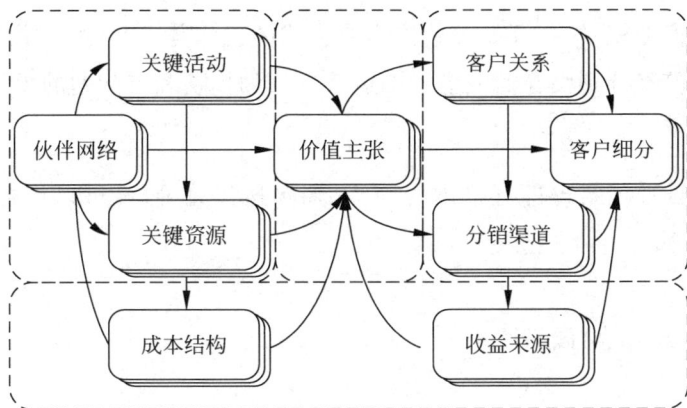

图 8-2　商业模式画布9个模块关系

（二）商业模式画布使用阶段

商业模式画布可以用于几乎所有的商业领域。对于已经在运营的企业或机构，它可以帮助明晰企业或机构的核心目标，同时明确其优点、缺点和首要任务，发现现存问题并及时制定策略。刚起步的公司可以利用商业模式画布来设计、模拟创新的商业模式，除此之外，也可以通过商业模式画布来分析其他成功的商业模式，取其精华。

（三）商业模式画布使用步骤

1. 描绘细分市场

确定参与创作的人，一般为6～10人。让大家描绘企业所服务的客户细分市场。参与者将不同颜色的便笺纸贴在画板上，代表不同的客户。每组客户代表一个特定的群体，每个群体都有其特定的需求，针对特定需求向他们提供特定的价值主张。

2. 描述对价值主张的理解

描述企业对每个客户细分群体价值主张的理解，即反映出每个客户细分群体的价值主张。参与者应当使用相同颜色的便笺纸，代表每个价值主张和对应的客户细分群体。

如果一个价值主张涉及两个差异很大的客户细分群体,那么应当分别使用这两个客户细分群体对应颜色的便笺纸。

3. 标示剩余模块

使用便笺纸将该商业模式中所有的剩余模块标示出来。相关客户细分群体始终坚持使用同一颜色的便笺。

4. 评估优劣势

映射出整个商业模式后,开始评估该商业模式的优劣势。将绿色(代表优势)和红色(代表劣势)的便笺纸分别贴在商业模式中运行良好的模块和有问题的模块旁边。

5. 调整

将评估后的商业模式再进行整体的调整,多次迭代完善后,可以将各模块元素用图形化元素表达出来。

二、商业模式构建的原则

有志成为企业家的人一定要学会使用假说思考问题的方法。首先,自己试着设定一个假说,然后对它进行定量分析,并通过实践去确认。即使这个假说是错误的,也可以回到起点,重新修订。你可以无限地在脑海中、在行动中重复这个过程。

1. 客户价值最大化原则

一个商业模式能否持续盈利,是与该模式能否使客户价值最大化有必然关系的。一个不能满足客户价值需求的商业模式,即使盈利也一定是暂时的、偶然的,是不具有持续性的。反之,一个能使客户价值最大化的商业模式,即使暂时不盈利,但终究也会走向盈利。

2. 持续盈利原则

企业能否持续盈利是我们判断其商业模式是否成功的唯一的外在标准。持续盈利是指既要"盈利",又要能有发展后劲,具有可持续性,而不是一时的偶然盈利。

3. 资源整合原则

在战略思维的层面上,通过组织协调,把企业内部彼此相关却彼此分离的职能,以及企业外部既参与共同的使命又拥有独立经济利益的合作伙伴,整合成一个为客户服务的系统,取得"1+1＞2"的效果。在战术选择的层面上,根据企业的发展战略和市场需求对有关的资源进行重新配置,以凸显企业的核心竞争力,并寻求资源配置与客户需求的最佳结合点。

4．创新原则

成功的商业模式不一定是在技术上的突破,而是对某一个环节的改造或是对原有模式的重组,甚至是对整个游戏规则的颠覆。商业模式的创新贯穿于企业经营的整个过程之中,贯穿于企业资源开发与研发模式、制造方式、营销体系、市场流通等各个环节。在企业经营的每一个环节上的创新都可能变成一种新的商业模式。

5．融资有效性原则

融资模式的打造对企业有着特殊的意义。资金已经成为所有企业发展中绕不开的障碍和很难突破的瓶颈。商业模式的设计很重要的一环就是要考虑融资模式。甚至可以说,能够融到资并能用对地方的商业模式就已经是成功一半的商业模式了。

6．组织管理高效率原则

企业要想高效率地运行,首先要解决的是企业的愿景和使命。其次是要有一套科学高效的运营和管理系统。最后还要有一套科学的激励方案。这三个主要问题解决好了,企业的管理才能实现高效率。

7．风险控制原则

设计再好的商业模式,如果抵御风险的能力很差,就会像在沙丘上建立的大厦一样,经不起任何风浪。这个风险既包括系统外的风险,如政策、法律和行业风险,也包括系统内的风险,如产品的变化、人员的变更、资金的不足等。

案例

“苹果皮”的商业模式能够成功吗？

“苹果皮”的发明者潘泳,是个疯狂的果粉,他曾经最大的梦想就是拥有一台苹果手机。潘泳从小就不安分,总有各种各样的奇思怪想。从小就是家里的“破坏狂”,家里的每一样电器,基本上都被他拆过。中小学时期的潘泳有些“不务正业”,上了大学后却突然成了好学生,因为他学的是自己感兴趣的电脑软件开发,他把大多数的时间都花费在了搞鼓电脑上。

潘泳到深圳打工后开始琢磨,一款 iPod Touch 从外观到功能,都与同期的苹果手机相差无几,只是缺少通信功能。是否能创造出一种产品,可以让音乐播放器摇身一变变成手机呢？于是,在哥哥潘磊的支持下,兄弟俩在亲戚的一家仓库里开始试验。几经周折,试验终于成功了他们给这款产品命名为“苹果皮”。一个小小的创意竟然可以把1000多元的 iPod Touch 改造成价值5000元左右的 iPhone 手机。在 iPhone4 上市销售潮愈演愈烈的时候,“苹果皮”和潘磊、潘泳兄弟俩一起,迅速被公众以极高的热情所关注。

　　潘氏兄弟面前摆着三道难题。一是"苹果皮"的入网许可、3C 认证等问题。二是苹果公司可能就专利问题向其发难,并且苹果公司不会与其合作。三是潘氏兄弟商业运营能力稚嫩,傍着苹果开发的小创意,其获利途径就是在苹果发难以及山寨抄袭之前迅速上市,日后即便因为各种问题不得不停产,也不至于一无所获。

　　潘氏兄弟能得到他们想要的结果吗?

　　(资料来源：http://www.sfw.cn/xinwen/247234.html。)

三、商业模式检验方法

1. 商业模式的合理性检验

　　商业模式是否具有合理性,是创业能否成功的首要条件。可以通过对收入来源、成本构成、所需投资额、关键成功要素等内容进行分析,来判断其商业模式的合理性。收入来源形式有单一的收入、多种相互独立的收入、多种相互依存的收入,具体收入模式包括会员费、基于使用量的收费、基于广告的收入、授权费、交易佣金等。成本构成主要包括固定成本、可变成本和非再生成本等,以及成本结构分析,投资者可以用累积现金流图来分析,投资额分析的内容主要包括创业可能需要的最大投资额、企业何时能够实现盈亏平衡、何时能够收回所有投资。对影响创业成败的关键要素的研究可以借助敏感性分析。

2. 商业模式识别坐标分析法

　　格威·卡瓦萨奇(Guy Kawasaki,苹果公司"软件布道师")认为：能最终形成商业模式的创意和想法少之又少。为了帮助人们找到真正的商业模式,提出了一个商业模式识别坐标分析方法(如图 8-3 所示)。

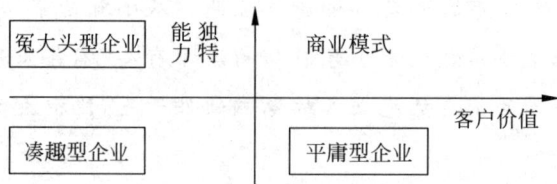

图 8-3　商业模式图

　　这个坐标以"对客户的价值"为横轴,以"你提供独一无二的产品或服务的能力"为纵轴,由此出现了四个象限。

　　第 1 象限：不但你的东西对用户非常有用,而且只有你知道该怎么做。

　　第 2 象限：没有人觉得你的东西有用,但只有你在这么做;处于这个象限的企业可以称为"冤大头型企业"。

第3象限：不但没有人觉得你的东西有特别的用处，还有一大帮人在跟你做一样的东西。这样的企业可以称为"凑趣型企业"。

第4象限：你其实没什么独到的能力，但你做的东西有一定的用处；这样的企业只能是惨淡经营的平庸型企业。

只有处于第1象限的企业，才可能成为拥有自己的商业模式的企业。但能够处于这个象限的企业相当少。大量声称自己有商业模式的企业都可归入第2、第3、第4象限。

3. 假设前提分析法

任何企业的商业模式都隐含有一个假设成立的前提条件，如经营环境的延续性，市场和需求属性在某个时期的相对稳定性以及竞争态势等，这些条件构成了商业模式存在的合理性。所以商业模式就是一个组织在明确外部假设条件、内部资源和能力的前提下，用于整合组织本身、顾客、供应链伙伴、员工、股东或利益相关者来获取超额利润的一种战略创新意图和可实现的结构体系以及制度安排的集合。

假设前提分析法是通过分析、评估商业模式赖以成立的前提，从而达到分析、评估商业模式本身的目的的方法。建立商业模式的过程或者说创新商业模式的过程，就是检验所设想的经营理论是否正确的过程。该分析法的出发点是，每个商业模式的实施都是以前提假设作为先决条件的，商业模式是否可行，是否有效益，关键在于前提假设条件是否成立。在讨论和选择商业模式时，可以不直接讨论商业模式本身而讨论它的前提假设。就是先寻找、挖掘出我们决策、思考时的"假设与前提"，然后探讨假设与前提是否正确，如果能够推翻传统决策时的"假设与前提"或者是行业竞争对手都认为的"假前提"，那么，创新的可能就出现了。如果假设"任何媒体都一定需要内容"，那就不会有小众传媒，分众传媒正是颠覆和推翻了"任何媒体都一定需要内容的"假设与前提，成为世界第一家没有内容的媒体的。如果假设"咖啡厅是让人来休闲的"，那么就不会有能够挑战星巴克咖啡的85℃咖啡了。如果"面包就是为了吃饱肚子的食品"，那么，就不会有"面包新语"了，每年到了情人节，情人们都去"面包新语"吃面包，作为情人节的活动之一，面包不仅是面包，而是一种时尚的文化。

假设前提分析法的优点有以下几方面：首先，由于只一般地讨论商业模式的前提而讨论商业模式，可以排除设计者的偏见和干扰，使谈论者都能比较客观地分析问题，拆掉具体问题的束缚，增加方案的可信性和可靠性；其次，只讨论假设条件，能够比较容易集中正确的意见，保证商业模式的合理性和可行性；最后，通过前提分析可以对商业模式的论据了解得更深刻，使商业模式选择更有把握，从而减少失误。

许多创业者对行业的假设过于乐观，比如，潜在市场很大，企业何时可以拥有更多市场份额,然后可以实现多少收入和利润。其中,有两个重要的假设:第一是市场可以有较快的增长速度;第二是企业能够抓住机会,在足够的资本支持和合适的成本情况下得到相应的份额,获得相应的利润。然而这些假设常常经不起推敲。

4. 数值检验

数值检验即检验商业模式能否赚钱、赚谁的钱、达到怎样的规模才能赚钱、赚多少钱可以通过定性和定量两类方法进行检验。定性是建立在经验判断、逻辑思维和逻辑推理基础之上的,主要特点是利用直观的材料,依靠个人的经验来综合分析,对事物未来状况进行判断。经常采用的定性方法有专家会议法、德菲尔调查、座谈等方法。定量检验是指根据历史数据找出其内在规律、运用连贯性原则和类推性原则,通过数学运算对事物未来状况进行数量预测。应用比较广泛的定量方法有时间序列预测法、相关因素预测法、成本决策、保本点预测、信用分析、流动资金预测、企业经济增长预测等。

管理人员可以对市场的规模和盈利率、消费者的消费行为和心理、竞争者的战略和行动进行分析和假设,从而估计出关于成本、收入、利润等量化的数据,评价经济可行性。当测算得出的损益达不到要求时,则该商业模式不能通过数字检验。

🍃 小贴士

商业模式的失误导致企业破产

创客 A 为餐馆提供饮料装置,每安装一个这样的装置将花费 2000 元,但他会从每家餐馆每个月收到 100 元作为他提供的饮料的原料费。依靠这种方式,他开创了一项看起来似乎有利可图的事业。但是生产饮料装置所需的钱是借的,而且饮料的利润非常低,根本不足以支付借钱的利息,然而他当时已经被盲目扩张迷惑住了。随着业务的不断扩张,公司很快就入不敷出,最终破产了。

有些时候,高级管理层会因为给了销售力量一些不恰当的激励,而无意中鼓励了错误的商业模式的增长。一家注模公司以销售人员卖出去的塑料封装的金额作为奖励依据,而不论是否盈利。当公司从两家大客户手中接到价值 400 万元的新订单的时候,每个人都非常兴奋。但是随着销量的增长,利润率却出现萎缩。最后,CEO 终于意识到让每个人兴奋的新订单事实上是一个吞钱机器。一个新的塑料封装的价钱还不足以支付生产它的成本。更加糟糕的是,销售团队每年都要降低价格以留住客户。

(资料来源:编者根据网络资料整理而成。)

第四节　商业模式演进和创新

商业模式创新多从一个好的想法开始,逐渐形成有情节的"故事",在与相关人员不断碰撞中逐步完善——"故事越讲越圆",达到激励自己与他人的效果,形成商业计划书。随着对于新模式认识程度的加深,创业者也开始创建企业,将商业计划付诸实施。然而,从商业计划到一个成熟的商业模式,必须经过一系列的探索和演进过程,包括经营策略的试验与实践、新技术的研发、构建技术门槛、各类技术的整合和商务资源的配置等。

一、商业模式的演进

1. 从模糊到清晰

创业企业在创建之初,其市场定位和商业模式常常并不明晰,甚至比较模糊,有的可能仅是一个设想。随着商业活动的具体开展,创业者会逐渐形成清晰的市场定位和商业模式。为达到这个状态,一些创业者可能要经过辛苦的探索,甚至是痛苦的失败。即使一个企业拥有良好的商业模式,但随着时间的推移,当环境出现重大变化时,如出现相关技术的重大突破、相关政策法规的重大变化、消费者偏好的改变、众多模仿者在一夜之间出现等,企业原有的商业模式不再具有竞争优势,这就需要企业及时地调整了。

在技术和信息方面,由于互联网的出现和迅猛发展,关于产品、价格方面的更多信息的搜寻成本大大降低,企业信息更加公开,市场力量也从卖方转向买方。网络作为一种无时空限制的新媒介,催生了许多新业务,也结束了许多业务,从而改变了行业结构和收入在企业间的分配。另外,当市场上出现一个新的商业模式后,很快会被仿效。而且,一个市场迟早会出现饱和,用户消费观念也会发生变化,企业增长会因此而减速,收益会达到递减点。因此企业的商业模式并不是、也不可能一成不变,它需要在实际运作中不断演变和调整。

2. 从"复制"到"本土化"

国外市场经济发达的国家和地区,其产品和服务通常处于相对成熟的领先地位,也产生了很多比较成功的商业模式,值得我们借鉴与参考。越来越多的在海外学习和工作的华人,希望发挥其信息和商业体验方面的优势,抓住国内的市场空缺机会,回国创业,有的已经获得了很大的成功,如搜狐的张朝阳、易趣的邵亦波等。

一些留学生回国创业之初,常常把国外成功的商业模式以最快的速度拿到中国"复制",不过这么做极有可能会出现"水土不服"的问题。原因是国内的商业基础设施、消费者的需求与国外可能差别较大。那些成功者,不是采取简单的"全盘复制",他们的商业模式通常是从"复制"到"本土化"。例如,易趣最初的创业就是模仿 eBay 的商业模式,但在执行过程中,发现中国的商业基础设施及信用环境与美国大不相同,因此根据实际情况,易趣进行了许多调整和尝试,终于获得了成功。

实际上,提出一个概念并不难,但建立一个商业模式的庞大系统却有相当难度,复制国外的项目往往只是在复制外在的表象和概念,很难复制到整个企业的关键性运营系统,而真正的庞大的商业模式系统还需要企业通过"本土化"去完成,从这个角度来讲,这依然是一种创新,甚至是一种高难度的创新。

二、商业模式的创新路径

每一次商业模式的创新都能给企业带来一定时间内的竞争优势。但是随着时间的改变,消费者的价值取向从一个产业转移到另一个产业,企业必须重新思考和调整自己的商业模式。管理者可以把商业模式想象成一套积木,在搭积木的游戏中尝试用新的积木来扩大策略范围,用不同的搭配方式创造出新的盈利组合。由于行业各异,宏观和微观经济环境处于不断变化的状态中,没有一个特定的商业模式能够保证在各种条件下都产生优异的财务结果。商业模式必须根据客户需求的变化,以及市场竞争形势的演变而作出调整和变化。优秀的商业模式是丰富和细致的,并且其各个部分要互相支持和促进;改变其中任何一个部分,就会变成另外一种模式。基于与公司管理层和市场分析人员的交流,埃森哲(Accenture)管理咨询公司总结出了商业模式再造的途径:

1. 通过量的增长扩展现有商业模式

美国专营 B2B 业务的 W. W. Grainger 公司,向全球超过 100 万家工商企业、承包商和机构客户供货,其产品从设备、零部件到办公用具和日常劳保用品,一应俱全。该公司一直尝试通过多种途径使客户订货更加容易。这些途径包括设在各地的分支机构、电话、传真、印刷目录等,现在再加上网上订货,就更强化了其以方便顾客为价值诉求的商业模式。另外,该公司还通过在原有商业模式的基础上将业务引向新的地域、增加客户数量、调整价格、增加产品线和服务种类等扩展了现有的商业模式。

2. 更新已有商业模式的独特性

这种途径注重更新的是企业向客户提供的价值,借以抵抗价格战带来的竞争压力。以美国 Teradyne 公司(全球领先的半导体测试设备供应商)为例,它以创新产品赢得客户,但盈利却来自源源不断的产品升级和周到细致的服务。它向客户提供的价值自然就从尖端产品转移到了值得信赖的服务上。为了给它的商业模式注入活力,Teradyne 公司定期向市场推出突破性产品,以此提高了企业的竞争门槛。

3. 在新领域复制成功

有些情况下,企业用现成的手法向新市场推出新产品,等于在新条件下复制自己的商业模式,然后利用公司强有力的品牌营销能力和降低成本的运营能力,给这些品牌注入新的生命力。Gap(美国著名的服装公司)便用品牌营销优势和商品管理知识,复制了全新的"酷品牌"零售模式,如其旗下品牌 BabyGap、Banana Republic、Old Navy 等。

4. 通过兼并增加新模式

相当多的公司通过购买或出售业务来重新为自己的商业模式定位,阿里巴巴公司开展系列的并购和控股,从互联网 B2B 交易平台开始,发展涵盖信用支付、网络沟通、网络金融、医疗、影视、交通等多元化的业务模式,公司包括:淘宝、支付宝、阿里软件、阿里妈妈、口碑网、阿里云、中国雅虎、一淘网、淘宝商城、中国万网,聚划算、天猫、全球速卖通、阿里云、蚂蚁金服、菜鸟网络等。

5. 根本改变商业模式

这种情况在 IT 业尤其多见。大型跨国公司 IBM、HP 如此,国内公司如联想、神州数码等也如此。它们从卖 PC、造 PC,到系统集成、电子商务,不断改变着商业模式。此举意味着对整个企业进行改造——从组织、文化、价值和能力诸方面着手,用新的方式创造价值。一些公司的产品逐渐失去了往日的锋芒,变成了附加值不高的大宗商品。决策者因而企图向上游或下游延伸,或者从制造业转向提供服务或解决方案,此时其所面对的挑战就是根本再造商业模式。

每一个行业、每一家企业都有商业模式创新的可能和空间,但是这不是一蹴而就、一朝一夕的事情。不过,只要认准了这个大方向,坚持不懈地探索、学习、研讨、头脑风暴、尝试,那么终将会有所成就、有所突破。

🍃 小贴士

如家超越锦江的秘密

1996 年 5 月,锦江国际集团旗下的锦江之星旅馆投资管理有限公司选址上海梅陇,建成了中国的第一家经济型酒店。次年,梅陇店正式对外营业,仅仅 3 个月,入住率就达到了 90%,锦江之星一举成名,由此成为中国经济型酒店的鼻祖,开始了中国经济型酒店的领跑之路。

5 年之后,北京一家名不见经传的唐人酒店(后与首旅旗下国客栈联合改名为"如家")涉足经济型酒店领域,重点发展 3 星级以下的宾馆作为连锁加盟店。仅用了 4 年时间,其在全国开业的门店数量已达到 123 家,超越了锦江之星;并于 2006 年 10 月在纳斯达克成功上市,奠定了如家国内行业老大的地位,成为众多中国老百姓商旅的居家首选。

为什么后来者如家可以在短短的 4 年间,超越锦江之星,成为中国经济型酒店的第一品牌呢?通过如家商业模式分析,不难破解如家后来居上的秘密。

第一,准确的顾客及其需求定位。近年来,国内普通商务人士和游客的流动规模大大增加,其居住方面的需求主要是快捷、标准化的服务和明确适中的价格。

第二,产品有所为,有所不为。床品和卫生间就是如家有所为的重点所在。首先是卫生上达到甚至超越了传统酒店的条件,在房间的颜色上增加了温馨感。其次是提升客户在旅店中的服务质量,让如家的客户能享受到高的住宿质量、良好家具带来的舒适性、由市中心区位带来的方便性,同时得到清洁和安全周到的服务。

第三,通过"幕后"运作创造独特价值。在投资运作方面,如家通过租赁和系统建设的方式,使新店的建设周期大大缩短。在人员管理方面,如家人力成本仅有同业的 1/6~1/3。在后台运作方面,如家通过规模庞大的呼叫中心和高效的订房网站创造了自身价值,降低了劳动成本,提高了服务效率。在服务运作方面,如家的标准化运作体系,确保了绝大多数顾客的满意。

第四,通过房产租赁和特许加盟实现渠道的快速扩张。在市场扩张和渠道拓展运作方面,如家采用房产租赁和特许加盟的经营方式,实现高速扩张。

第五,以标准化建立竞争壁垒。高效的资金使用方式和精确到便笺纸页数的管理操作模板,帮助如家将分店迅速开遍了全国。而这一切的保障,则是酒店管理层对计划规定"无情的推进和执行"。在宏观层面,如家着重提高特许加盟店的比例,降低资金占用率;在微观层面,扁平化的管理结构、统一的店长培训,确保了运营手册上的每一页,都能够得到落实。

(资料来源:栗学思. 商业模式创新,如家后来居上的秘密[EB/OL]. (2010-07-19). http://www.emkt.com.cn/article/475/47578.html/本书作者有所改编。)

三、商业模式的发展趋势

1. 传统产业与互联网结合的趋势

传统产业与互联网的结合包含两层意思:一是传统企业如何利用互联网、利用 IT、利用高科技来改造自己的商业模式,通过拓宽业务领域和盈利空间,提高自己的持续盈利能力,从而使自己更具有竞争力;二是互联网的落地,即与传统企业的嫁接。互联网的主角,严格来说就是传统企业,与传统企业结合得好可以产生倍增效果。如 51job、携程旅行是传统商务和互联网的结合,也就是说没有互联网也可以通过打电话与中介公司和旅行社合作,非常巧妙地和互联网融合,由此获得了一个超速的发展。

2. 行业娱乐化趋势

在互联网时代,任何行业的成长都已经离不开娱乐的要素,甚至娱乐化已经成为产业升级最重要的因素和方向,有人甚至提出了"一切行业都是娱乐化"的口号。当一个行业被娱乐化的时候,其游戏的规则以及核心竞争力的重构便发生了,商品的创新将更贴近人的内心,人类的物质发展将摆脱自然资源的无尽消耗。例如,微软在 21 世纪初就宣布将成为一家"家庭娱乐的平台公司",索尼公司目前增长最快的产业板块是游戏机,苹果公司的复兴几乎就是娱乐化的经典标本。而盛大、网易、腾讯等,都宣布自己是一家娱乐公司。湖南广电集团湖南卫视策划的"超级女声"的商业模式也是个成功的商业模式。

3. 从产业链的低盈利区向高盈利区移动的趋势

从产业链的低盈利区向高盈利区移动有两层含义:一是价值链的上下移动,从低价值区向高价值区流动;二是将价值链的某点替换或外包,只专注做价值链的上端。企业的商业模式都有从产业链的底端向两边上移的趋势。产业链一般都由(ODM—OEM—OBM)组成,ODM(原始设计制造商)和 OBM(原始品牌制造商)都处于产业链的高利润区,而 OEM(原始设备制造商)则处于产业链的低利润区。随着竞争的日益激烈化,产业价值链的最终端——销售商不得不进行价格战,这样的结果就是 OEM 企业的日子越来越难过。所以,企业会根据其发展战略,调整自己的运行系统,使之朝着形成自己核心竞争力的方向努力。

4. 成熟商业模式不断扩展、复制、放大的趋势

对具有比较成熟商业模式的企业来说,不断地迅速扩展和复制商业模式,无疑是做大做强的唯一途径。全球高新技术产业发展的历程表明,一次重大技术创新往往能够激发出大量全新的商业模式。互联网的普及就对原有买卖关系、购物方式、信息服务方式等产生了巨大影响;移动网络的发展将原本不被人注意的短信等内容塑造为千亿规模的巨大产业;自由软件的兴起对现有软件的盈利模式提出了挑战;随着网格技术的应用,将出现计算能力服务提供商等新型商业模式;下一代互联网的兴起将有可能导致语义管理服务等新型商业模式。

🍃 小贴士

互联网创业的商业模式

随着互联网的快速发展,互联网创业逐渐成为创业者们关注的重点。与传统行业不同的是,互联网的商业模式往往没有传统产品行业那么明显。传统实物商品的商业模式主要有以下4种。

(1) 自己生产,自己销售:自己直接生产、直接销售给用户。

(2) 外包生产、自己销售:把生产环节外包出去,自己负责直接销售给用户。

(3) 只生产、不销售:自己负责生产,交给分销商销售。

(4) 只销售、不生产:自己作为分销商,或者提供销售商品的交易市场。

拓展阅读

京东和亚马逊等电子商务网站采用的是第四种商业模式。结合前文中对京东商业模式的简单分析,我们对京东的商业模式具有一定程度的了解。那么其他互联网创业的商业模式都有哪些呢?

商业模式是一个整体的、系统的概念,而不仅仅是一个单一的组成因素。例如收入模式、向客户提供的价值、组织架构等都是商业模式的重要组成部分,但并非全部。只有将商业模式中的各组成部分有机地关联起来,使它们互相支持、共同作用,才能形成一个良性的循环。仅有产品开发是不够的,尽管开发创新产品的公司不会被淘汰。然而,同时开发创新商业模式的公司不仅可以从产品上获得更高的价值,还将拥有实现差异化的持久来源。商业模式在设计的过程中,需要通过诸多手段对其进行检验,以证明其合理性和可实现性。在商业实践中,可以发现很多在错误的商业模式基础之上的增长。很多企业家在企业处于较小规模的时候追求盲目的增长,失去了对那些一直伴随着他们的商业模式基本要素的把握,等发现商业模式不健康时,为时已晚。大量商业实践表明,企业在没有健全的商业模式基础上的增长是极其危险的。

企业经营的本质是通过大胆创新和渐进式的演进,建立比较完善的商业模式,从而实现在正确的商业模式基础上的增长。如果没有建立相对稳定和健康的商业模式,就盲目扩张,是注定要失败的。同样,有了相对稳定和健康的商业模式,而不寻求积极的扩张,则是保守的。因为随着时间的改变,消费者的价值取向会从一个产业转移到另一个产业,企业必须重新思考和调整自己的商业模式。

第五节 商业模式画布设计实训

一、实训目的

使用亚历克斯·奥斯瓦尔德(Alex Osterawalder)开发的商业模式画布工具,训练创业团队设计自己的商业模式,来进行检测和反思,提高团队的共同能力和创新精神。

二、实训要求与内容

商业模式画布设计

人数:16人。较好的做法是迅速独立构思并描绘出各自的想法。为了将个人的想法与某个组织现有的或是即将出现的商业模式联系起来,应该和其他人一起共同工作。参与者的背景差异越大,描述出来的商业模式便会越精确。

时间:建议的大体时间为:个人单独的工作时间需要15分钟;构建某个企业组织的现有商业模式需要24小时;开发未来的商业模式或是开发刚刚起步的商业模式需要多达两天的时间。

规则:表达商业模式最好的方式就是让大家在墙上的挂图纸上把它画出来。打印一幅放大后的画板或是在墙上画一个画板,将讨论的条目列在上面。可以按照图8-4的式样把它画下来,确保大家都有马克笔以及不同颜色和大小的便笺条。还需要用相机拍下结果。

商业模式画布				
关键伙伴	关键活动	价值主张	客户关系	客户细分
	关键资源		渠道通路	
成本结构		收益来源		

图8-4 商业模式画布

进行这个游戏时,可以有多种不同的种类和变化。最基本的游戏是对企业现有的商业模式和自身进行评估,并改进现有商业模式,参与者可以根据各自的方案和目标加以调整。

(1) 开始构建商业模式时,一个好的方法就是让大家描述企业所服务的客户细分市场。参与者根据客户细分的不同,将不同颜色的便笺条粘在画板上。每组客户代表着一个特定的群体,比如他们有特定的需求,而你得向他们提供特定的价值观;另外,他们也可以需要不同的渠道,或者拥有不同的客户关系或收入来源。

(2) 接下来,参与者描述企业对每个客户细分的理解,反映出每个客户细分的价值主张。参与者应使用相同颜色的便笺条代表价值主张和对应的客户细分。如果一个价值观涉及两个差异很大的客户细分,那么应当分别使用这两个客户细分对应的便笺条颜色。

(3) 参与者使用便笺条将该企业商业模式中所有的剩余模块标示出来。相关客户细分要始终坚持使用同一颜色的便笺条。

(4) 映射出整个商业模式后,可以开始评估该模式的优、缺点。即,将绿色(优点)和红色(弱点)的便笺条粘在商业模式中运行良好的模块和有问题的模块旁边。除了用颜色,也可以在便笺条上标出"+"和"-"号。

(5) 基于某企业业务模型的图形化表达方法,即参与者通过步骤1~4所产生的画板,或选择对现有商业模式进行改进,或创建出另外一个全新的模式。在理想情况下,参与者应使用一个或几个商业模式画板来体现改进的商业模式或新的替代模式。

策略:企业现有的商业模式映射,包括它的优、缺点,是一个重要的起点,可以用来改善现有的商业模式或开发出新兴的商业模式。最起码,该游戏有助于进一步理解和共享该企业的商业模式。该游戏最大的优点是,通过列出新的或者是改进后的模式,可以帮助参与者制定今后的发展策略和方向。

即练即测

【思考题】

1. 商业模式构成要素有什么?

2. 商业模式作用是什么?

3. 如何构建商业模式?

4. 商业模式创新路径有哪些?

5. 举例说明互联网商业模式如何演进?

◎ 案例

本土风情文化的传播者

她致力于做传播家乡风情文化的使者,她还未拿到毕业证书就创办了属于自己的公司,她是一个笑起来甜美的来自山里的"90后"女孩,在同龄人都享受安逸舒适的大学生活的时候,她就已经有了自己的想法并雷厉风行地在创业浪潮中找到了属于自己的一片天地,她就是黄河科技学院国际学院2009级工商管理专业毕业生马妮娜。

热爱家乡萌生创业梦想

难以割舍的山水情结让多少文人骚客魂牵梦绕,鬼斧神工的自然之力让多少英雄豪杰惊叹不已,在信息化高速发展的喧嚣世界里,来自太行大峡谷深处的林州的一个古朴小镇的马妮娜更是被原生态的恬静和真实深深吸引,读大学之前,这个晋、冀、豫三省通衢的小镇一直是她生活和学习的地方,她喜欢这里的山和水,喜欢这里的乡亲们,喜欢这里的古朴和纯真,来到省会郑州读书后,她无比怀念自己的家乡,每每提及,她总是向同学们这样描绘:我的家乡是一个恬静充盈的柔美小镇,远方的客人到这里全是寻找在都市中无法寻觅的真实自然的,包括完全陌生的土著人的生活状态和生活习俗。即使近些年来开发了旅游项目,但我的家乡还保留有真实的土著人世袭的传统民俗,这是一个带有浓厚的中原文化的古朴小镇,这里有一个闻名全国的供销社,供销社的工作人员吃的是商品粮,干的是农家活,年复一年地保障着城乡的物品交换。春天,他们把农民所需的化肥、种子从山下购进来;秋天,再把农民收获的山货药材扛运到山外,他们常戏谑地称自己赚的是"磨鞋钱",但正是他们架起了家乡与外界互通有无的桥梁,这个供销社也被家乡人称为"心坎上的供销社"。

每每听到她对家乡的溢美之词,身边的朋友都恨不得马上到这样一个世外桃源去感受一番。马妮娜也常常为自己能生长生活在这样一片净土而感到无比的幸福和骄傲。所以当她走出家乡,来到大都市,来到大学校园,看到与家乡完全不一样的景象时,就萌生了要把家乡的文化传播出去,让更多的人了解她的家乡、感知她的家乡的梦想,而这也是她在大学毕业之际自主创业的动力源泉。

教育熏陶激发创业热情

在马妮娜的家乡,乡亲们依旧过着日出而作、日落而息的生活,吃的是自然生长的野菜,喝的是天然的山泉水,穿的是自己一梭一梭纯手工织造的衣服,这般田园生活让人好不惬意,还有什么是比这更幸福的呢?在黄河科技学院读书的马妮娜时常思念家乡的一切,每到假期,她都会回老家待上一段时间,看看家乡的一切,收集、补充山里特有的文化和产品的相关资料,这些也为她后来的创业打下了坚实的基础。

而在学校受到的教育以及创业熏陶,无疑推动着她尽快走向梦想的彼岸。黄河科技学院是一所创业型大学,在当前以创业带动就业的国家政策的引导下,在"大众创业、万众创新"的大环境下,更是高度重视创新创业教育工作,除了相关课程和创业人士的指导外,还成立了大学生创业园,从政策、场地等方面为在校大学生创业提供良好的条件,这就给了本就有创业梦想的马妮娜很大的动力,而家乡的一草一木则给了她创业的灵感,老式织布机、纯手工粗布、药食两用的植物等。纯手工粗布的织造工艺已被列为河南省非物质文化遗产,可以说,现在的纯手工粗布不再单单是一件产品,更是一种文化的传承。但是它们在外面的花花世界里,父母辈的都很少见到了,更何况是像她一样的这一代年轻人,于是马妮娜就想着将这种工艺、这种产品推出山门。特别是近些年来,随着开放程度的加深,家乡的许多青壮年人选择了外出打工,剩下的多是老人、妇女和儿童,他们靠着几亩薄田维持生计,没有任何其他经济来源,看到家乡人民生活的窘迫,马妮娜心里很不是滋味,为什么不把留守的妇女聚集起来进行织布,让她们在不离开家的情况下也可以赚到钱呢? 于是 2013 年公司成立初期,马妮娜的纯手工粗布基地也同时筹备完成,实行工厂加农户的生产模式,纯手工粗布就是她们的第一件产品。

因为交通不便,家乡没有超市、没有医院、没有商场,有的只是一片山,几千年来,一代又一代的家乡人靠山吃山,自己种的蔬菜、大山里的野菜足以填饱肚子;身体不舒服了,不需要找医生,按照祖祖辈辈传下来的秘方,到山里采点草药冲水喝,过几天身体就恢复了。马妮娜从小就对这些纯天然药食两用的叶子有着浓厚的兴趣,这时她决定对这些资源进行开发利用,她邀请了专家到山里考察,并将它们送到农科院进行检测,功夫不负有心人,连翘、蒲公英、霜桑叶、冬凌草等这些在家乡最常见的绿叶,具有极高的价值,于是根据民间传统饮用习惯、依据中医养生理论、经传统手工工艺精制而成的太行山茶系列产品问世了。

文化激励成就创业梦想

2013 年 1 月,马妮娜创办的河南本土风情文化传播有限公司正式成立,定位为本土文化资源的深度挖掘者,致力于对整个文化领域内各类资源的全方位整合、管理、配置和经营。公司专注于文化艺术交流策划,会展服务,图文设计制作,设计、制作、代理、发布各类广告,销售文化用品、工艺品,设计制作各类高档包装等。此外,为传播和传承家乡的非物质文化遗产,为感恩家乡的父老乡亲,她还在自己的家乡林县设立纯手工粗布基地。2013 年下半年,在学校老师的指导和帮助下,马妮娜和她的公司获得了河南省教育厅大学生创业专项资金的扶持,为此,她一直感谢黄河科技学院的教导和帮助。

同年 6 月,公司的主打产品进入市场,一切都在有条不紊地向前进行着,但是新产品、新品牌进入市场初期,前来了解的人远远多于购买的,公司的销售业绩一度陷入危机,甚至几个月没有任何收入。那段时间,马妮娜每时每刻都在想着如何宣传品牌和产品、如何尽快打入市场,也曾经动摇过,但黄河科技学院开拓、拼搏、实干、奉献的精神,学校领路人胡大白董事长创办黄河科技学院的感人事迹激励着她不能轻言放弃,同时家人的大力支持和鼓励也给了她很大的动力。特别是马爸爸经常鼓励她:不要轻易地放弃,只要努力,肯定会好的。经过半年的努力和坚持,马妮娜带领她的团队总算在市场上站住了脚,2014 年年初,他们在黄河路政七街丰合大容设立了产品展示店,新产品也在不断地丰富,展示店里的纯手工粗布、老式织布机吸引来很多人,经常有老人带着孩子,向他们讲述自己年轻时就是这样织布,并告诉他们布是怎样织成的……

如今,河南本土风情文化传播有限公司人员已达 50 人,年营业额达 40 万元,涉及太行四季花茶、原生态老粗布、文化产品策划、宣传广告制作等多种产品类型。马妮娜说,看到家乡文化在省会开花结果,她觉得很开心,下一步,就是要秉承着黄河科技学院精神,带着家乡的文化走出河南、冲出国门,让家乡的文化、黄河科技学院的文化永远绽放光芒。

(资料来源:马妮娜口述,编者整理而成。)

第九章

创业政策

故事引入

"一号文件"派出返乡创业红包，怎么提现？

城市套路深，我要回农村。搞导弹的学霸逃离北上广回农村"倒蛋"；在农村开网店的"村淘小二"变身"乡村猎头"。众望所归，"一号文件"又释放出不少扶植返乡创业的重磅利好，被专家解读为"内容足""分量重""含金量高"。那么，这些"利好"红包该如何"提现"？

近5年来，"一号文件"对农村电商持续释放利好，今年的"一号文件"中，首次将农村电商作为大条目单独陈列，在第14条明确提出要推进农村电商发展，重点领域包括电子商务平台、标准体系、服务站点、物流体系建设等，还添加了"地方电商产业园"的内容。

纵观近5年"一号文件"中提到"农村电商"的内容，经历了从概念引领到讲究细节和规范的变化过程。

2013年，农村电商首次写进"一号文件"；

2014年"一号文件"提出，"加强农产品电子商务平台建设"；

2015年"一号文件"中，参与农村电商建设的主体范围扩展至"支持电商、物流、商贸、金融等企业参与涉农电子商务平台建设"；

2016年"一号文件"细化了农村电商发展的要点：前提是农业互联网化、难题是供应链、加速器是农村金融；

2017年"一号文件"，呈现出继续"鼓励"又强调"规范"的务实态度，在"鼓励地方规范发展电商产业园"的同时，提出"聚集品牌推广、物流集散、人才培养、技术支持、质量安全等功能服务"的具体要求。

新疆阿克苏小伙董帅对此深有体会，"2014年底，电子商务产业园建成，2015年投入使用,我是第一批入驻的",他回忆说。在此之前,工商管理专业毕业的他也曾辗转北上广,在写字楼里朝九晚五,但把家乡引以为傲的优质农产品推广出去的念头推动他回到新疆创业。

董帅觉得,自己遇到了好政策和好时机,"我们开始进入的是孵化室,里面电脑、网络、办公用品全是免费提供的,我带着我的团队是直接拎包入住的,还给了我们10万元的创业奖励基金"。

"政府把我们介绍给媒体,还带着去参加全国各大展会,浙江杭州是阿克苏的对口援建城市,两地合作过不少推广活动",董帅认为,他的"赶巴扎网上商城"在2016年实现了200万到4000万元的营业额蹿升,很大程度上得益于品牌聚集推广效应。

"现在我们做得比较成功的产品是枣夹核桃,寓意'枣想核你在一起',马上到情人节了,这个卖得很火,但是现在还是全手工制作,上不了量",董帅举例说,现在最大的难题还是技术人才和仓储物流,而随着当地公路铁路联运、航空物流的规划建设,他相信这些难题在不久的将来有望得到解决。

无论在城市还是农村,电商平台都是吸引青年创业的大热门,用互联网思维帮助隔壁王大爷李大妈卖瓜果、卖鸡蛋、卖各种家乡特产的创富机会并不难找。根据阿里巴巴研究院的统计,截至2016年上半年,832个国家级贫困县(国家扶贫开发工作重点县、集中连片特困地区县)在其平台上共销售农产品超过10.6亿元,不少原来的贫困县现在已经形成有特色、成规模的网销产业。而在这类创业中,可能特别需要考察当地仓储物流等配套是否足够便利。同时与当地政府联系,很多地方都建立了产业园,配套返乡创业优惠政策。

(资料来源:KAB创业服务网,http://www.kab.org.cn。)

第一节　创业政策相关概述

创业政策是政府所制定的鼓励新企业创立、成长的政策和支持措施,其目的是促进创新和创造。由于创业型企业不能产生足够的内部资源而自我维持,所以需要从政府等外部主体获取政策支持,提高生存和成长的能力,抵抗外部环境不确定性所带来的路径依赖。

一、创业政策背景

中国在改革开放后一直维持着快速的经济增长,要继续维持经济的健康、快速增长,就必须调整经济结构,转变经济增长方式,提高中国企业的竞争力。转变经济增长方式、提高中国企业竞争力的关键是促进创新与创业;而要解决经济结构调整过程中出现的一系列问题,也必须发挥创新创业精神,这些已成为全社会的共识,因此,创新创业教育得到了全社会的关注和支持。

国家领导人多次强调转变经济增长方式和培养创新创业人才的重要性,确定了创新创业教育的全局性和战略性意义。从中央政府到地方政府,各相关部门出台了很多支持创新创业的政策。

尽管 2003 年以来,国家已经出台颁布了一系列包含促进大学毕业生创业的优惠税收政策的文件,为了鼓励和支持高校毕业生自主创业,各省市也在注册登记、税收优惠、银行贷款等方面出台相关的优惠政策。但是,当前我国仍需要系统制定与完善促进大学生创业的长期税收优惠政策,利用税收优惠政策引导学生进行专业型创业、促进针对大学生自主创业的金融扶持等。准备创业的人一定要详细了解国家及地方政府的创业政策,对其加以充分运用,降低创业成本,提高创业成功的概率。

二、创业政策利用

就调查报告显示,对扶持大学生自主创业的相关政策、法规经常关注,很了解的人占26.1%;偶尔关注,比较了解的人占 45.3%;知道一点的人占 19.9%;不了解的人占8.7%。接受调查的大学生中,47.7%的人认为大学生创业优惠政策的作用很大,31.2%的人认为大学生创业优惠政策的作用一般,5%的人认为大学生创业优惠政策的作用基本没有,也有 16.1%的人不清楚大学生创业优惠政策的作用。由此可见,大学生对于政府出台的创业政策还是持肯定态度的,只是由于很多人对创业政策的不了解,影响了其对于创业优惠政策的利用。因此,计划创业的人员应积极主动关注政府出台的创业政策,只有对创业政策有所了解,才有可能更好地加以利用。

利用政府的创业政策,一方面可以为创业者或创业企业筹集创业资源;另一方面通过对政府政策的利用还能够在一定程度上提升创业企业的社会形象。当然,每个人的创业方向、创业特点不同,每项创业政策的适用范围和对象也不同,创业者在用好创业政策时,要选择适合自己的政策,既要适合自身的创业条件,也要适合自身的创业行业和创业类型,适合自身的创业过程。同时切实发挥好政策的实际效应,使政策的运用能真正降低经营成本,改善经营状况,提升经营能力,为实现企业的发展壮大做贡献,使企业走上长期发展的道路。

三、完善创业政策

发展创业型经济的主角是个人,关键在环境。因此,中国目前创业政策的制定应从系统性的角度考虑,充分借鉴创业政策的理论框架,系统分析创业政策的着力点和对象,从需求方的角度出发,尽可能减少创业障碍、降低创业风险,从鼓励创业政策、支持创业政策、服务创业政策和保护创业政策等几方面加以完善,以刺激创业活动,促进创业型经济的发展。

1. 整合创业优惠政策,扩大创业政策的受益面

从目前中国出台的创业政策的受益对象看,有直接主管部门的群体,其中创业支持政策制定的居多,创业支持的力度较大。如共青团中央出台了大量的青年创业支持政策,人力资源和社会保障部出台了很多针对下岗失业人员的创业支持政策,科技部出台了许多针对高科技创业的支持政策等。但没有直接主管部门的群体,其创业支持政策较少,如失地农民、农民工乃至广泛的人民大众等。所以,针对目前中国创业政策扶持对象少、受益面小的现状,政府可通过发布相关支持全民创业的政策,扩大创业政策的受益面,将其扩大到普通民众,以形成促进全民创业的政策环境,加快中国创业型经济的发展。

另外,政府支持创业的政策也要体现地区差异。对于欠发达的西部地区,应该集中增加基础设施、创业培训、地域资源机会开发、技术可获得性等方面的投入,对于发达的沿海和中部地区要充分发挥人力资本优势,增加技术含量高、就业辐射力强、具有国际竞争力的创业机会的开发和投入。

2. 制定创业教育和培训政策

创业教育政策对于推动中国创业教育发展、培养创业文化、形成创业理念有着至关重要的作用。所以,中国政府应制定相应的创业教育政策,使创业教育纳入整个教育体系的范畴之内,以规范创业教育管理,提高创业教育质量,扩大创业教育的受益范围。通过创业教育政策的制定,应使创业教育贯穿于小学、中学、大学各个层次的学校教育,甚至涵盖学前教育和成人教育,形成一个完整的创业教育体系。通过创业教育的普及,在全社会营造一种重视并鼓励创业的创业文化,并通过拨款、立项、学科规划等手段引导创业教育的发展。创业培训是提升全民创业意识和创业能力的重要手段,中国政府应通过相关创业培训政策的制定和实施,加大对创业培训工作的支持力度,并通过建立合理的指标考评体系,不断提高创业培训的质量。

3. 完善创业环境政策

创业环境会影响人们对创业机会的识别和对创业成功可能性的判断,从而影响创业决策。良好的创业环境,可以通过人为地控制环境变量,更大限度地释放人们的企业家精神,从而实现更加广泛的创业热潮,促进经济增长。所以,政府应通过政策措施不断完善创业环境。如通过大量宣传创业成功人士的故事、分析创业失败原因、推广创业成功经验,让全社会的人都认识创业,让创业者成为年轻人的偶像和学习目标,从而在全社会形成鼓励创新、允许失败的创业文化,营造良好的创业氛围。

另外,应进一步完善社会保障和保险制度,加快对创业者及其招聘的劳动者提供社会保障、人事管理、教育培训、职称评定等方面便利政策的落实,消除创业者创业失败的后顾之忧,促使其做出创办企业的决策。

4. 优化创业服务政策

政府应通过制定政策措施加大对创业服务中介机构的支持力度,完善服务机构向创业者提供的服务信息和公共产品,健全创业服务中介组织,推动创业咨询服务工作的开展,建立由企业家、创业成功人士、专家学者及政府工作人员共同组成的创业服务专家队伍,逐步形成创业服务指导专兼职队伍。并根据城乡创业者的需求,组织开展项目开发、方案设计、风险评估、开业指导、融资服务、跟踪扶持等"一条龙"创业服务,建立创业信息、政策发布平台,搭建创业者交流互助的有效渠道。建立创业项目资源库、创业者信息管理服务系统,设立创业服务热线,接受创业者的咨询和投诉,注重对创业失败者的指导和服务,帮助他们重树信心,再创新业。

5. 合理定位创业扶持政策

政府制定创业扶持政策的基本目标应是减少创业障碍,促进创业活动。因此,政府出台的创业扶持政策,不能只从政策供给的角度出发,仅从资金、税收、管理等方面给予扶持,而应侧重于从需求端考虑,将扶持政策前移到创业投资的前期,充分挖掘和创造机会以吸引创业者投资。如通过发展风险投资、发展高技术、鼓励出口、降低市场准入和创业壁垒、加强孵化基地建设等措施,减少创业企业的进入和退出障碍,降低创业企业的进入门槛,同时扩大中小型企业的经营领域,进一步减少以致消除垄断和行业歧视。

6. 保障创业政策连续性

创业活动本质上就是一个充满不确定性的动态过程,企业在成长的不同阶段会面临许多不同的资源需求问题和成长战略的适时调整。而由于创业型企业对外部制度和支持政策存在较强的依赖性,要求国家对创业的支持也应随着时间的推移,呈现出阶段性、系统性和连贯性的特征。从创业融资来看,一方面,创业型企业在创立阶段普遍缺乏资金,而且在企业的成长过程中,还需要持续的研发投入,所需投入的资金较多;另一方面,大多数创业型企业是建立在具有不确定的新市场机会基础之上,投资者财务风险意识、对新市场机会的价值认识、对创业者的创业能力的不信任导致企业从外部获得资金的困难。所以,政府的政策支持就成了解决创业型企业融资的重要途径。由于创业型企业在创业的不同阶段对资金有不同的需求,就要求创业政策资金支持的形式也应多种多样。只有将支持新企业快速成长的创业政策(旨在培育创业能力)和创新政策(旨在培育创新能力)结合起来,才能真正全面地促进经济发展和提升国家竞争力。据此,需要针对创业型企业的成长阶段,构建一个全新的、完整的两阶段——新企业形成和新企业生存与成长——创业政策工具体系框架,既要使政府制定的各种政策工具,譬如强调政府对创业教育的关注以及创业技能的投入来支持创业型企业的创建,同时还要完善创新政策工具,实行风险投资税收优惠,扩大风险资本规模,加快创业板市场的建设等,促进创业型企业的持续发展。

这种框架体系应特别强调政策的连续性与创业型企业成长阶段性的匹配,这不仅符合创业、创新要素向企业集聚、优化科技资源配置的政策精神,而且能极大地增强政策的可操作性,有效促进创业型企业快速成长。因此,还需要建立专门的包括专家、政府、企业等组成的公益性机构来制定、实施和监督创业支持政策,并对其效果进行科学评估,为创业政策的改进和创新提供依据,以更好地服务于创业型企业。

第二节　部分国家部委创新创业政策

近年来,政府各相关部门对创新创业日益关注,出台政策、制定计划、下发文件,全力促进创新创业的发展。教育部一方面加强开展高校的创新创业研究,另一方面在高校中大力推进创新创业教育,将之作为素质教育的核心部分,使创新创业教育和创业活动在全国各地高校中迅速开展。

国务院关于《印发注册资本登记制度改革方案的通知》(国发〔2014〕7 号),改革工商注册流程,颁发电子营业执照证件;国务院办公厅关于《做好 2014 年全国普通高等学校毕业生就业创业工作的通知》(国办发〔2014〕22 号),指明高等学校创新创业工作方向。为引导众创空间健康发展,发挥创业带动就业示范效应,营造良好创新创业环境,国务院发布了《国务院办公厅关于发展众创空间推进大众创新创业的指导意见》(国办发〔2015〕9 号)和《国务院关于推动创新创业高质量发展 打造"双创"升级版的意见》(国发〔2018〕32 号)等文件。2015 年,中共中央办公厅、国务院办公厅印发了《深化科技体制改革实施方案》,并发出通知,要求各地区各部门结合实际认真贯彻执行。

🌿 小贴士

鼓励和支持创业的政策体系

2013 年 3 月,刘延东同志在"中国大学生自主创业工作经验交流会暨全球创业周峰会开幕式上的主旨演讲"中提到,政府大力扶持创业,初步形成了鼓励和支持创业的政策。一是积极放宽市场准入,特别是对高校毕业生等群体给予倾斜,针对青年大学生实施了"青年引领计划""女大学生创业扶持行动"等。二是广泛搭建创业平台,截至 2012 年,大学生创业和孵化基地已达 2000 余个,总面积 330 万平方米。三是实施税费减免和费用补贴,提供资金支持。截至 2010 年,仅各级政府和高校设立的大学生创业扶持资金累计就达 16 亿元。2009 年中国证券市场推出创业板,为创业企业开辟了新的融资渠道,截至 2014 年 2 月 26 日,已有 379 家公司成功上市。

(资料来源:编者根据网络资料整理而成。)

一、发改委创新创业政策

国家发展与改革委员会(以下简称发改委)一方面积极支持由人力资源和社会保障部、教育部推动的创新创业教育活动;另一方面也出台了鼓励创业投资的政策,并积极推动中小企业的培训工作。发改委出台了鼓励创业投资的政策,并积极推进中小企业的创业培训工作;人力资源和社会保障部从解决就业问题出发,提出"创业促进就业"的观念,并逐步使之成为解决就业问题的指导思想;共青团中央从支持青年创业的角度出台了大量的政策文件,并从创业活动和创业教育的角度给予了大力支持。从 2013 年 8 月 1 日起,对小微企业中月销售额不超过 2 万元的增值税小规模纳税人和营业税纳税人,暂免征收增值税和营业税,并抓紧研究相关长效机制。这将使符合条件的小微企业享受与个体工商户同样的税收政策,为超过 600 万家小微企业带来实惠,直接关系到几千万人的就业和收入。这是对新创企业的一项实质性优惠政策。

1. 鼓励创业投资的政策措施

2015 年由发改委会同科技部、人社部、财政部等有关部门共同研究起草了《关于大力推进大众创业万众创新若干政策措施的意见》(以下简称《意见》)。《意见》从创新体制机制、优化财税政策、搞活金融市场、扩大创业投资、发展创业服务、建设创业创新平台、激发创造活力、拓展城乡创业渠道等 8 个领域、27 个方面提出 93 条具体政策措施。以搞活金融市场为例,《意见》提出了完善多层次的资本市场,为创业企业通过资本市场获取直接融资创造条件；扩大创业投资规模，引导创业投资向创业企业起步成长的前端延伸；鼓励银行提高针对创业创新企业的专业化服务水平，丰富完善创业贷款担保等，旨在缓解创业创新者融资难、融资贵问题。

为扩大就业，鼓励以创业带动就业，2010 年财政部、国家税务总局发出《关于支持和促进就业有关税收政策的通知》财税〔2010〕84 号。

2．中小企业培训工作

在中小企业创业培训上，发改委发起了"国家中小企业银河培训工程"。该工程以中小企业经营者和小企业创业者为培训重点，兼顾中小企业经营管理人员、服务机构从业人员以及政府部门有关人员，依托各地区中小企业管理部门和各类服务（培训）机构开展培训工作。主要开展了以下培训：对创业者开展创业知识和创业技能培训；对小企业经营管理者及专业技术人员开展工商管理基础知识、法律法规、产业政策和企业信息化建设等培训；对中小企业服务机构从业人员开展专业知识和服务技能培训；对各级政府部门中直接从事中小企业管理工作的人员开展法律法规和相关促进中小企业发展政策措施的培训。

近年来，发改委继续加大中小企业的培训力度。除利用其全国信息平台提供各种管理、技能、创业培训之外，还举办各种适应形势发展的培训。

二、人力资源和社会保障部创新创业政策

人力资源和社会保障部（原劳动和社会保障部）是较早、较系统地开展创业培训、推进创业工作开展的部门之一。在下岗失业人员和其他人员创业方面颁布了一系列政策，给予了大力支持。2020 年 11 月 19 日，为贯彻落实党中央、国务院有关要求，深入推进职业技能提升行动，人力资源和社会保障部近日印发文件，组织实施职业技能提升行动创业培训"马兰花计划"。"马兰花计划"指出，按照"政府引导、社会参与、创业者自主选择"的原则，面向劳动者开展创业培训，提升劳动者就业创业能力，为加快推动大众创业、万众创新，促进就业倍增效应提供有力支撑。在职业技能提升行动期间，通过实施"马兰花计划"，力争使全国创业培训机构突破 5000 家，发展一批更高水平、更具影响力的创业培训示范基地，培育一支覆盖各类培训课程的创业培训师资队伍。扩大创业培训规模，提升创业培训质量，到 2021 年，年培训量不低于 200 万人次。人力资源社会保障部关于开展第一届全国技工院校学生创业创新大赛的通知，人社部函〔2019〕114 号，为深入贯彻党的十九大精神和习近平总书记在全国教育大会上的重要讲话精神，全面落实国务院《关于做好当前和今后一个时期促进就业工作的若干意见》与人力资源和社会保障部办公厅

《关于推进技工院校学生创业创新工作的通知》的有关要求,大力推进技工院校学生创业创新工作,促进实现更高质量就业,定于 2019 年 8 月至 11 月举办第一届全国技工院校学生创业创新大赛。

三、科技部创新创业政策

"《科技部办公厅关于开展第四批国家专业化众创空间备案示范工作的通知》(国科办区〔2020〕54 号)为深入贯彻习近平总书记关于统筹推进新冠肺炎疫情防控和经济社会发展工作的重要指示精神,落实中央经济工作会议精神和十三届全国人大三次会议通过的《政府工作报告》部署,发挥国家专业化众创空间示范带动作用,服务和支撑实体经济发展,更大激发社会创造力,按照《专业化众创空间建设工作指引》(国科发高〔2016〕231号)的相关要求,科技部 2020 年继续开展国家专业化众创空间备案示范工作。

《科技部关于认定北京厚德科创科技孵化器有限公司等 104 家单位为国家级科技企业孵化器的通知》(国科发火〔2014〕364 号)认定 104 家单位为国家级科技企业孵化器。2015 年科技部《关于进一步推动科技型中小企业创新发展的若干意见》(国科发高〔2015〕3 号)实施创新驱动发展战略,深化科技体制改革,充分发挥市场在资源配置中的决定性作用和更好发挥政府作用,激发科技型中小企业技术创新活力,促进科技型中小企业健康发展。《关于印发〈发展众创空间工作指引〉的通知》(国科发火〔2015〕297 号)深入实施创新驱动发展战略,加快推进大众创业、万众创新,指导和推动各地众创空间健康可持续发展。"

四、教育部创新创业政策

教育部对创业的支持政策主要体现在对创业教育、大学科技园区及创业孵化基地建设的支持上。2002 年教育部就确定了中国人民大学、清华大学、北京航空航天大学、黑龙江大学、上海交通大学、南京经济学院、武汉大学、西安交通大学等高校率先进行创业教育的试点工作,这些高校有步骤有层次地进行创业教育探索,形成了"课堂式创业教育"、"实践式创业教育"及"综合式创业教育"三种比较典型的创业教育模型。近年来,教育部从组织、政策、教育思想上不断提高创新创业教育的地位,推动了创新创业教育在高校和职业技术院校中的迅速发展,对学生创业意识的培养和创业知识的普及起到了很大的推动作用。

1. 思想上的支持

《国家中长期教育改革和发展规划纲要》(2010—2020 年)中,要求各高校加强就业创业教育和就业指导服务,提高人才培养质量。《教育部关于全面提高高等教育质量的若干意见》(教高〔2012〕4号)要求,各高校把创新创业教育贯穿人才培养全过程。制订高校创新创业教育教学基本要求,开发创新创业类课程,纳入学分管理。大力开展创新创业师资培养培训,聘请企业家、专业技术人才和能工巧匠等担任兼职教师。支持学生开展创新创业训练,完善国家、地方、高校三级项目资助体系。依托高新技术产业开发区、工业园区和大学科技园等,重点建设一批高校学生科技创业实习基地。普遍建立地方和高校创新创业教育指导中心和孵化基地。加强就业指导服务,加快就业指导服务机构建设,完善职业发展和就业指导课程体系。建立健全高校毕业生就业信息服务平台,加强困难群体毕业生就业援助与帮扶。

2. 组织上的支持

在组织上,进一步采取一些重要行动来促进创新创业教育。教育部建立了以高教司、科技司、学生司和就业指导中心四个司局联动的机制,形成了创新创业教育、创业基地建设、创业政策支持、创业服务"四位一体"的工作格局。

为全面贯彻落实党中央、国务院关于做好大学生创新创业工作的重要部署,积极发挥典型引领作用,推动全国高校进一步深化创新创业教育改革,提升创业指导服务工作水平,促进毕业生更高质量创业就业,教育部部于2019年1月启动开展了2019年度全国高校创新创业总结宣传工作。经过推荐申报、专家初选、社会调查和实地调研等环节,推选产生了2019年度50所全国创新创业典型经验高校。

2019年,为积极引导各地各高校深化创新创业教育改革,加强大学生创新创业能力培养,教育部发布《国家级大学生创新创业训练计划管理办法》,对"国家级大学生创新创业训练计划"的主管部门职责和项目运行流程进行了系统梳理。据介绍,2007年,教育部启动实施"国创计划",按照"兴趣驱动、自主实践、重在过程"的原则,倡导以学生为主体开展创新性实践,推进高校在教学内容、课程体系、实践环节等方面进行综合改革,提升大学生创新创业能力。目前,"国创计划"已经成为面向全体大学生的一项创新创业人才基础培育工程。此次印发的办法明确,坚持高起点、高标准、严要求,充分发挥"国创计划"示范引领作用,着眼于加强项目过程管理,明确交流、激励和监督考核机制。根据办法,"国创计划"实行项目制管理,分为创新训练项目、创业训练项目和创业实践项目三类。办法同时从选题要求、研究方向、团队成员、指导教师和经费支持等多个方面设立基本条件,对项目发布与立项流程进行规范。此外,还规范项目结题与公布流程,并建立结题信息公开、对外服务制度。

3. 政策上的支持

为进一步落实和完善对大学生自主创业的扶持政策,实施"创业引领计划",教育部对高校学生自主创业实行税费减免,提供小额担保贷款,落实创业补贴政策,加强创业培训和服务工作。在《意见》中,教育部明确指出:自 2011 年 1 月 1 日起,毕业年度内的高校毕业生在校期间创业,可向所在高校申领《高校毕业生自主创业证》。时任教育部部长袁贵仁强调,要"认真做好《高校毕业生自主创业证》的审核发放工作,把好事办好,全力支持高校毕业生自主创业"。

教育部 2012 年 5 号文《教育部关于做好"本科教学工程"国家级大学生创新创业训练计划实施工作的通知》明确规定,在"十二五"期间实施国家级大学生创新创业训练计划,以促进高等学校转变教育思想观念,改革人才培养模式,强化创新创业能力训练,增强高校学生的创新能力和在创新基础上的创业能力,培养适应创新型国家建设需要的高水平创新人才。国家级大学生创新创业训练计划内容包括创新训练项目、创业训练项目和创业实践项目三类。对中央部委所属高校创业实践项目,每个项目经费不少于 10 万元,其中,中央财政经费应资助 5 万元左右。中央部委所属高校分为 A、B、C 三组,分别给予不同力度的支持。

推进大众创业、万众创新,是发展的动力之源,也是富民之道、公平之计、强国之策,截至 2019 年 6 月,我国针对创业就业主要环节和关键领域陆续推出了 89 项税收优惠措施,尤其是 2013 年以来,新出台了 78 项税收优惠,覆盖企业整个生命周期。教育部关于应对新冠肺炎疫情做好 2020 届全国普通高等学校毕业生就业创业工作的通知(教学〔2020〕2 号),进一步增强和坚定做好毕业生就业工作的信心。

五、财政部和税务总局等创新创业政策

财政部和税务总局主要从创业投资企业的发展以及创业企业的税收优惠上支持创业活动。财政部、国家税务总局发布《关于促进创业投资企业发展有关税收政策的通知》,对创业投资企业采取股权投资方式投资于未上市中小高新技术企业的行为,在符合既定条件下予以一定的税收减免。发布《关于支持和促进就业有关税收优惠政策的通知》明确规定,高校毕业生从毕业年度起三年内自主创业可享受税收减免的优惠政策。其中,高校毕业生在校期间创业的可向高校申领《高校毕业生自主创业证》;离校后创业的,可凭毕业证书直接向创业地县以上人社部门申请核发《就业失业登记证》,作为享受政策的凭证。

六、共青团中央创新创业政策

全球创业观察(GEM,由美国百森商学院、英国伦敦商学院和多家知名学术机构共同

完成,调查覆盖全球 35 个国家,其经济总量占全球经济总量的 92%)报告显示,无论是在发达国家还是在发展中国家,青年都是最具创业活力和创业潜力的群体。共青团中央、全国青联作为全国最有影响的青年组织,以青年创新创业为突破口,对青年人创新创业教育和创新创业活动的支持在全社会创新创业教育的支持中占有重要地位,它开展的各种活动得到了青年人的热情支持,取得了巨大成就。

　　2003 年 11 月,共青团中央、中华全国青年联合会、国家劳动社会保障部、中华全国工商业联合会等 7 家机构倡导发起中国青年创业国际计划(Youth Business China,YBC)。该机构是一个旨在帮助青年创业的教育性公益项目,通过动员社会各界特别是工商界的资源,为创业青年提供导师辅导以及资金、技术、网络支持,帮助青年成功创业。2005 年9 月,联合国国际劳工组织与共青团中央、全国青联合作,启动 KAB(Know About Business)创业教育项目,开始在全国高校范围内推广《大学生 KAB 创业基础》课程,并成立项目推广中心,建立培训基地,设立 KAB 创业教育(中国)研究所,大力培训高校师资,开展创业教育研究。2010 年,共青团中央、科技部共同实施"农村青年科技特派员创业行动",探索一条农村青年以科技促创业、以创业促增收的发展道路;2011 年,共青团中央和农业部共同发文促进农村青年的创业就业行动,大力开展农村青年创业培训;2012 年,两部委继续共同发文,支持和帮助农村青年科技创业,要求各地团委和农业主管部门整合各方科技支持力量,促进科技要素带动资金、人才、信息、管理等生产要素向农村创业青年集聚,更好地发挥科技对农村青年创业的支撑作用,促进更多的农民运用科技增收致富。

　　共青团中央还通过开展"中国青年创业行动""成功创业计划""中国青年创业周""中国青年企业家管理创新奖"和"全国农村青年创业致富带头人和服务农村青年增收成才奖"评选等活动,深化中国青年就业创业行动,引导广大青年自主创业,通过创业带动就业。

小贴士

2013 年国家鼓励普通高校毕业生自主创业政策公告

一、放宽市场准入条件

1. 对自主创业高校毕业生进一步放宽准入条件,降低注册门槛,初创企业时,允许按行业特点放宽资金、人员准入条件,注册资金可分期到位。

2. 按照相关规定可将家庭住所、租借房、临时商业用房等作为注册地点及创业经营场所。

二、享受资金扶持政策

1. 对符合条件的高校毕业生自主创业的,可在创业地按规定申请小额担保贷款；从事微利项目的，可享受不超过 10 万元贷款额度的财政贴息扶持；合伙经营和组织起来就业的，可根据实际需要适当提高贷款额度。

2. 视当地情况，可申请"大学生创业资金"。

三、实行税费减免优惠

1. 毕业 2 年以内从事个体经营时，自在工商部门首次注册登记之日起 3 年内，可免交管理类、登记类和证照类等有关行政事业性收费。

2. 持《就业失业登记证》（注明"自主创业税收政策"或附着《高校毕业生自主创业证》）的高校毕业生在毕业年度内（指毕业所在自然年，即 1 月 1 日至 12 月 31 日）从事个体经营的，3 年内按每户每年 8000 元为限额享受有关税收优惠；毕业 2 年以内从事个体经营时，自在工商部门首次注册登记之日起 3 年内，可免交有关行政事业性收费。

四、提供培训指导服务

1. 对高校毕业生在整个毕业学年（即从毕业前一年 7 月 1 日起的 12 个月）内参加创业培训的，根据其获得创业培训合格证书或就业、创业情况，按规定给予培训补贴。

2. 进入"高校学生科技创业实习基地"创办企业，可以享受减免 12 个月的房租、专业技术服务与咨询、相应的公共设施以及公共信息平台服务等。

3. 在办理自主创业行政审批事项时，可以通过"绿色通道"享受联合审批、一站式服务、限时办结和承诺服务等。

4. 各城市应取消高校毕业生落户限制，允许包括专科生在内的高校毕业生在创业地办理落户手续（直辖市按有关规定执行）。

5. 自主创业申报灵活就业的高校毕业生，各级公共就业和人才服务机构按规定提供人事、劳动保障代理服务，做好社会保险关系接续工作。

（资料来源：编者根据网络资料整理而成。）

第三节　典型省市创新创业政策

一、北京市创新创业政策

2018 年 7 月《中共北京市委关于深化首都人才发展体制机制改革的实施意见》提出实施积分落户管理办法。对获得一定规模创业投资的创业人才、高新技术企业及文化创意领军企业骨干等，将优先办理引进。《国务院办公厅关于建设第二批大众创业万众创新示范基地的实施意见》（国办发〔2017〕54 号）为在更大范围、更高层次、更深程度上推进大众创业万众创新,持续打造发展新引擎,突破阻碍创新创业发展的政策障碍,形成可复制可推广的创新创业模式和典型经验,经国务院同意,决定在部分地区、高校和科研院所、企业建设第二批双创示范基地。《北京市简化优化公共服务流程方便基层群众办事创业工作方案》(京政办发〔2016〕15号)加快推进简政放权、放管结合、优化服务改革,进一步提高公共服务质量和效率,努力为基层群众提供公平、可及的服务,更好地推动大众创业、万众创新,激发市场活力和社会创造力,结合本市实际,制定本方案。本方案所称公共服务,是指政府工作部门、国有企事业单位和中介服务机构承担的直接面向基层群众、与群众办事创业和生产生活密切相关的管理、服务事项。

《北京市人民政府关于做好当前和今后一个时期促进就业工作的实施意见》(京政发〔2018〕30号)深入贯彻习近平新时代中国特色社会主义思想和党的十九大精神,全面落实党中央、国务院关于稳就业工作的决策部署,多措并举、综合施策,确保当前和今后一个时期本市就业目标任务顺利完成和就业形势持续稳定,支持企业稳定发展、鼓励创业带动就业、开展技能培训提升就业质量、精准施策帮扶就业、优化服务助推就业、健全保障机制。

2018年11月《北京市延庆区人民政府关于紧抓绿色大事发展机遇全面推进大众创业万众创新的意见》创新整合新能源环保产业发展等专项资金,加快研究建立政府引导基金,鼓励社会资本和专业机构广泛参与设立创业类、产业类以及基础设施建设类基金,建立地区科学完善的基金保障体系。围绕当前产业发展实际需求,探索建立储能、体育等特色产业和绿色产业发展基金,以股权、合作权益出资等方式支持科技含量高、投资规模大、市场前景广阔项目的引进和培育,引导重大科技成果转移转化项目以及优质企业落地集聚。整合区内国有融资担保机构及政府风险补偿资金,积极与区外优质融资担保机构对接合作,共建共享金融服务平台,为企业提供融资服务。

中关村科技园区管理委员会关于印发《中关村国家自主创新示范区中关村前沿技术创新中心建设管理办法》的通知,为贯彻落实北京市加快发展高精尖产业的决策部署,打造前沿科技创新高地,前沿中心作为链接孵化器与特色园具有产业加速功能的重要枢纽,旨在聚集掌握新兴产业前沿技术的优质企业,通过提供全方位专业服务、营造良好创新创业环境,加快培育一批具有国际影响力的创新型企业,打造前沿科技创新高地,助力分园特色产业高质量发展。

《中关村国家自主创新示范区优化创业服务促进人才发展支持资金管理办法》(中科园发〔2019〕20号)进一步打造中关村国家自主创新示范区(以下简称"中关村示范区")双创升级版,不断优化中关村示范区创业服务体系,吸引优秀人才到中关村示范区创新创业。

《北京市教育委员会关于印发北京高等学校高精尖创新中心建设管理办法的通知》(京教研〔2020〕1 号)为更好推进北京地区高校"双一流"建设,加强北京高等学校高精尖创新中心建设工作。高精尖中心是相对独立的科研实体,五年为一个建设周期。高精尖中心要通过体制机制创新,广聚国内外高端创新人才,最大限度激发和释放科研人员创新活力,建设成为高校科技特区和人才特区,为北京全国科技创新中心建设和区域经济社会发展提供有力的科技和人才支撑。

二、上海市创新创业政策

《上海市人民政府关于进一步做好稳就业促发展工作的实施意见》(沪府规〔2020〕10 号)按照《国务院关于进一步做好稳就业工作的意见》(国发〔2019〕28 号)和《国务院办公厅关于应对新冠肺炎疫情影响强化稳就业举措的实施意见》(国办发〔2020〕6 号)要求,加大力度保市场主体、多措并举开发更多就业岗位、拓宽渠道保居民就业、聚焦重点开展职业技能培训、突出需求做实就业创业服务、强化托底保基本民生、完善机制加强组织保障。

2020 年上海市政府发布《关于加快建设中小企业科技创新活力区强化知识产权战略的实施意见》(沪奉府规〔2020〕4 号),上海市财政局印发《上海市 2019—2021 年科技型中小企业和小型微型企业信贷风险补偿办法》,引导和鼓励本市各银行业金融机构不断加大对本市科技型中小企业和小型微型企业的信贷投放力度,进一步促进本市中小微企业发展。印发《上海市文化创意产业设计财政扶持专项资金管理办法》进一步规范本市促进创意设计产业发展财政专项资金的使用和管理,提高资金使用效益,发挥财政资金的引导带动作用,改善创意设计产业发展环境,加快推进本市创意设计产业发展和"设计之都"建设。上海市经济和信息化委员会、上海市财政局关于印发《上海市促进产业高质量发展专项资金管理办法(暂行)》(沪经信规范〔2020〕8 号)落实制造强国战略、打响上海制造品牌,提升产业基础能力和产业链现代化水平,加快培育发展新动能,促进产业高质量发展。

上海市人民政府《关于促进上海创业投资持续健康高质量发展的若干意见》(沪府规〔2019〕29 号)进一步促进创业投资服务创新驱动发展战略,为科技创新提供持续推动力。上海市人民政府《关于做好本市当前和今后一个时期促进就业工作的实施意见》(沪府规〔2019〕1 号)贯彻落实党中央、国务院关于稳就业工作的决策部署,适应当前经济运行变化,确保当前和今后一个时期本市就业形势稳定。

上海市人民政府关于印发《上海市全面深化服务贸易创新发展试点实施方案》(沪府

规〔2020〕24 号)加快推进本市服务贸易改革开放,全面深化服务贸易创新发展试点,制定本实施方案。

《上海市人民政府关于取消和调整一批行政审批等事项的决定》(沪府规〔2019〕9 号)对行政审批等事项进行了新一轮集中清理。经过严格审核和论证,市政府决定,取消和调整 17 项行政审批等事项。其中,取消 15 项,调整 2 项。要深入推进"放管服"改革,持续精简行政审批事项,全面推开"证照分离"改革,进一步破解"准入不准营"问题,充分激发市场活力和社会创造力。上海市人力资源和社会保障局关于印发《留学回国人员申办上海常住户口实施细则》(沪人社规〔2020〕25 号)贯彻落实人才强市战略,加大海外人才引进力度,规范留学回国人员申办上海常住户口工作。

三、浙江省创新创业政策

浙江省人民政府办印发《浙江省人民政府关于支持大众创业促进就业的意见》(浙政发〔2015〕21 号)实施就业优先战略,拓展新的就业领域。着力发展智力密集型、技术密集型等产业,提高劳动密集型产业附加值,进一步提高就业吸纳能力。大力发展信息经济、环保、健康、旅游、时尚、金融、高端装备制造这七大产业,培育就业新的增长点,加快形成推进产业转型升级与促进就业的良性互动机制。浙江省人民政府为贯彻落实《国务院关于强化实施创新驱动发展战略进一步推进大众创业万众创新深入发展的意见》(国发〔2017〕37 号),进一步优化创新创业生态环境,充分释放全社会创业创新潜能,在更大范围、更高层次、更深程度上推进大众创业、万众创新,要促进科技成果转化,拓展企业融资渠道,激励各类人才创新创业,创新政府服务管理方式。

印发《浙江省"小微企业三年成长计划"(2018—2020 年)》(浙政办发〔2018〕34 号)推动小微企业(不含"规上"企业、"限上"企业及个体工商户)高质量发展,各级"小微企业三年成长计划"工作领导要进一步完善和落实促进小微企业发展的有关政策,加快推进融资支持、财税优惠、创新发展等方面扶持举措落地落细。完善全省小微企业名录库,集中公布各类扶持政策及企业享受扶持政策信息。强化小微企业统计工作和运行分析,细化完善全省小微企业成长指数和新设小微企业活力指数等数据分析制度。充分利用各类媒体,总结推广小微企业成长范例,带动更多企业提升发展。

印发《关于加快发展众创空间促进创业创新的实施意见》(浙政办发〔2015〕79 号)培育发展众创空间等新型创业服务平台,以营造良好创业创新生态环境为目标,以激发全社会创业创新活力为主线,以构建众创空间等新型创业服务平台为载体,培育 1000 家以上具有较强专业化服务能力的众创空间等新型创业服务平台。聚集创业投资机构 300

家以上；吸引科技创业创新人才 50 万人以上；培养创业导师 5000 人以上。《浙江省人民政府办公厅关于创新重点领域投融资机制鼓励社会投资的实施意见》（浙政办发〔2015〕111 号）创新重点领域投融资机制，充分发挥社会资本特别是民间资本的积极作用，鼓励和引导社会资本特别是民间资本投资生态建设、公共服务、基础设施等重点领域，打破行业垄断和市场壁垒，充分发挥民间投资的活力。

浙江省人民政府印发《关于大力发展电子商务加快培育经济新动力的实施意见》（浙政发〔2015〕49 号）推进"电商换市"，加快构建完善的电子商务产业体系，推进电子商务政策、模式、管理和服务创新，推动解决电子商务发展中的深层次矛盾和问题，建立开放、规范、诚信、安全的电子商务发展环境。《浙江省人民政府办公厅关于推进黄酒产业传承发展的指导意见》（浙政办发〔2015〕115 号）以传承保护和创新发展为主线，紧紧把握黄酒多样化消费趋势和"互联网＋"发展趋势，按照"强创新、育品牌、拓市场、扬文化、重安全"的思路，着力推进黄酒产业技术创新、名企名品名师培育、消费市场拓展、传统技艺文化传承和食品安全保障，推动黄酒产业持续较快发展。《浙江省人民政府办公厅关于推进丝绸产业传承发展的指导意见》（浙政办发〔2015〕114 号）推进丝绸产业结构调整，以传承保护和创新发展为主线，按照原料基地化、技术高新化、品牌国际化、人才梯队化、产业和文化一体化的要求，着力推进丝绸原料基地建设、丝绸创新发展、名企名品培育、丝绸人才培养以及产业与文化的融合发展。《浙江省人民政府办公厅关于扶持木雕根雕石刻产业传承发展的指导意见》（浙政办发〔2015〕121 号）适应经济发展新常态和大众消费新特点，深入挖掘文化内涵，加快木雕、根雕、石刻产业结构调整，着力打造知名品牌，提升产品附加值，促进木雕、根雕、石刻产业与相关产业融合发展，在传承的基础上培植新的产业优势。浙江省人民政府印发《浙江省"互联网＋"行动计划的通知》（浙政发〔2016〕2 号）推进"互联网＋"发展战略部署，充分运用"互联网＋"促进新技术、新产品、新业态和新模式的发展，为加快推进经济社会转型升级提供强大动力。

《浙江省人民政府办公厅关于推进高等学校创新创业教育的实施意见》（浙政办发〔2016〕9 号）推进创新创业意识和价值教育、能力与素质教育、实习与实训教育、实战与孵化教育，构建全链条式创新创业人才培养体系。深化高校、政府、企业之间的合作，努力推进校内外联动的创新创业实践基地建设。积极构建以"项目抚育、政策扶持、创业辅导、苗圃孵化、社会扶植、示范辐射"为核心的创新创业生态圈，形成统一领导、齐抓共管、多方参与、全社会共同关心支持创新创业教育和大学生自主创业的良好环境。

四、河南省创新创业政策

河南省人民政府关于深化科技体制改革推进创新驱动发展若干实施意见（2015 年 7

月 1 日)为深入贯彻党的十八大和十八届三中、四中全会精神,落实《中共中央、国务院关于深化体制机制改革加快实施创新驱动发展战略的若干意见》(中发〔2015〕8 号)精神,主动适应经济发展新常态,全面深化科技体制改革,加快实施创新驱动发展战略总体要求。把科技创新摆在经济社会发展全局的核心位置,深化体制机制改革,加快实施创新驱动发展战略,坚持需求和问题导向,破除束缚科技创新的体制机制障碍,进一步聚焦我省经济社会发展目标,促进科技与经济紧密结合,强化企业在创新中的主体地位,充分发挥市场在创新资源配置中的决定性作用和更好发挥政府作用,强化科技同经济对接、创新成果同产业对接、创新项目同现实生产力对接、研发人员创新劳动同其利益收入对接,增强科技进步对经济发展的贡献度,营造大众创业、万众创新的政策环境和制度环境,使创新驱动发展战略真正落地,打造促进经济增长和就业创业的新引擎,构筑提升产业核心竞争力的新优势,推动形成可持续发展的新格局,促进经济发展方式的转变,为建设创新型河南提供有力的科技支撑。为贯彻落实《国务院办公厅关于促进开发区改革和创新发展的若干意见》(国办发〔2017〕7 号),促进我省产业集聚区和开发区合理有序良性发展,更好地发挥在全省转型发展攻坚中的示范、引领和支撑作用。全面贯彻党的十九大精神,深入贯彻习近平新时代中国特色社会主义思想,认真落实省第十次党代会部署,进一步发挥优势打好"四张牌",贯彻新发展理念,坚持质量第一、效益优先,以供给侧结构性改革为主线,把产业集聚区和开发区作为全省转型发展攻坚的主阵地,着力培育优势特色集群,着力集聚创新创业要素,着力拓展开放合作空间,着力促进绿色低碳转型,着力塑造营商环境优势,提升土地产出率、资源循环利用率、智能制造普及率、大中型企业研发机构覆盖率和产城融合发展水平,加快向现代产业园区转变,建设成为全省转型发展引领区、创新创业核心区、产城融合示范区、改革开放先行区,为决胜全面小康、让中原更加出彩提供坚强持久支撑。

《河南省人民政府办公厅关于应对新冠肺炎疫情影响做好 2020 年全省高校毕业生就业工作的通知》(豫政办〔2020〕15 号)扩大企业吸纳就业规模,落实国有企业招聘信息公开发布制度,扩大基层就业规模,提高各级事业单位空缺岗位专项招聘高校毕业生比例,扩大招生、入伍规模。积极争取扩大研究生和专升本招生规模。鼓励创业带动就业。高校毕业生参加创业培训(含互联网+创业培训)且取得培训合格证书的,按规定给予创业培训补贴。支持灵活就业。支持高校毕业生通过临时性、非全日制、弹性工作等灵活多样的形式就业。适当延长研究生毕业答辩、学位审核时间。引导用人单位推迟面试体检和签约录取时间。为贯彻落实《河南省人民政府关于省级财政性涉企资金基金化改革的实施意见》(豫政〔2015〕17 号)和《河南省人民政府关于创新机制全方位加大科技创新投入的若干意见》(豫政〔2014〕64 号)等文件精神,改革财政资金投入方式,引导社会资本投向科技创新创业,河南省财政厅、河南省科技厅与中原证券股份有限公司合作设立河南省科技创新风险投资基金(以下简称"基金")。

根据河南省教育厅《关于加快推进高等学校众创空间建设的通知》(教科技〔2016〕455 号)。高校众创空间是基于网络时代顺应新一轮科技革命和产业变革新趋势、满足高校师生乃至大众创新创业需求、体现高校特点、挖掘高校潜能、共享高校资源的新型创新创业服务平台,与大学科技园、产业园区等共同组成创新创业孵化转化和产业化链条。众创空间建设单位要依据《河南省教育厅关于加快推进高等学校众创空间建设的通知》的有关要求,进一步明确发展定位,加强基础设施建设,培养创新创业人才,强化师生成果转移转化,为深化我省高校创新创业教育改革,激发高校创新创业活力,提高创新创业人才培养质量,服务经济社会发展作出贡献。

《河南省人民政府关于深化省级财政科技计划和资金管理改革的意见》(豫政〔2015〕2 号)实施创新驱动发展战略,促进科技与经济紧密结合,深化省级财政科技计划和资金管理改革。总体目标按照国家总体部署,通过深化改革,强化顶层设计,打破条块分割,构建总体布局合理、功能定位清晰、具有河南特色的科技计划体系,建立目标明确和绩效导向的管理制度,加快建立适应科技创新规律、统筹协调、职责清晰、科学规范、公开透明、监管有力的科技计划和资金管理机制,使之更加符合科技创新规律,更加高效配置科技资源,更加聚焦全省经济社会发展的重大科技需求,基础前沿研究、重大共性关键技术研究、社会公益研究、高新技术研究显著加强,财政资金使用效益明显提升,科研人员的积极性和创造性充分发挥,科技对经济社会发展的支撑引领作用不断增强,为实施创新驱动发展战略提供有力保障。河南省高层次科技人才引进工程实施方案(省科技厅)聚焦河南省国家粮食生产核心区、中原经济区、郑州航空港经济综合实验区三大国家战略规划和河南省经济社会发展重大技术需求,围绕加快自主创新体系建设、促进创新驱动发展,面向海内外积极引进一批急需的具有国内先进水平或在国内得到广泛认可的高层次科技人才及创新型科技团队,加快形成一支规模宏大、富有创新精神、勇于担当的创新型科技人才队伍,加快提升我省科技创新能力,为实现全面建设小康社会宏伟目标提供科技人才保证。

《河南省教育厅关于贯彻落实大学生创业引领计划的实施意见》(教学〔2015〕261 号)以实施"大学生创业引领计划"为抓手,通过各方共同努力,力争用 3～5 年的时间,实现以下目标:一是建立健全高校、地方、教师和学生"四位一体"协同共建的大学生创业服务体系,促进政府激励创业、社会支持创业、高校鼓励创业、大学生勇于创业的机制基本形成;二是充分发挥大学生创业教育示范校、创业示范基地的示范带动作用,在全省高校普及创业基础教育,开展创业培训,优化创业辅导,建立健全集课堂教学、自主学习、实训实践、指导帮扶、文化引领为一体的高校创业教育体系；三是大学生的创新精神、创业意识和创业能力明显增强，毕业生就业质量稳步提高，自主创业及参与创业大学生人数显著增加，创业项目的经济效益和社会效益显著增强。

《河南省人民政府办公厅关于进一步激发高校科技创新活力提高支撑经济社会发展能力的实施意见》围绕"一个载体、四个体系"（科学发展载体，现代产业体系、现代城乡体系、自主创新体系、现代市场体系）建设，以构建产学研密切融合运行机制、服务创新型河南建设为目标，强化政府主导，充分发挥市场在资源配置中的决定性作用，切实促进高校创新资源和科技成果向企业流动、向产业集聚，推动高校自觉适应经济发展新常态，集中高校创新力量促进大众创业、万众创新，着力提高高校服务经济社会发展的贡献度。

第四节　创新创业政策实训

一、实训目的

通过本次实训，让学生了解本地创新创业政策的详细内容和相关政策制定部门，掌握创业扶持政策的有效申请，可从创业活动中得到有效政策帮扶。

二、实训要求与内容

实训一：创新创业政策收集

要求时间：一星期

成果形式：调研报告

任务：

1. 学生以小组为单位，网络查询登录：国家发改委、教育部、科技部、人社部等部委网站收集最新国家部委创新创业政策。

2. 学生以小组为单位，网络查询登录：大学生创业服务网、KAB教育服务网、创青春大赛平台、创业邦等创业服务类网站，查询最新的大学生创新创业赛事信息，积极了解最新的创新创业赛事详情和进度，与学校结合积极准备报名。

实训二：创新创业政策辩论会

要求时间：3小时，准备一星期

展现形式：创新创业政策辩论会

任务：

组织一次创新创业政策专场辩论会,辩论题目拟定为:大学生创新创业政策与商业模式在创业活动中重要性。通过深入辩论,深入了解创新创业政策的实施和制定。

即练即测

【思考题】
1. 创新创业政策应该如何利用?
2. 创新创业政策中在创业起步阶段可以获得哪些帮扶?
3. 当前国家和省市发布的最新创新创业政策有哪些?
4. 在企业中,创新创业政策收集主要途径有哪些?

◎ 案例

蓦然回首,成功就在灯火阑珊处

机遇,总是青睐于有准备的人,并且它从来不相信眼泪,更与孱懦、懒惰无缘。回望黄河科技学院 1994 级商贸经济专业毕业生李云鹏走过的人生之路,更是这条至理名言的真实写照,每一步,他都走得非常充分而又踏实,因此,成功往往就在离他不远的地方静默以待……

求学期间刻苦勤勉

1994 年李云鹏来到黄河科技学院,学习的是当时很热门的商贸经济专业,不过和大多数进入大学以后就放松学习的学生不同,李云鹏学习一直勤勉而又刻苦,专业成绩也一直稳居优秀之列,问其为何能做到跟其他同学"不同",他曾经不止一次地自嘲道:"没办法,我长得丑,找不到女朋友,看着他们天天成双结对,我也不甘寂寞,就在书中和'颜如玉'们约会了。"这大概可以和当前"人丑一定要多读书"的励志名言相媲美了。因此除了课堂上要专心听讲、认真记笔记外,学校后面的小丘陵,就是李云鹏课余周末学习的天堂。

一人,一书,一丘陵,1994 级商经专业李云鹏的传奇故事,就是在那个时候缓缓展开的……

抓住机遇毅然抉择

1996 年毕业后,李云鹏在家人的安排下成了郑州市交通局养路费征收所的一员,这是一份让大家羡慕的职业,在旁人看来,他可谓是开启了清闲稳定的人生,但是朝九晚五的生活,事业单位惯有的风气,让这位表面温顺的"教书先生"内心充满压抑,来自于心中的突破自己的呐喊愈来愈强,最终他做出了让大家大吃一惊的决定——辞职。

这个决定让李云鹏迎来了人生中的一个转折。都说世界上从来不缺少机遇,缺少的,只是有准备的人。显然,李云鹏是准备充足的人。

1996 年 10 月,旺旺集团郑州分公司成立,急需招兵买马,这时的李云鹏凭借着大学期间积累的扎实专业基础和良好个人品质,最终从几千名应聘者当中脱颖而出,成了一名"旺旺人"。从最基础的工作干起,到组建自己的团队,李云鹏踏踏实实,勤勤恳恳,仅仅用了一年的时间,就取得了河南市场第一的骄人战绩,并很快晋升为旺旺集团郑州分公司的高管,他处事雷厉风行,与干练果断的张雪、成熟稳重的程富亮,在当时被戏称为"旺旺三剑客"。"虽然时间过去很久了,但是现在在旺旺说起三剑客,很多人还是知晓一些的!"李云鹏自豪地说道。

1999 年,事业正处于上升期的李云鹏又做了一个令人吃惊的决定,他要离开旺旺集团,并且是昂头挺胸地离开,从入职的年销售额不足 200 万,到离职当年的年销售额 1000多万,李云鹏说是时候该离开了,很快他成了南方一个大集团的副总,都说是金子在哪里都是会发光的,是的,他在那里为公司创造了一个又一个奇迹。

再次抉择成就辉煌

多年的工作经历,取得成绩的同时,也让李云鹏清醒地认识到自己在财经、管理知识方面的不足,于是他利用空闲时间考取了郑州大学的 MBA,实现了人生的再次升华,也是在这一过程中,他结识了一批志同道合的朋友,乃至后来一起创办了河南富鹏投资有限公司。经过几年的运作,他们成功打造出富鹏旗下影响力超凡的河南富鹏投资有限公司、河南联控信息技术有限公司、河南社区通电子商务有限公司、河南袋叔电子商务有限公司四家子公司。其中河南联控信息技术有限公司是以科技为支撑,主营小区智能化、工业自动化领域产品的研发和应用,致力于有色、冶金、煤化、石化、电力、水处理、平安城市、智能建筑等行业发展的企业,目前公司已与多所著名高等院校、科研院所、设计单位、工矿企业建立了长期、稳定的科研合作关系,并与 IBM、HONEYWELL、GE、SIEMENS、ABB、AB、奥泰仪表、盈控自动化、和利时、浙大中控,海康威视、大华等国内外公司建立了密切、广泛的合作伙伴关系。而河南袋叔电子商务有限公司,李云鹏说"袋叔"谐音"袋鼠",众多的名字中,最终确定选取它,有三个原因,首先袋鼠是澳大利亚国家的象征,有深厚的文化底蕴;其次,众所周知,袋鼠都是在口袋里孕育子女,口袋是袋鼠母爱的传承;最后,袋鼠只懂得前行,不会后退,这也和黄河科技学院"开拓、拼搏、实干、奉献"的精神如出一辙,他和他的公司就是要永远保持这种奋勇前行的精神和勇气。

除此之外,李云鹏还独自创立了郑州市壹加壹便利店有限公司,目前已经成功开设了 30 家直营店,他计划在未来的三年时间内要达到 100 家直营店、200 家加盟店,并联合河南袋叔电子商务有限公司筹备上市。

都说,良好的环境促使我们去拼搏,雄厚的积累支撑我们去拼搏,重大的机遇要求我们去拼搏,激烈的竞争逼迫我们去拼搏。而李云鹏就是这样一位做好准备,抓住机遇,不停拼搏的斗士。

(资料来源:李云鹏口述,编者整理而成。)

第十章

创业计划书撰写与展示

故事引入

为什么投资喜茶？

2014 年，第一家喜茶店在广东中山市小榄镇开业，短短几天，门口就排起长龙，如今已形成"喜茶现象"。2016 年，"喜茶"获得了超 1 亿元的融资，由 IDG 资本以及投资人何伯权共同投资。一杯茶为何能打动何伯权？在何伯权看来，喜茶项目的升级在于两方面。

首先是理念升级，不能骗消费者。"用最好的材料，在全世界寻找最好的茶。创始人完全能理解'80 后''90 后'对茶饮口味、包装甚至广告的偏好。"其次，一定要有性价比的概念，将最好的产品放在最好的地点、最好的售卖环境销售。何伯权认为，如今中国人的财富已经积累到一定程度，消费者已经有了品质判断能力，也有传播能力。"在自媒体时代，每个人都拿着手机，随时可以发自己看到、尝到和感受到的，评价好不好，立刻会影响到很多人。""这就是消费升级，我大部分投资都是消费升级的新商业模式。"何伯权这样概括自己的投资理念：以更好的出品、更好的环境和更好的服务，带来消费体验的整体升级。

（资料来源：网易网。）

第一节　创业计划书概述

撰写创业计划书就像飞机驾驶员在飞机起飞前按照检查列表逐个检查，做起飞准备一样。为了能将事业顺利启动，则要通过书写创业计划书来将问题一个一个地清除。如你要盖自己的房子，一般来说不可能在没有设计图纸的情况下就盖起房子来。创业和这个道理一样，如果你没有一个好的事业设计图纸，就无法筹集资金，也无法吸引交易方。

一、创业计划书的含义

创业计划是创业者叩响投资者大门的"敲门砖",是创业者计划创立的业务的书面摘要,一份优秀的创业计划书往往会使创业者达到事半功倍的效果。创业计划书是一份全方位的商业计划,其主要用途是递交给投资商,以便于他们能对企业或项目做出评判,从而使企业获得融资。它是用以描述与拟创办企业相关的内外部环境条件和要素特点,为业务的发展提供指示图和衡量业务进展情况的标准。通常创业计划是结合了市场营销、财务、生产、人力资源等职能计划的综合。创业计划书的编写实际上就是对这些问题的回答。尽管不同行业的创业计划书内容和形式可能不同,但其本质都是对这些投资人所关心的问题进行分析与论证。有了一份详尽的创业计划书,就好像有了一份业务发展的指示图一样,它会时刻提醒创业者应该注意什么问题、规避什么风险,并最大限度地帮助创业者获得来自外界的帮助。一份好的创业计划书也会成为衡量创业者未来业务发展的标准。但是;在现实生活中,却经常有人在几乎没有任何商业管理经验的情况下,不制订详细的创业计划就开始创业。创业时的盲目行动对创业者而言,就如同没有经验的飞行员在冒险飞行一样危险,其结果有可能是彻底的毁灭。

🍃 小贴士

创业计划书建议

第一个建议是,一定要写一个创业计划书。因为这会明确你的想法并有利于你同别人进行沟通。创业计划书做好之后,你一定要让别人进行评阅并向你进行提问。第二个建议是,不要试图去改变用户的行为。你也许期望人们能戏剧性地改变做事方式,但这是不可能发生的。还有一个建议就是,在向消费者推出产品时,一定要保证它有充足的竞争力。此外,还要谋求合作,谷歌的做法就是合作——把搜索技术让其他公司使用,来帮助他们建立门户网站。最终,因为谷歌拥有品牌,所以赢得了消费者。

——巴蒂亚(Hotmail 创始人)

二、创业计划书的作用

1. 帮助创业者理清思路,准确定位

创业计划书能够帮助投资者在一个充满不确定性的商业环境中建立起长远眼光,并

使其能够针对现今商业环境中的各种变化以及如何适应这种变化而作出前瞻性的商业决策。制订创业计划可以使创业者将总体思考与随机的思路不断连贯起来。许多创业者在刚开始投入一项事业中的时候具有一个好的创意和热情,然而当真正着手去做一些事情的时候,才会发现需要考虑的地方何止是一处两处,也许有一些创业者只是在自己的脑海里形成了一幅蓝图,但是如果想未雨绸缪,就需要制订一份创业计划书,以使自己不会轻易偏离原先预定的方向。

2. 吸引风险投资和战略合作伙伴的重要媒介工具

对于风险投资家来说,创业计划是评价创业企业是否真正有投资或者经营价值的重要依据。创业计划书的好坏往往决定了融资的成败。所以,创业计划书的另外一个重要作用就是帮助创业者把计划中的企业推销给风险投资家。它还可以使企业的出资者以及供应商、销售商等了解企业的经营状况和经营目标,从而说服出资者为企业的进一步发展提供资金。

3. 凝聚团队的沟通工具

创业计划书可以用来介绍企业的价值,从而吸引到投资、信贷、员工、战略合作伙伴,或包括政府在内的其他利益相关者。一份成熟的创业计划书不但能够描述出你公司的成长历史,展现出未来的成长方向和愿景,还将量化出潜在盈利能力。这都需要创业者对自己的公司有一个全面的了解,对所有存在的问题都有所思考,对可能存在的风险都做好预案,并能够提出行之有效的工作计划。

4. 承诺工具

创业计划书也是一个承诺的工具。和其他的法律文档一样,在企业和投资人签署融资合同的同时,创业计划书往往将作为一份合同附件存在。与这份附件相对应的,是主合同中的对赌条款。对赌条款和创业计划书,将共同构成一个业绩承诺:当管理人完成或没有完成创业计划书中所约定的目标时,投资人和企业家之间将在利益上如何重新分配。在辅助执行公司内部管理时,创业计划书仍是一个有效的承诺工具。在上级和下级就某一特定目标达成一致以后,他们合作完成的创业计划书就记录下了对目标的约定。这样的约定,将成为各类激励工具得以实施的重要基础。

🍃 小贴士

对 赌 协 议

对赌协议就是收购方(包括投资方)与出让方(包括融资方)在达成并购(或者融资)协议时,对于未来不确定的情况进行一种约定。如果约定的条件出现,投资方可以行使一种权利；如果约定的条件不出现,融资方则行使一种权利。所以,对赌协议实际上就是期权的一种形式。

　　在国外投行对国内企业的投资中,对赌协议已经应用,在创业型企业投资、成熟型企业投资中,都有对赌协议成功应用的案例。摩根士丹利等机构投资蒙牛,是对赌协议在创业型企业中应用的典型案例。摩根士丹利投资上海永乐电器公司,是对赌协议在成熟型企业中应用的典型案例。

拓展阅读

5. 取得政府和相关机构支持

　　在我国,大量的创业活动离不开政府和相关机构的支持。政府每年都会在科技资金等方面选择一些潜力项目并提供支持。要取得政府的支持,必须借助公共关系和完整的创业计划,展现创业活动所具有的积极的社会意义,让政府机构充分了解创业思路和所需要的具体支持。国内以前常常用可行性报告和项目论证书代替行使这一作用。

三、创业计划书的基本要素

1. 商业模式

　　通过创业计划书展现商业模式,让投资者了解企业是如何赚钱的。商业模式一般贯穿在整个创业计划书中,它决定了创业企业的运作,关系企业的发展战略。投资者特别关注商业模式是否蕴含着巨大的利益,是否有对现有的和潜在的利益进行重新组合和再分配。因此,除了要向投资者阐明选择的商业模式外,还要让投资者确信商业模式能够获得成功,能够随着市场和自身条件的变化进行创新等。

2. 市场

　　创业计划书还要向投资者提供对目标市场的深入分析和理解。因为对于投资者来说,最关心的还是产品或服务有没有市场,市场容量有多大,顾客为什么要买融资企业的产品或服务。要打消投资者的顾虑,要在创业计划书中对消费者购买本企业产品或服务的行为进行细致的分析,说明经济、地理、职业和心理等因素如何影响消费者行为,并通过营销计划说明企业将如何通过广告、促销和公关等营销手段来达到预期的销售目标。

3. 产品(服务)

　　在创业计划书中,还要提供产品(服务)的所有相关细节,包括企业所实施的所有调查。还须向投资者说明产品(服务)所处的发展阶段,它的独特性,企业销售产品的策略,企业的目标顾客,产品的生产成本和售价,企业开发新产品或新服务的计划等。应该努力让投资者相信,企业的产品会在市场上产生重要的甚至是革命性的影响,同时也要使他们相信,创业计划书提供的证据是真实可信的,最终让投资者认识到,投资这个产品(服务)是值得的。

4. 竞争

在创业计划书中还必须就竞争对手的情况展开细致分析,向投资者清楚地阐述如下问题:现有的和潜在的竞争对手有哪些?产品是如何实现其价值的?和竞争对手相比本企业有哪些优势?顾客为什么偏爱企业的产品和服务?企业如何应对潜在竞争对手的挑战?总之,创业计划书要使投资者相信,企业不仅是行业中的有力竞争者,而且将来还会是确定行业标准的领先者,企业的竞争战略完全能够应对即将面临的竞争。

5. 管理团队

投资者对创业团队的关注甚至超过了产品本身,因为要把一个好的商机转化为一个成功的风险企业,关键是要有一支强有力的管理队伍。因此,在创业计划中,要向投资者完全地展现创业团队,描述一下整个管理队伍及其职责,分别介绍每位管理人员的特殊才能、特点和造诣,细致描述每个管理者能够对公司做出的贡献,并明确企业的管理目标和组织机构。要让投资者对企业的管理团队充满信心,相信企业的管理队伍是刚好适合创业企业的"梦之队"。

6. 行动

再好的理念,也只有通过行动才能实现。行动的无懈可击才可能赢得投资者的青睐,创业计划书应该有清晰的企业设计、生产和运营计划,切实可行的企业营销计划和准确的财务计划。企业将如何把产品推向市场?如何设计生产线?如何组装产品?需要哪些原料?企业拥有哪些生产资源?还需要哪些生产资源?生产和设备的成本是多少?如何定价?所有这些问题,都要在创业计划书中说清楚。

第二节　创业计划书的内容结构

一、创业计划书的基本规范

创业计划书就是通过文字把创业者的创业想法记录下来。一份好的创业计划书,可以是针对投资者的,可以是针对银行的,可以是针对合作伙伴的,也可以是针对自己的。

对象不同,创业计划书的写作侧重点会有所不同,不过,创业计划书也有自己的一般格式,我们称之为创业计划书的 6C 规范。

第一是概念(concept)。概念就是让别人知道你要卖的是什么。

第二是顾客(customers)。顾客的范围要很明确,比如说你认为顾客是女性,那五十岁以上或者五岁以下的女性也是你的客户吗?

第三是竞争者(competitors)。需要问,你的东西有人销售过吗?有替代品吗?竞争者跟你的关系是直接的还是间接的?

第四是能力(capabilities)。要卖的东西自己懂不懂?譬如说开眼镜店,如果师傅不做了找不到人,自己会不会验光、配镜?如果没有这个能力,至少合伙人要会做,再不然也要有鉴赏的能力,不然最好是不要做。

第五是资本(capital)。资本可能是现金,也可以是有形或无形资产。要很清楚资本在哪里、有多少,自己有多少资金,需要借贷多少资金。

第六是持续经营(continuation)。如果当你的事业发展很好时,将来的计划是什么?

二、创业计划书的内容

创业计划书的五大必备要素:第一,必须和创业计划书同时提供一套现金流规划;第二,创业计划书必须记住使用者的需要。计划书的读者想知道的可能是企业家想要他们知道的,但这通常很难;第三,创业计划书必须说明企业的所有职能之间的协调,例如,如果预期收入是 100 万美元,市场、生产、财务、人力资源等必须作为一个团队来赚得那笔收入;第四,创业计划书必须显示所有者、管理者的决心、责任和能力;第五,创业计划书必须付诸行动。

1. 封面和目录

封面应该包括公司名称、地址、联系电话、网址、日期以及核心创业者的联系方式等内容。封面底部可以放置警示阅读者保密等事项信息。如果公司已经有独特的商标,应该把它放在靠近封面中心的位置。目录页紧接着封面,它列出了创业计划书和附录的组成部分及对应页码。

2. 摘要

摘要是创业计划书中最重要的部分,是打开风险投资之门的钥匙。这部分必须可以向忙碌的风险投资商提供他必须了解的新企业独特性质的所有信息。在某些情况下,投资者只有在摘要有足够吸引力时才会阅读详尽的创业计划。阅读完概要后,投资者应该能比较明确地感觉到整个计划书的大致内容。概要不应该超过两页篇幅。概要最简明的格式是在逐项基础上提供对创业计划的总览。内容主题应该以创业计划书中相同顺序来描述。

3. 企业描述

企业描述是创业计划书的主体部分。它向创业计划审阅者展示了如何将创意变成一家企业,企业是否拥有某些合作伙伴关系。许多创业计划必须依靠建立合作关系才能得以实施。

企业历史部分应该简明,但要解释企业创意从何而来以及企业创建的驱动力量。如果企业创意起源的故事真实感人,那就把它写出来。使命陈述界定了企业为何存在,以及企业渴望成为什么。对于创业计划来说,使命陈述阐明了企业专注于什么,可以清楚地说明企业目的。产品与服务部分应包括对产品或服务的解释,要比摘要所写内容更详细。这部分应包括对产品或服务独特性的描述,以及在市场中的定位。当前状况部分应该显示企业进展到了何种程度。根据里程碑来考察企业状况,是一个很好的方法。里程碑指的是企业显著的或重大的事件。如果你选择并注册了企业名称,完成了可行性分析,撰写了创业计划书,创建了法律实体,你就算越过了几个重要的里程碑。法律状况和所有权部分,应该阐明谁拥有企业,企业所有权如何分配。

4. 行业分析

本部分首先考察企业试图进入的产业,比如产业规模、增长率和销售预测等。在企业选择目标市场之前,应该充分理解所在行业。行业结构指的是产业集中或分散化的程度。行业趋势包括环境趋势和业务趋势。这可能是行业分析中最重要的部分,因为它经常是新商业创意的基础。最重要的环境趋势是经济趋势、社会趋势、技术进步和政治与法规变革。业务趋势包括产业利润率的增减、投入成本的升降等方面。

5. 市场分析

行业分析之后,通常是市场分析。行业分析关注企业进入的整个产业,而市场分析将行业划分为若干细分市场或区隔,它们是企业试图进入的目标市场。市场分析的首要任务是细分企业即将进入的产业,然后识别特定的目标市场。市场细分是将整个市场划分为不同部分的过程。一般企业会按照多个维度划分市场,并逐步选出适合自身能力的特定市场。市场分析也应该包括竞争者分析,它是对企业竞争对手的详细分析。这有助于企业了解主要竞争对手的行业地位,也向创业计划审阅者表明,你对企业竞争环境有全面的理解。

6. 营销计划

营销计划关注企业如何宣传和销售它的产品或服务,涉及价格、促销、分销和销售等营销方面的具体细节。企业营销计划首先要清楚阐明营销战略、定位和差异化,然后讨论它们如何被价格、销售渠道和促销组合策略所支撑。

7.管理团队和公司结构

许多风险投资者会首先浏览摘要,然后直接翻到管理团队部分评价企业创建者的实力。因此,赢得融资支持往往不是因为创意或市场,而是创业团队为开发创意做了更充分的准备。创业团队通常包括企业创建者和关键管理人员。创业计划书应该提供管理团队每个成员的个人简介。个人简介包括职位头衔、职位的职责与任务、先前产业和相关经验、先前的成功经历、教育背景等信息。也应该找出创业计划与创业团队间的差距,以及弥补差距的时间表。

创业计划书应关注企业组织是如何构建的。即使是一家初创企业,也要概述企业当前的组织结构,以及成长过程中企业结构将会如何变化。创业计划书中的组织结构图是展示企业如何构建与权责链条的最有效方式。

8.运营计划

运营计划部分应描述企业如何运作,以及产品或服务如何生产。首先要描述企业在最重要业务方面的一般运营方法。运营计划部分应该描述企业的地理位置。这个部分还应描述企业的设施与装备。要列出最重要的设施与装备,并简要描述它们的获得途径。如果生产设施是无法描述的(如电脑程序员的工作空间)就不要做过多解释。

9.产品(服务)设计与研发计划

创业计划书首先要描述产品或服务开发的当前阶段。大部分产品遵循产品概念、原型化、试生产和全面投产的研发路径。计划书应该着重描述产品或服务所处的发展阶段,并提供后续步骤的进度安排。如果处于企业早期阶段仅仅拥有创意,创业计划书应该认真解释如何制造产品原型,它是新产品的初次实物展示。

"挑战和风险"部分应该揭示产品或服务进入市场过程中,企业可能遇到的主要设计、研发风险与挑战。本部分还应描述企业拥有或打算保有的专利、商标、版权或商业秘密。如果初创企业仍处于早期阶段,可能没有采取任何知识产权上的措施,但应该获得一些法律建议,以便在创业计划中讨论相关事宜。

10.财务规划

创业计划书的最后部分是企业的财务规划。它们涵盖了整个创业计划,并用财务数据将其表示出来。首先,财务规划包括资金的来源与使用陈述,它特别需要指明企业需要多少资金,资金可能从何而来,以及资金使用在什么地方。

假设清单解释了财务报表所依据的最重要的假设。识别企业依据的关键假设并彻底检查这些假设,对企业成功具有重要意义。预计财务报表是创业计划书财务部分的核心内容,但是在早期的创业企业中,这是最容易被忽视的方面。预计财务报表包括预计收益表、预计资产负债表和预计现金流量表。一般应准备3~5年的预计财务报表。如果是已开业企业,应该提供3年来的历史财务报表。

11. 风险分析

成功地消除和减轻投资者的顾虑,将有助于获得投资者的青睐。不同企业有各自不同的情形和各自不同的风险。这些风险可以分为机会风险、技术风险、市场风险、资金风险、管理风险、生产风险和环境风险等多个方面。要想融资成功,就要说明企业将怎样对这些风险因素实施控制,证明创业企业具有较强的抗风险能力。

12. 退出策略

风险投资者通常对创业投资的退出策略极为关注。在创业计划书中,最好考虑设计适当的退出路径。常见的创业投资退出方式主要包括公开上市、兼并收购和回购等。创业企业应该对三种退出方式的可能性进行可信的预测,当然,任何一种可能性都要让投资者清楚投资的回报率。第一种可能的方式就是公开上市。上市后公众会购买企业股份,风险投资者持有的部分或全部股份就可以卖出。目前这条退出途径在国内因为法律和股市不完善而很不畅通。第二种是兼并收购,兼并收购即把企业出售给大公司或者大集团。采用这种方式时,一定要提供几家对本企业感兴趣并有可能采取收购行动的大集团或大公司。第三种是回购,回购可以给投资者提供一种"偿付安排"。在偿付安排中,投资者会要求企业根据预定的条件回购投资者手中的权益。

13. 附录

不适宜放入创业计划书正文而又十分重要的材料都应放在附录中,如高层管理团队简历、产品或产品原型的图示或照片、具体财务数据和市场调查计划等。

三、创业计划书的基本要求

要想让企业的创业计划书引起投资者的关注,首先就要了解创业计划书写作的基本要求,不犯基本的错误,在此基础上再把创业计划书做得更加出色。

1. 力求准确

向投资者全面披露与企业有关的信息,无论是优势还是困难都要讲到位,体现出与投资者合作的诚意,隐瞒实情、过分乐观甚至夸大其词往往会适得其反。

2. 简明扼要

创业计划书首先要简洁,能够一句话表述清楚的就一个字也不要多加,最好开门见山,直奔主题,让投资者觉得阅读每一句都是有意义的。许多创业者常犯的毛病就是把创业计划书写得像一部企业管理大全,面面俱到,忽视了应有的侧重点。创业计划书在30～50页为佳,太短或太长都不好。

3. 条理清晰

创业计划书看起来似乎是很高深、很复杂的东西。实际上,无论创业企业是做高科技还是做传统产业,投资者真正关心的问题都是一样的:做的是什么产品?怎么赚钱?能赚多少钱?为什么?在制订创业计划书之前,要能够清晰地就这几个问题解释清楚:商业机会;所需要的资源;把握这一机会的进程;风险和预期回报。

4. 注意语言

良好的语言水平并不能挽救创业企业不成熟的创业理念,但是一个好的创业理念却可能因为语言水平不高而导致融资的最终失败。因此,需要对创业计划书的语言进行锤炼,一方面创业计划书不是学术论文,应该力求语言生动;另一方面,要让读者容易理解创业计划书的内容,所以应尽量避免使用过多的专业词汇。

5. 强调可信性

创业计划书描述的前景可能很动人,但要真正打动投资者,还要让他确信这幅图景是可实现的。要做到这一点,需要在创业计划书撰写之前进行充分的市场调研,了解顾客、竞争对手、市场前景等问题,在调研数据的基础上进行财务分析,来说明企业将获得的收益。在创业计划书中,数据越充分、越翔实,就越容易让投资者相信预测是可信的。

小贴士

IDG(International Data Group,著名美国投资公司)认可的创业计划书要素

企业简介:包括公司名称、发展历史、产品或服务以及各股东。

业务模式:企业的核心产品或服务,市场中的竞争优势。

市场分析:包括行业市场规模,目前公司的市场份额、市场地位,主要竞争对手的情况。

管理队伍:公司的管理架构,以及对创始人、主要管理人员和技术骨干的介绍。

财务数据:过去2～3年的资金及管理运作的简单财务报告,以及今后两年的销售预测。

融资需求:1～2年之内的融资计划,包括资金需求量、具体融资方案及其他相关需求。

第三节 创业计划书的撰写

一、创业计划书撰写步骤

撰写创业计划书的创业者在事后总会跟看过医生的病人一样,着重于谈论痛苦而不是结果。创业计划书的撰写并不是件浪漫的事,但是,既然打算写一份优秀的创业计划书,那就必须作好思想准备,准备好将要花费的时间、耐心和思考,准备好不断地辩论,并做好进行长时间的研究、写作和编辑的准备。

1. 将创业计划书构想细化

创业团队需要对创业活动进行总体的规划,明确企业的竞争对手、客户、技术和企业的盈利模式等内容。

2. 市场调研

创业团队需要对企业所处的行业、环境和政策背景进行调研,需要就企业的竞争对手展开研究,需要就客户展开调研,调研的细致准确将为下一步的工作奠定扎实的基础。

3. 创业计划书写作

根据企业的构想和市场情况,制定出明确的目标、市场和竞争战略,拟定实施战略的具体措施,并说明企业团队的执行能力,再对公司的未来做一份完整的财务分析。在此基础上构成创业计划书的基本框架。

4. 创业计划书的检查和调整

在创业计划书写完之后,最好采用模拟辩论的方式,从创业计划书中发现存在的问题。另外,当局者迷,最好再求助于融资顾问,就创业计划书能否对投资者关心的问题做出清楚的说明并准确回答投资者的疑问作出评价。如果不能,就要做出相应的改进。

5. 创业计划答辩

这是推销创业计划的时机,牢记住简洁的市场分析和可靠的数据分析是对答辩有益的,对一些可能的提问也要事先做好应付的准备。

二、创业计划书撰写原则

1. 逻辑原则

创业计划书的编写在逻辑上要遵循以下 4 个原则。

（1）可支持性原则，即给投资者一个充足的理由，说明投资的可行性；

（2）可操作性原则，即解释以什么来保证创业及投资成功；

（3）可营利性原则，即告诉投资者带来预期回报的概率有多大，时间有多长；

（4）可持续性原则，即告诉投资者我们这一企业能生存多久。

2．内容原则

（1）结构完整。经常会见到缺乏财务预估、市场状况及竞争对手数据的创业计划书，这样的创业计划书带来的后果自然是投资方对方案评估速度的减慢，投资可能性的减小。

（2）结构清楚。清晰的逻辑结构会给人一种思路清晰的感觉，看到这样的创业计划书，投资人可以最有效地了解你的构思与想法。

（3）深入浅出。把深奥难懂的想法、服务与程序以浅显的文字表达出来是一种自我营销方式，尤其是当你的资金是来自银行或一群不具专业知识的投资者时更须如此。

（4）顾客导向。简单地说，针对口味调酱加料就是了！最好连行文的语调、章节的编排、数据的呈现、重点的强调等，都能根据需要募资的对象进行适当调整。

三、创业计划书撰写应注意的问题

1．明确创业计划书是干什么用的

创业计划书的作用，一是对未来的创业活动做出计划和预期，以规范创业过程当中的各种行为；二是用来吸引投资人，这可能是创业计划书最为实际的功用。所以创业计划书的撰写要尽可能迎合投资者的心理和要求。写一份计划书就像做一次演讲，一个好的演讲者应该讲听众感兴趣的，这样才能吸引听众的注意力。创业计划书撰写的切入点不同，可能不会对创业者的行为产生影响，但却会直接影响创业融资的结果。创业计划书中的计划摘要就显得十分重要。它必须能让读者有兴趣并渴望得到更多的信息。

2．避免一些容易犯的错误

有技术背景的创业者往往缺乏营销经验，更没有如何建立、维持企业竞争优势的经验。他们即使意识到市场的重要性，也很有可能会把重点放在描述市场有多么巨大，前景有多么广阔上，而没有注重思考、描述竞争与营销策略的问题。而如何建立、维持企业的竞争优势，采用何种营销策略却是投资人最想听的。

一个创业计划总是沿着基本的商业概念逐步完善的。开始，计划书只强调几个关键性的因素，随着分析的深入，新的条目不断地被补充；随着新情况的出现，计划书还需要被重新评估并加入反映这些新情况的条目。项目和结果势必会经过不断的协调以使计划的主旨不会发生错误。

3．创业计划书应当简洁明了

创业计划书应当做到让外行也能看懂。一些创业者认为他们可以用大量的技术细节、精细的设计方案、完整的分析报告打动读者,但大多数时候并不是这样。只有少量的技术专家参与创业计划的评估,许多读者都是全然不懂技术的门外汉,他们更欣赏一种简单的解说,也许用一个草图或图片作进一步的说明会效果更好。如果非要加入一些技术细节,可以把它们放到附录里面去。

4．创业计划书的写作风格应前后一致

在创业计划书的编写过程中,一些细节方面也同样重要,一份创业计划书,通常由几个人一起完成,但最后的版本应由一个人统一完成,以避免写作风格和分析深度的不一致。而且,好的创业计划书必须正确、清楚。所谓正确即必须注意数字的准确性,只要提到数字必须有根据,如为参考别人的数据则应注明出处,如为假设则必须说明假设条件。所谓清楚就是容易懂,让拿到创业计划书的人不必再经口头解释,就可以容易地了解整个投资构想。

拓展阅读

四、创业计划书的评价

1．关注产品

在创业计划书中,关于产品的介绍应该是重中之重。在创业计划书中,应提供所有与企业的产品或服务有关的细节。应包括产品处在生命周期的哪个阶段? 它的独特性怎样? 企业的分销渠道是什么? 谁会使用企业的产品? 产品的生产成本是多少? 售价是多少? 企业发展新产品的计划是什么等诸多问题。

在创业计划书中,创业者应尽量用简单的词语来描述每件事。商品及其属性的定义对创业者来说是非常明确的,但其他人却不一定清楚它们的含义。制订创业计划书的目的不仅是让出资者相信企业的产品会在市场上产生革命性的影响,同时也要使他们相信企业有证明它的论据和能力。

2．要敢于竞争

在创业计划书中,创业者应细致地分析竞争对手的情况。竞争对手都是谁? 他们的产品是怎样的? 竞争对手的产品与本企业的产品相比,有哪些相同点和不同点? 竞争对手所采用的营销策略是什么? 要明确每个竞争者的销售额、毛利润、收入以及市场份额,

然后再讨论本企业相对于每个竞争者所具有的竞争优势,要向投资者展示,顾客偏爱本企业的原因。创业计划书要使它的读者相信,本企业不仅是行业中的有力竞争者,而且将来还会是确定行业标准的领先者。在创业计划书中,创业者还应阐明竞争者给本企业带来的风险以及本企业所采取的对策。

3．了解市场

创业计划书要给投资者提供企业对目标市场的深入分析和理解。要细致地分析经济、地理、职业以及心理等因素对消费者选择购买本企业产品这一行为的影响,以及各个因素所起的作用。创业计划书中还应包括一个主要的营销计划,计划中应列出本企业打算开展广告、促销以及公共关系活动的地区,明确每一项活动的预算和收益。创业计划书中还应简述一下企业的销售战略:企业使用的是怎样的营销渠道。创业计划书还应特别关注销售中的细节问题。

4．表明行动的方针

企业的行动计划应该是无懈可击的。创业计划书中应该明确下列问题:企业如何把产品推向市场?如何设计生产线?如何组装产品?企业生产需要哪些原料?企业拥有哪些生产资源,还需要什么生产资源?生产和设备的成本是多少?企业是买设备还是租赁设备?解释与产品组装、储存以及运输等有关的固定成本和变动成本的情况。

5．展示企业的管理队伍

把一个思想转化为一个成功的创业企业,其关键的因素就是要有一支强有力的管理队伍。这支队伍的成员必须有较高的专业技术知识、管理才能和多年的工作经验。管理者的职能就是计划、组织、控制和指导公司实现目标。在创业计划书中,应首先描述一下整个管理队伍及其职责,然后再分别介绍每位管理人员的特殊才能、特点和造诣,细致地描述每个管理者将对公司所作的贡献。创业计划书中还应明确管理目标以及组织机构图。

6．出色的计划摘要

创业计划书中的计划摘要也十分重要。它必须能让读者有兴趣并渴望得到更多的信息,它将给读者留下长久的印象。计划摘要将是创业者所写的最后一部分内容,但却是出资者首先要看的内容,它将从计划中摘录出与筹集资金最相关的细节:包括对公司内部的基本情况、公司的能力以及局限性、公司的竞争对手、公司的营销和财务战略、公司的管理队伍等情况的简明而生动的概括。如果公司是一本书,它就像是这本书的封面,做得好就可以吸引投资者。

小贴士

天使投资人语录

投资公司对三类计划书是最反感的。

第一类，没有强有力的团体的计划书。没有创意我们也可以投，但是，我们对团体的要求会非常高，你最好可以证明你在哪个公司做过，做过什么事情，有怎样的成功记录，你的团体如何有执行力。

第二类，只有创意没有实际经验和细节的计划书。很多年轻创业者有很大的误解，以为有一个创意，加上了钱一定可以成功，如果是这样，这个世界上都是成功者了。

第三类，超过 10 页的计划书。做投资的人都有一定的经验，你只需要告诉我你在做什么？你的产品提供了什么价值给什么样的用户？用户为什么要用你的东西及你的东西怎样面对竞争以及如果有同行竞争，你和他们相比如何？你对未来市场竞争的办法。曾成功投资雅虎等著名公司的 VC 公司认为，哪怕是业务非常简单的小公司，只要能为客户创造价值，客户会喜欢用，并且可以说服 VC，能做全球最好或者中国最好，这个公司就有价值。我们会投资这样的公司。希望大家在构思自己商业模式的时候，不要把计划书写得多么宏大，你就踏实地告诉我们，如果我是你的客户，你会为我们带来什么样的价值。10 页的篇幅说不清怎么办？如果 10 页的计划书可以引起我们的兴趣，我们会和你联系，这个时候你可以有机会，我可能会给你 3 个小时的时间进行讨论。

第四节　创业计划的展示

如果创业计划书成功吸引了潜在投资者的兴趣，下一步就是与投资者会面并向他们当面陈述创业计划了。投资者往往要面见企业创建者，因为投资者最终投资的新企业非常少，所以新企业创建者应尽可能地给投资者留下良好的印象。与投资者的初次会谈通常时间很短，大约 1 小时左右。投资者一般要求企业使用幻灯片作 20～30 分钟的口头陈述，然后利用剩余时间进行提问。如果投资者印象深刻且打算了解更多企业信息，他与合伙人会邀请陈述人进行第二次会谈。这次会谈通常会持续更长的时间，进行更充分的陈述。

一、创业计划的口头陈述

与投资者会面之前，新企业创建者要准备好幻灯片，并以会议预定的陈述时间为限。

同样形式也可应用于大部分的创业计划大赛。口头陈述的首要原则是遵守安排。如果投资者给创业者 1 小时的面谈时间,包括 30 分钟陈述与 30 分钟问答。那么,口头陈述就不应该超过 30 分钟。陈述应该流畅通顺,幻灯片应简洁鲜明,切忌堆砌资料。会面时,创业者应守时并做好充分准备。如果需要视听设备,在投资者没有的情况下,创业者应事先自行准备,这些应该在面谈前就准备好。陈述应通俗易懂,避免使用技术术语。新企业创建者常犯的错误是,花费太多时间纠缠于产品或服务的技术,却没有时间陈述企业自身的情况。口头陈述最重要的事项,以及陈述技巧见表 10-1。这种陈述形式只需要用 12 张幻灯片。创业者通常犯的错误是准备了太多幻灯片,他们在 30 分钟陈述期间急切地翻阅图片。

表 10-1　口头陈述包括的内容

标题	介绍公司名称、创建者名字、公司图标,开始陈述
问题	简述企业要解决的问题或满足的需求
解决方案	解释企业如何解决问题,或如何满足未实现的需求
机会与目标市场	阐明特殊的目标市场,讨论推动目标市场发展的业务和环境趋势
技术	这张幻灯片可随情况选用。讨论技术或产品/服务的独特性方面,不要过分以技术方式来讨论,让描述简单易懂
竞争	着重解释企业的市场竞争优势,描述企业如何与竞争对手展开竞争
营销与销售	描述总体的营销战略,讨论销售流程,如果你已进行了购买意愿调查或其他的产品初步调研,在此要汇报调查结果
管理团队	描述现在的管理团队。解释团队是如何构建的,他们的背景与技能如何对企业成功至关重要。如果你有顾问委员会或董事会,简要介绍关键的个人。如果你的团队有差距,解释如何弥补、何时弥补差距
财务规划	简要讨论财务情况。阐述企业何时获得利润、企业到达盈利需要多少资本、现金流何时达到盈亏平衡。如果需要展示数据信息,可多使用几张幻灯片,但不要太多描述当前状况
当前状况	描述企业当前的情况,企业已经达成的里程碑时间。不要忽视已有成绩的价值
融资需求	说明你要寻求多少融资,你将如何使用这笔资金
总结	结束陈述。概述企业与团队的最重要方面。征求听众反馈

二、投资者的预期问题与反馈

无论是初次会面还是后续讨论,潜在投资者都会问创业者很多问题。聪明的创业者会敏锐地预见到这些问题并为之做准备。投资者往往以挑剔的眼光来看创业计划,尤其在投资者对创业计划每个部分都挑刺时,创业者很容易泄气。同样情况也会出现在创业计划大赛的问答阶段。如果创业者的脸皮厚一些,并理解投资者只是在做自己的分内工作,这可能会有所帮助。实际上,那些指出创业计划或陈述中有缺陷的投资者是在帮助创业者,因为根据投资者的反馈,创业者可以改进创业计划或陈述。

在第一次会面时,投资者主要关注机会是否真正存在,以及管理团队是否有足够经验和技能来创业。投资者还试图感受管理者是否对新企业高度自信。问答阶段非常重要,此时投资者会考察创业者的思考方式及其对新企业的了解程度。

🍃 小贴士

顶级风险投资人的“五秒陈述规则”

维诺德·科斯拉先生创立了太阳微系统公司后主要以风险投资家的身份致力于数百家企业的成长。2001年,在《福布斯》公布的100名最好的风险投资家中名列第一。

科斯拉先生会用专家级眼光挑剔、评估创业计划书、资产负债表、战略关系、营销材料,尤其是陈述演示。他对每一次陈述都采取五秒规则:投放一张幻灯片,五秒钟之后移去,再请观众复述这张幻灯片的内容。内容繁杂的幻灯片无法通过这项测试,自然也就不能提供最基本的演示功能——辅助陈述。

通过这个简单的规则,科斯拉先生不断地强调陈述演示过程中两大最重要的元素,其一,少即是多(less is more)——这是面对眼花缭乱的演示内容的观众最想对陈述者说的话;其二,更重要的人的感知能力。一旦有画面出现在屏幕上,在座的每一位观众就会条件反射地把目光投向那里去解析这个画面。画面内容越是繁杂,解析的时间就越多,观众便无心听陈述者的讲解。而陈述者大多不顾观众的感受继续口若悬河,又进一步加重了处理信息的负担。最后,观众不想再听下去了,游戏结束。

一个简单的解决办法就是模仿电视新闻节目。每家电视广播公司播出的这些画面仅仅由一幅图像和一两个单词作为主持人播报新闻的标题。做陈述的时候,把自己当成主持人,设计符合科斯拉先生五秒钟规则的幻灯片作为你故事的标题。

(资料来源:http://www.ceosiga.com/EMBAwk/zibenyunzuo/20150509/18244.html。)

创业计划是创业者的路标。创业计划包含目标、预测和企业描述。换句话说,创业计划就如一次旅行的蓝图和飞行计划,经过这次旅程,想法变成了商机,风险和回报得到了阐述和管理。创业计划书的篇幅长短不一,但所有创业计划都必须包括详细的研究;这些研究可以清晰地说明企业理念、市场因素、管理结构、重大风险、财务需求和预算、阶段性发展目标。

创业者会在创业计划的每一部分对企业的运营进行描述,并且指出可能遇到的主要问题。很多创业者发现,在计划中首先说明他们将会如何创办企业并解决创办过程中遇到的问题是大有裨益的。这两个方面都与企业的财务问题有关。在完成销售额预算、支出预算以及利润预算后,新创企业的所有者就可以开始制订管理和市场营销计划了。财务预算数据对管理和市场营销计划起支持性作用。在计算出相关财务数字后,企业可以很轻松地完成这两部分内容。

创业计划不等于企业;实际上,有一些最成功的企业创建时根本没有正式的创业计划,或者即便是有,也被认为是不具说服力或是有缺陷的计划。准备创业计划并把它提交给准投资者是团队尝试合作、学习企业战略,并判断谁能增加最大价值的最好方式之一。没有一份计划是完整且一成不变的,创业者经常需要增补或删减计划中的某些内容。有些内容没有按预期计划实施,而另外一些在原始计划中未能体现的内容需要增加到新计划中。重要的是,计划为创业者指明了最初的发展方向。创业者可以在必要时对原计划进行修改。

第五节　创业计划书项目实训

一、实训目标

电梯演讲游戏适用于探讨公司愿景、新服务讨论,以及创业计划演讲和推销等活动。演讲不但需要相当精简,足以在电梯上升的短短几十秒内表达清楚,还要生动地描述正在解决的问题,为谁解决这个问题,这些想法有哪些与众不同的亮点。

二、实训要求与内容

人数:单人或小规模团队。

时间:整个游戏需要90分钟的时间,有了最初的想法后,在为演讲确定优先级和提炼演讲词之前,给大家留出休息的时间。在小规模团队中构思演讲词相对简单。在某些情况下,当我们在游戏中制定出重要的决策后,需要指定一个人完成最终版的商业计划演讲稿。

游戏规则:整个游戏分为两个阶段:构思和定稿。为了方便构思,将以下标题按顺序写在挂图板上:

- 目标客户是谁?
- 客户需求是什么?
- 产品名称是什么?
- 市场类别是什么?
- 关键收益是什么?

- 竞争对手(产品)是谁(什么)?

- 产品有哪些与众不同之处?

这些将成为电梯演讲词的要素。将它们按照电梯演讲的句型结构顺序排列。

电梯演讲的句型结构:对于(目标客户),谁拥有(客户需求),(产品名称)是一种(市场类别),它拥有(关键收益),不像(竞争对手),该产品拥有(独特优势)。

在准备游戏之前,先向大家解释这些要素以及它们之间的相互关系。

"目标客户"和"客户需求"之间的关系应简单明了,任何好一点的想法或产品都会吸引许多潜在客户。在构思演讲词的阶段,所有这方面的想法都是颇受欢迎的。

事先确定"产品名称"有助于限定谈话范围,把参与者的注意力集中到演讲主题上。允许大家在游戏过程中对产品的名称自由诠释。

"市场类别"是对想法或产品类别的描述,为目标客户提供了一个重要的参考框架,是比较和实现价值的基础。

"关键收益"是形成演讲词以及定稿时团队最难确定的地方。在电梯演讲时,没有时间用N种收益来混淆主题,只能用一个令人印象深刻的解释,那就是"为什么要接受你的建议?"。

"竞争对手"和"独特优势"为电梯演讲画上了最后的句号。"竞争对手"从理论上讲可能是另一家公司或产品。"独特优势"应该是同竞争对手相比,这个想法或方式是独一无二的。

形成阶段:一旦理解了这些要素,参与者就可以集思广益,并将自己的想法写在便笺条上。开始的时候,他们不应该互相讨论和分析,而应针对各个类别,独自产生各种各样的想法和说辞。接下来,运用"贴出"游戏,将他们的便笺条贴到挂图板上共享。

接下来,团队可以讨论现有的演讲词中最难对付的地方。我们是否充分了解了竞争对手,进而宣布我们具有独特的优势?我们是否就目标客户达成了共识?我们的市场类别是已确定,还是在试图定义新的东西?我们需要将重点放在哪里?

在进入正式的定稿阶段之前,大家可以使用"数点投票""亲和图"或其他方法来确定优先顺序,并在每个类别中挑选出合适的想法。

定稿阶段:遵循讨论结果,回想演讲中可能出现的要素,接下来"尝试"在真实情况下出现的各种可能性。根据参与者人数,可以将大家分为几个小组,每组两人或一人。给每个小组指定一个任务,即根据挂图中的想法写一个电梯演讲稿。

经过一段时间(大约15分钟),大家再次集合并开始陈述他们起草的电梯演讲稿。参与者可以扮作目标客户,倾听演讲并加以评论,或向演讲者提出不同的问题。

团队成员一致认同演讲词中应该包含哪些内容,应该舍弃哪些内容之后,就可以结束该游戏。一种可能的结果是针对不同的客户对象精心雕琢演讲词;在定稿阶段,可以将大家的注意力集中在上面。

策略：不要期望能够在一大群人里敲定最终的演讲词，这并不是关键，因为在游戏之后还可以继续修改演讲词。在游戏中最重要的是，让大家决定在演讲词中应该包含或者不应该包含哪些要点。

角色扮演是测试电梯演讲的最快方式。假想目标客户有助于去掉那些妨碍清晰表述观点的泛语浮词。如果演讲真的令人信服和引人入胜，那么参与者就会自如地在客户面前把它变成真正的电梯演讲。

"电梯演讲"是风险资本圈的一个传统习俗，它的基本出发点是，如果你要阐述一个商业想法，它应该简单到能够在电梯上升的短短 20 秒时间内表达清楚。

即练即测

【思考题】

1. 创业计划书撰写的要素有哪些？

2. 创业计划书的基本内容有哪些？

3. 创业计划书撰写应注意哪些问题？

4. 创业计划书展示要点有哪些？

5. 收集 10 篇"互联网＋"大学生创业创新大赛网络创业计划书，分析各项目的计划书优劣有哪些？

🎯 案例

郑州飞轮威尔实业有限公司

商业计划书（简版）

目　　录

第一章　项目背景

当下,汽车的大量使用引发城市交通拥堵日益严重,其尾气排放也对空气造成了严重污染。在柴静雾霾调查视频中,显示 44% 的人开车出行距离均在 5 公里以内。5 公里范围内包括去上班、去超市购物、去吃饭、家与地铁站的距离、大学校园、大型工厂、景区等。

在此情况下,我们注意到,人们需要一种携带方便、时尚、低碳环保的短途代步工具来改善当下的出行。如果有一种交通工具可以解决这 5 公里的出行,相信人们的生活会变得更加简单、快乐、美好。

第二章　行业及市场分析

2.1　行业情况

2.1.1　行业发展历史及趋势

1999 年,美国 Segway 公司推出了世界上第一台双轮平衡车,当时,连乔布斯都盛赞 Segway 产品或将革新人们的交通出行方式。2011 年美国一位姓陈的中国华侨,提出了独轮平衡车的概念,并开创了 Solowheel 品牌,至此,独轮平衡车的概念迅速传入中国。2012 年,身在中国的三个团队,也就是飞轮威尔、IPS、爱尔威三个品牌的创始团队开始了独轮平衡车的研究,于 2013 年三家团队各自推出了自己的电动独轮平衡车品牌,开启了智能电动独轮车的中国时代。

2.1.2　行业市场前景分析与预测

2013 年整个全球平衡车市场一片空白,经过一年多的时间,平衡车在中国率先发展,2014 年市场爆发式增长,人们开始接受此新鲜事物。欧洲等发达国家市场 2014 年年末开始出现了井喷式增长,2015 年保守估计全球市场份额在 10 亿元人民币。而飞轮威尔品牌为中国三大品牌之一,旗下产品在国际市场的前景不可限量。

随着独轮平衡车技术的革新和人工智能的发展,终有一天会像自行车曾经那样的普及。

2.1.3　行业市场销量现状与预测

过去 5 年全行业销售总额见下表。

年份	2010	2011	2012	2013	2014
销售收入	0	0	0	5 000 万元	5 亿元

资料来源:京东商城内部统计数据。

2.2　公司市场地位分析

在电动独轮车行业中,由于国内企业进入较早,品牌和技术优势明显。而美国

Solowheel、Segway 等品牌定位价格高昂,技术更新缓慢,无法引领和带动市场。电动独轮车起源于中国,率先发展于中国,未来国内电动独轮车企业在国际市场中也将居于先导地位。

2.3　行业相关法规与规定

2.3.1　行业管制

整个行业目前尚无行业标准,我公司也正在积极联系相关行业及配套行业建立产业联盟,倡导和主导行业标准的制定,规范行业健康长远发展。公司每款新产品进入市场都会引起很大关注,成了行业发展的标杆。

2.3.2　行业相关的技术与贸易壁垒、政策限制

技术壁垒;贸易壁垒;政策限制。

2.4　行业产品的消费者分析

2.4.1　消费者类型:上班族,学生,户外爱好者,旅行家等

2.4.2　用户规模

2013 年在国内已经达到 20 000 个用户,未来 5 年将达到 200 万个用户。

由于外国路况较好、人们生活水平较高,国际市场的销售状况与国内市场相比要好。

第三章　公司概况及管理团队

3.1　公司简介

郑州飞轮威尔实业有限公司,注册资金 1 000 万元,集生产、研发、销售为一体,以改善人类短途生活交通为企业使命。研发团队始创于 2008 年,于 2012 年正式立项独轮平衡车项目,目前主要研发产品为智能电动独轮车。

集团下属三个公司,分别为:郑州飞轮威尔实业有限公司(产品营销、品牌运营和物流配送)、深圳平衡力科技有限公司(产品研发和生产)、平衡力科技香港有限公司(国际贸易业务)。

F-WHEEL(飞轮威尔)平衡车因先进的自平衡技术和良好的产品质量,在行业具有很高的知名度。公司产品曾经被 CCTV、德国 RTL 电视台、《环球时报》等国内外知名媒体报道,公司并在 2014 年荣获了最佳责任品牌奖和最佳汽车旅途伴侣奖两项大奖,荣获2015 年郑州市科技创业明星单位。

3.2　公司管理团队

姓名	年龄	职位	毕业院校	工作经历及成果
李某	27	CEO	黄河科技大学	公司发起人之一,前百度公司报网试点项目产品运营经理,持有左右自动平衡独轮车发明专利等
张某	33	副总裁(主管研发)	广东工业大学	公司发起人之一,8 年机械自动化从业经验,机器人、无人机资深研发工程师
底某	27	研发工程师	上海交通大学	机械工程专业,双转子电机相关专利发明人之一

姓名	年龄	职位	毕业院校	工作经历及成果
张某	27	研发工程师	华南理工大学	动力机械与工程专业,前广东省重点实验室广汽研究院发动机工程师
王某	26	研发工程师	武汉大学	轻工技术与工程专业高才生

第四章 公 司 产 品

4.1 产品概述

4.1.1 产品简介

F-WHEEL(飞轮威尔)智能电动独轮车,目前已上市三大系列10款车型,定位于智能短途代步工具。它十分小巧,到达目的地时收进背包或抽出拉杆即可随身携带,与自行车相比更快更省力,与电动车相比更省电便携,是上班、上课、休闲娱乐的最佳短途代步工具。其体积小、能耗低、无污染,百公里仅消耗1度电,使人们真正实现了绿色出行。

4.1.2 已上市产品介绍

Q系列 海豚系列 赤兔系列

三大系列独轮平衡车

经典Q系列:第一款独轮平衡车,经典款,9kg,上市时为市场最轻电动独轮车。海豚系列:首创可伸缩的隐形拉杆,极大提高便利性,并搭载手机APP控制,远程更新固件等,功能与技术全球领先。赤兔系列:可拆卸座椅的独轮车,灵活拆卸,自由组装,主打性价比。

4.1.3 子品牌产品介绍

公司在创立过程中,为了清晰定位品牌,不同的产品区分不同的品牌。为了丰富产品线,与智能电动独轮车形成互补效应,推出子品牌XYQQ,旗下产品包括智能电动滑板车和mini双轮平衡车,主要销售渠道为网络直销和海外市场。

4.1.4 互联网+

智行系网站:这是公司目前正在稳步发展的开放平台,打造定位未来出行的聚合网站,将包含资讯、新产品试用、商城、开发者、金融、众筹以及依赖平台的众包空间,目标成为智能出行的创业生态(www.zhixingxi.com)。

APP与移动互联网:APP是公司产品重要组成部分,公司发布的每款产品都将配置

有统一控制的 APP，通过 APP 移动互联网终端使用户与机器连接、用户与用户连接、用户与公司连接，形成出行产业的大数据，优化和开发新产品。

4.2 产品的市场优势

4.2.1 品牌先发优势：在如今市场竞争中，品牌认知决定市场地位，消费者的品牌认知特点为先入为主。公司产品投入市场的时间在国内外处于前列，品牌优势明显，消费者对公司品牌的认知度较高。

4.2.2 性价比优势：公司拥有独轮车生产的核心技术，生产过程严格控制，产品质量得到保证。同时公司对产品可以实现设计、生产和销售，可以对成本进行主动管理和控制。在对外销售时，性价比优势明显，掌握了价格的主动权。

4.2.3 产品功能和外观的优势：因产品的独特性，便携性，和附带的智能化手机

APP,与同类产品的差异化比较大,特别是 APP 和隐形拉杆的创新,具有很大的市场优势。

4.3　产品的未来研发方向:云智能、便携、短途代步

4.3.1　移动终端设备 APP 和无线通信之电动平衡车租借系统(发明专利申请中)

4.3.2　一键一秒智能电动折叠车(正在结构设计中)

4.3.3　两轮左右自平衡汽车/摩托车(发明专利已经申请中)

4.3.4　机器人移动方案、代步机器人

第五章　公司战略与风险分析

5.1　核心商业模式

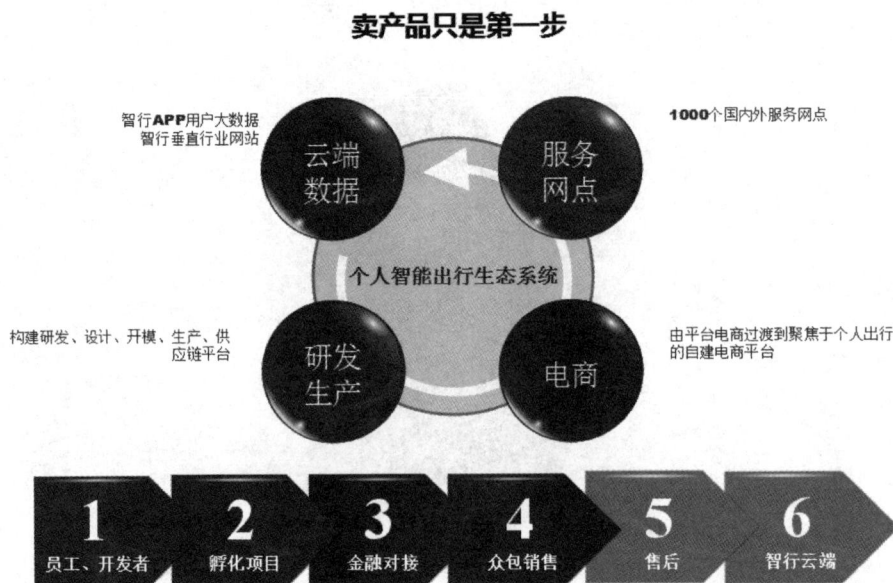

卖产品只是第一步

智行**APP**用户大数据
智行垂直行业网站

**云端
数据**

**服务
网点**

1000个国内外服务网点

个人智能出行生态系统

构建研发、设计、开模、生产、供
应链平台

**研发
生产**

电商

由平台电商过渡到聚焦于个人出行
的自建电商平台

1	2	3	4	5	6
员工、开发者	孵化项目	金融对接	众包销售	售后	智行云端

5.2　公司战略

5.2.1　公司战略的拟订及步骤

5.3　风险分析

5.3.1　技术方面:(略)

5.3.2　市场方面:(略)

5.3.3　生产方面:(略)

5.3.4　财务方面:(略)

第六章　研发、生产与销售介绍

6.1　研发情况

6.1.1　公司研发团队

研发团队共有 10 余人,其中硕士 3 名。3 名博士作为公司技术顾问。

6.1.2 技术研发与专利

目前公司已申请完成和正在申请的专利项目和类别如下。

序号	专利类别	专 利 名 称	专利/申请号	备注
1	发明专利	左右自平衡电动独轮车	201510164411.9	
2	发明专利	基于手机 APP 和无线通信之电动平衡车租赁系统和方法	受理中	
3	发明专利	一种具有左右自平衡功能的控制力矩陀螺装置的前后两轮智能电动汽车	受理中	
4	实用新型	自平衡轮胎,车轮及独轮车	ZL201420456471.9	
5	实用新型	隐藏支架独轮车	ZL2014204556231.9	
6	实用新型	隐藏式拉杆	ZL201420787188.4	
7	外观专利	海豚外观	ZL201430266344.8	
8	外观专利	甲壳虫外观	ZL201430266330.6	
9	外观专利	Q 型机外观	ZL201430266466.7	

专利证书扫描件见附件。

6.2 销售介绍

发展至今,国内加盟城市门店 100 多个,经销网点达 200 余个,产品出口到数十个国家,海外经销网点达 50 余个。2014 年销售收入达到 1 334 万元,2015 年预计销售额突破 2 000 万元。公司产品售价在 1 299～3 999 元之间。网络直销模式的毛利润率在 45% 左右,净利润率在销售价格的 30% 左右。

线下代理模式下的毛利润率在出货价的 20% 左右,净利润率在 15% 左右。

出口业务的毛利润率在出货价的 30% 左右,净利润率在 20% 左右。

第七章 财务状况及盈利预测

7.1 公司财务状况

7.1.1 资产负债表

元

	2014-12-31	2013-12-31
总资产	4 294 986.12	2 013 233.11
总负债	1 000 062.08	
净资产	3 294 924.04	2 013 233.11
资产负债率(%)	23.28	0.00

7.1.2 利润表

元

	2014 年度	2013 年度
营业收入	13 342 366.17	3 543 000.00
营业成本	8 877 036.96	1 936 000.00
管理费用	2 221 820.87	1 537 355.00
利润总额	1 708 921.24	6 534.15
净利润	1 281 690.93	6 534.15
毛利率(%)	33.47	45.36
净利率(%)	9.61	0.18

附件:(略)。

(案例中的商业计划书由飞轮威尔公司提供。)

第十一章

综合案例

案例一 黄河科技学院发展创业历程

黄河科技学院创办于1984年，本部位于河南省郑州市，是经教育部批准成立的一所民办普通本科高校。黄河科技学院在郑州市、济源市建有四个校区，占地2800余亩，校舍建筑面积100多万平方米。学校现有工学部、艺体部、商学院、医学院、应用技术学院等10个二级学院（部）；设有工、理、文、医、管理、经济、法、教育、艺术等9大学科门类；开设电子信息工程、临床医学、工商管理、数据科学与大数据技术等68个本科专业，数控技术、护理等35个专科专业；其中机械制造及其自动化、材料加工工程、通信与信息系统、区域经济学、生药学5个学科为河南省重点学科；护理学、机械设计制造及其自动化、电子信息工程、音乐表演、计算机科学与技术、材料成型及控制工程6个专业为河南省特色专业；通信工程、计算机科学与技术、土木工程、工商管理、广播电视编导、环境设计、材料成型及控制工程、电子信息工程、药学等9个专业为河南省一流本科专业。学校拥有的省级重点学科、一流专业、特色专业数量均居全省民办高校第一。现有本专科在校生30 000余人，具有高级职称的教师近50%，青年教师中80%具有研究生学历，各学科专业都拥有高水平的学术带头人。拥有中国工程院院士、享受国务院政府特殊津贴专家、教育部新世纪优秀人才、国家级教学成果奖获得者、国家和省级教学名师、教育部全国首批万名优秀创新创业导师、省级学术技术带头人、"中原百人计划"专家、河南省优秀教师等荣誉教师150余人。拥有工程师暨教师、律师暨教师、会计师暨教师等各类"双师型"教师630余人，使教学与生产、教学与科研、教学与社会紧密结合。学校建有河南省院士工作站、博士后研发基地、重点实验室、国际联合实验室、工程技术研究中心、实验教学示范中心等高层次教学科研平台50余个。各科类实验（实训）室138个，实验分室441个，校外实训基地224个；教学科研仪器设备价值4.28亿元；馆藏图书362.8万册。学校发展史被联合国教科文组织官员称为"世界教育史上的奇迹"，两次被美国弗吉尼亚大学商学院写进教学案例，并多次被中央电视台、《人民日报》《华盛顿邮报》等中外著名媒体报道。

黄河科技学院30多年的发展,经历了6个阶段。

第一阶段(1984—1989年):艰难起步,鸿基初创

1978年,我国进入改革开放新时期,社会各方面人才奇缺。河南作为人口大省,经济欠发达,教育相对落后,高等教育入学率不足2%。当时,人民群众渴望求学;离退休干部希望发挥余热;高校教师未能充分发挥作用。如何把求学者、办学者、教学者三股力量凝结起来,整合资源为社会服务,成为时代的要求,人民的呼声。

1984年,因公重度烧伤、在病榻上躺了三年的胡大白,与丈夫杨钟瑶先生审时度势,以敏锐的眼光、敢为天下先的勇气,创办了"郑州自学考试辅导班"。确立了"为国分忧,为民解愁,为社会主义现代化建设服务"的办学宗旨,提出"全心全意为学生服务、全心全意为教师服务"的办学理念,坚持以质兴教,聘请专家、教授挂牌上课。

1985年4月,第一期学员自学考试成绩平均合格率达87%,优异的教育质量赢得了社会赞誉。学校在两年多时间里就发展成为万人规模的成人教育基地,被《光明日报》赞誉为"全国自学考试的一面红旗"。"大浪推着我前进"是《中国青年报》头版头条的标题,也是胡大白董事长的深切感言。

1988年,胡大白校长提出"创办中国特色社会主义民办大学"的战略目标,这是"民办学校从自考班转型学历教育高校"的大学梦。从此"敢为天下先"成为学校创新创业、勇往直前的最强音!成为学校发展的战斗号角!

第二阶段(1990—1994年):敢为人先,跨越发展

在国家对社会力量是否可以办大学还没有明确规定的情况下,胡大白审时度势,率先提出要"创办一所中国特色社会主义民办大学",实现"民办学校从自考班转型学历教育"。从此"敢为天下先"成为学校创新创业、勇往直前的强大动力。

1992年,学校奠基建设第一个校园,着手引进和培养师资,为建设高校开始全面准备。

1994年,学校顺利通过专家评审,成为改革开放以来国家教委批准的第一所独立设置的民办普通专科高校。实现了历史性的跨越。

第三阶段(1995—2000年):冲破禁区,再谱新篇

1995年,胡大白校长在学校教师和干部大会上提出"以提高教育质量为中心,以提高管理水平为手段,以加强思想政治工作为保证"的办学方针,以及"打硬仗、上台阶、创特色、争名牌"的战略思想。在国家对民办本科还没有明确要求的情况下,胡大白大胆提出要办"民办普通本科大学"。

1999年,全国第三次教育工作会议提出"积极发展高等教育,大力支持民办教育"的

方针,提到符合条件可办一些民办普通本科高校。

2000 年,学校成为教育部批准的全国第一所实施本科学历教育的民办学校。谱写了民办教育的新篇章。

与学校教育层次提升相适应,其他各项事业也蓬勃发展:1992 年,经省教育工会批准建立工会;1994 年建立党总支,1997 年成立党委,同年把省人才市场引入校园;1998 年、1999 年,经新闻出版总署批准相继发行校报、学报;2000 年,经教育部批准设立少数民族预科教育基地。

第四阶段(2001—2008 年):探索前进,协调发展

升本以后,学校更加注重质量、规模、结构、效益的协调发展,提出了"调整结构、夯实基础、提高质量、创建特色"的可持续发展思路。

2002 年,学校获准招收留学生。

2004 年,经教育部批准开展中外合作办学教育。

2005 年,提出"以本科教学工作水平评估为主线"的工作思路。

2007 年,启动"八大工程"建设,全面提高教育教学质量,促进学校内涵发展。

2008 年在教育部普通本科教学工作水平评估时,评估组专家评价说:"黄河科技学院的发展让我们很震撼、很震惊,你们走出了一条艰苦创业、滚动发展的成功办学之路。"

第五阶段(2009—2013 年):深化改革,转型发展

2009 年以来,学校完善顶层设计,进一步锤炼办学指导思想,制定学校中长期发展规划,明确了地方应用型本科高校的办学定位和高素质应用型创新人才的培养目标。

2013 年,学校获批教育部"应用科技型大学改革试点战略研究单位",并与济源市政府共建应用技术学院。学校先后建成国家职业技能鉴定站、国家大学生校外实践教育基地、国家专业综合改革试点、院士工作站、河南省博士后研发基地、工程技术研究中心、实验教学示范中心等高层次教学科研平台 44 个。建成大学科技园区、科技企业孵化器和大学生创业园,先后被认定为郑州市大学科技园、郑州市科技企业孵化器、郑州市创业园,科技园孵化器被科技厅批准组建河南省科技企业孵化器。

第六阶段(2014 年—):全面建设应用型大学,内涵式发展

2014 年,学校教改成果"民办高校应用型人才培养模式创新与实践"获得国家级教学成果二等奖;学校被教育部评为"全国毕业生就业典型经验高校"(全国高校毕业生就业工作 50 强)。中国校友会网发布的《2014 中国大学评价研究报告》中,学校名列民办大学排行榜理工类第一名。学校教学成果"民办高校应用型人才培养模式创新与实践——以黄河科技学院为例"获得河南省高等教育教学成果奖特等奖、国家级高等教育教学成果二等奖。

2015 年，学校"黄河众创空间"被科技部备案为全国首批众创空间，并纳入国家级科技企业孵化器管理体系；学校获批"河南省大学生创业示范基地""河南省首批示范性应用技术类型本科院校"。

2016 年，学校大学科技园被科技部认定为国家级科技企业孵化器，学校荣获教育部首批"全国创新创业典型经验高校"（全国高校创新创业工作 50 强）"全国首批深化创新创业教育改革示范高校"、民政部首批"全国社会组织教育培训基地""河南省创业孵化示范基地"。

2017 年，学校创业园入选团中央首批"全国大学生创业示范园"，被共青团河南省委评为"河南省青年创新创业示范园区"；学校获批"河南省首批高校双创基地"，荣登"2012—2016 年全国普通高校竞赛评估结果（本科）TOP300""河南省高校知识产权综合能力提升专项行动十强十快高校"。2018 年，学校被评为河南省示范性应用技术类型本科院校年度考核一类，入选河南省"三全育人"综合改革试点高校。2019 年，学校大学生创业孵化园获批全国创业孵化示范基地，学校入选教育部"互联网＋中国制造 2025"产教融合促进计划建设院校，在"中国新建（应用型）本科高校发明专利排行榜"中位列全国民办高校第一名，连续四年专利授权量在河南省高校中排名第二。2020 年，学校通过河南省科研设施和仪器开放共享绩效评价并连续两年获得双向补贴，是唯一一家连续两年享有补贴的高校。学校 2018、2019、2020 连续三年位居武书连中国民办大学综合实力第一名，2017、2018、2019、2020 连续四年在《广州日报》全国应用型大学排行榜民办高校位居第一名。

30 多年来，学校秉持"为国分忧、为民解愁、为社会主义现代化建设服务"的办学宗旨，坚持社会主义办学方向，育人为本，德育为先，创立了"以党建为核心，全面加强思想政治工作"的思政工作模式；以培养一线创新人才为目标，积极深化教育教学改革，构建了"本科学历教育与职业技能培养相结合"的人才培养模式，为国家培养了 20 多万名"下得去、留得住、用得上、干得好"的应用型高级专门人才。学校围绕创新创业，广泛开展校企、校政深度合作，形成了特色鲜明的产学研相结合的创新创业教育模式，搭建了多元化创新创业服务平台，构建了立体化创新创业支持体系，营造了浓厚的创新创业文化氛围，推动了学校创新创业工作的成功开展。学校曾荣获"全国民办高校先进单位""全国诚信自律先进单位""黄炎培优秀学校""全国三八红旗集体""全国五四红旗团委""全国优秀高等教育研究机构""河南省文明单位""河南省文明校园""河南省先进基层党组织""河南省就业创业工作先进单位""河南省依法治校示范校""河南省民族团结进步创建示范单位"等荣誉称号。

（资料来源：来源于黄河科技学院，经编者搜集整理而成。）

【简评】

黄河科技学院的成长历程,展现出我国民办高等教育在曲折发展中的步履蹒跚、厚重积累和战略眼光;黄河科技学院的发展进程,展示出独具"本科学历教育与职业技能培养相结合""党建和思政工作新模式"特色的中国民办高校成功之路;黄河科技学院三十多年的成功之路,挖掘了嵌入我国民办教育滚动式发展模式的文化特质。

不论公办高校还是民办高校,只有准确定位,才能在激烈的市场竞争中立于不败之地。黄河科技学院在经济社会发展和教育改革的大背景下坚持科学定位和内涵发展,成为全国第一批"应用型科技大学"战略项目试点高校,在建设现代大学制度的道路上进行了独特探索与成功尝试。

拓展阅读

(简评来源于《发现黄科院基因》序言,作者钟秉林——中国教育学会会长、北京师范大学原校长。)

案例二 李威与飞轮威尔自平衡车

人物简介:李威,黄河科技学院 2011 届毕业生,大学互联网创业者,飞轮威尔(F-WHEEL)项目创始人。2011 年就职于百度,受任百度报网项目产品运营经理。北京大学 EMBA 在读。7 年互联网从业经验,连续互联网创业者,郑州市科技创业明星。

在读大二期间,李威组建了"启航啦"创业团队,在创业之路上正式扬帆起航。他瞄准大学生这个特殊市场,自编网站代码,创办了大学生门户网站,为大学生和商家提供交流和展示的平台,并与当时郑州各个学校周边商家推出联名让利卡,持卡会员可以在联盟商家打折消费。这个金点子使他稚嫩的创业团队每周获利上万元。

为了支持他们创业,黄河科技学院专门批了一间办公室作为他们的办公场所。团队顶峰时期一度达到 30 人,他们的网站也相继开辟了论坛、团购、商城等业务,李威也收获了他人生的第一桶金。这一年,河南商报、新浪网等多家媒体报道了李威和他团队的创业故事。

2011 年毕业后,李威进入百度深造,在大平台学习专业互联网运营,被委派到一个报网合作的项目,任产品经理。工作期间,李威受到了大公司的洗礼,并以敏锐的嗅觉闻到了百度进军智能自行车等智能硬件领域所带来的市场巨大前景,智能化浪潮下,出行工具必将受到颠覆,创业之火再次在李威心中燃烧。

一年后,李威从百度离职,来到了硬件创业之都深圳,与其好友张辉杉先生等开始了对独轮平衡车的研究,张辉杉先生有 8 年的机器人和无人机行业从业经验,对倒立摆系统的应用(平衡车的原理)有深入的见解和研究,这为飞轮威尔快速推出独轮平衡车奠定了基础。

在当时,飞轮威尔研发团队是全球最早研发独轮平衡车的团队之一,自 2013 年第一款产品投入市场以来,因其专注性和专业性,逐渐成为全球独轮车市场主要品牌之一。短短数年,飞轮威尔见证和引领了电动独轮车的发展,有很多实用型技术也刷新了行业的高 Dolphin 度,2014 年年底推出的海豚 Dolphin 系列电动独轮车,搭载手机 APP 智能交互,云更新固件版本,初步形成移动互联网平衡车的战略布局。

这只是李威的创业布局的开端,智能电动独轮车只是作为一个爆款切入智能代步领域,不断迎合新时代人群需求,用极致的产品颠覆思维打造个人智能出行生态圈,主打轻便时尚、环保、智能概念,将包含智能电动独轮车、平衡车、智能电动滑板车、智能自行车、智能电动折叠车、自平衡汽车、无人机等有关个人绿色出行代步产品,以及上游产业(产品设计、电池、电机、金融服务等),互联网产业(聚焦于智能出行的垂直行业网站、垂直电商平台、移动互联网 APP)等,计划 3~5 年完成项目计划,形成个人出行产业生态闭环,整个项目落成后每年营收预估 20 亿元以上,市值超 100 亿元,届时将是个人智能出行生态圈的开创者!

【公司简介】

飞轮威尔集生产、研发、销售为一体,以改善人类短途生活交通为企业使命。研发团队始创于 2008 年,注资 1 000 万元。2012 年正式立项独轮平衡车项目。

飞轮威尔集团下属三个公司,分别为郑州飞轮威尔实业有限公司(产品营销、品牌运营和物流配送)、深圳平衡力科技有限公司(产品研发和生产)、平衡力科技(香港)有限公司(国际贸易业务)。

F-WHEEL(飞轮威尔)平衡车因先进的自平衡技术和良好的产品质量,在行业具有很高的知名度。公司产品曾经被 CCTV、德国 RTL 电视台、《环球时报》等国内外知名媒体报道,公司并在 2014 年荣获了最佳责任品牌奖和最佳汽车旅途伴侣奖两项大奖,荣获 2015 年行业最具影响力品牌,2015 年郑州市科技创业明星单位。

2014 年 12 月,飞轮威尔公司和黄河科技学院联合成立了智能硬件产业研发平台,主要研发方向为智能自平衡车、机器人、无人机。

2015 年 5 月 20 日,飞轮威尔公司被国家科技部、河南省政府列为创新创业科技企业模范代表,并接受国家科技部曹健林部长、河南省政府谢伏瞻省长接见指导。

2015 年 12 月 8 日晚,中央电视台《新闻联播》专题报道了飞轮威尔公司并公布了该公司即将全球首发的新品 icarbot(中文名小 i 云车)。

2016 年,飞轮威尔创始人李威先后获得企业创新典范奖,2016 年(行业)影响力人物,并成为行业年龄最小掌舵人。同年,荣获郑州市五四青年奖章,河南省创新创业标兵之首。

2017 年 11 月推出新品大鱼智行车,并在淘宝众筹 40 天销售 1 200 万元,创造阿里出行领域的纪录至今未被打破。旗下小 i 云车同时获得香港设计大奖及香港最佳户外运动用品奖。

2018 年,大鱼智行车产品不断升级,出口高达 60 多个国家,并在新加坡、德国均设立有大鱼智行车运营中心。同年,大鱼智行车全球举办了"新国标绿色骑行节"活动。

2019 年,飞轮威尔 & 大鱼 CEO 李威再次荣登 2019 胡润 U30 创业领袖榜。

2020 年 8 月 17 日,大鱼智行车受邀参与了由广东省电池行业协会、动力电池网在广州举办的"2020 第六届中国动力电池大会(CEBC2020)"。

小贴士

自平衡车的主要用途:

城市短途代步,可以携带至公交、地铁,上班和上学极其方便,是上班族和学生族的最爱。

运动健身,飞轮威尔是一款很好的健身运动工具,可以锻炼使用者的平衡能力,也可以锻炼腰腹部的肌肉。

自信娱乐,使用飞轮威尔电动独轮车,可以提高使用者的自信,享受高回头率的自豪感,同时锻炼社交能力,结交志趣相投的朋友。

商业演出,此款产品可以作为商业演出活动道具,提高科技感和吸引力,使商业活动效果更好。

户外旅行,园区、景点都可以使用飞轮威尔,达到节约时间的目的。

【李威学长送给那些奔跑在创业之路上的学弟学妹的话】

首先,我认为选择创业,要先把心态摆正,这是一个长期的过程。选择创业就是选择一种生活方式,而不是快速获取财富的唯一途径。既然是生活方式,就应该学会习惯这种早出晚归、没有周末、随时随地在为公司发展奔波的状态。

飞轮威尔公司在 2012 年项目立项的时候,起步资金也只有几万块钱,靠着一股理工男精神,坚持到了产品的研发成功,进而筹集生产资金,再到 pre-A 轮融资 500 万元,以及今年 A 轮融资 1000 万元。整个过程中,现金流起到了至关重要的作用,我想资金对每个初创公司来说都是一个长期伴随的难题。现在分享下我们的项目是如何解决融资的问题的。

创业者融资的话,目前主要有亲戚朋友借款、政府补贴、银行贷款、机构或者天使投资,还有众筹这种新的融资方式,其中银行贷款是成本最低的融资方式之一,但也是我们创业者最难实现的途径之一。我认为目前创业者可以先利用自有资金逐渐把产品先做出来,然后入驻创业孵化园区,降低房租等运营成本,然后再申请一些政策上的补贴和资助，我们在去年共获得政府补贴将近 20 万元，今年也有 10 万元的研发补助，这笔资金虽然不多，但却来得实在，可以解决短时间的运营开支。等你的产品和项目开始有了订单或者用户，再去向投资机构融资，这样会让投资人更觉得你靠谱一些。把自己的项目核心以及未来规划清晰地突出出来，不断地向投资机构去递交商业计划书，约见投资人，也可以适当地参加一些路演比赛，展示自己的项目。这个过程可以不断地帮你提高对自己项目的认知，这时候可以做一下总结，完善自己的商业模式和产品，最后再快速地跟进对你有意愿投资的投资人。如果你的流水和用户已经有了一定的规模，可以尝试股权众筹这种新兴的融资方式，其优点就是速度快，还有媒体宣传的效果。寻找天使和机构投资，并不适合所有项目，主要还是看自己项目的属性，如果能不断地产生利润，大可不必去寻找投资，把自己产品的利润最大化就可以，自然会有产业投资或者战略投资找上门来。最后希望每个创业者都能控制好自己公司的现金流，这真的很重要。

【简评】

从飞轮威尔发展轨迹，我们发现其一直以专注、细分的态度深耕在智能硬件领域中。用实力说话，用产品说话，飞轮威尔公司以匠心做出极致产品。通过产品与市场、消费者对接，借助产品体验，达到推动产品与企业的双重效果。其最新产品——小 i 云车，就是一款针对消费者痛点开发的产品，站在消费者角度，改变平衡车体积大、重量沉、不方便、时速过快等缺点，创造出的全新品类。

近些年来，不少行业弥漫着浮躁风气，一些企业本末倒置，将重点放在炒作上，却将产品品质、产品研发、客户体验等环节丢得一干二净。我们经常看到一阵风现象，一些企业闹腾一段时间后，便消失得无影无踪。就像大浪淘沙，留下的总是那些脚踏实地，不虚张声势，只埋头苦干的企业。

（资料来源：编者根据网络信息整理而成，其中李威送给学弟学妹的话部分由李威口述材料整理而成。）

案例三　自媒体视频创作者"麦小登"

人物简介：王晓楠是豫北安阳滑县的一个普通农村女孩，大学毕业后在郑州做过外卖，做过编辑。后来因为父亲身体不好回到农村老家陪伴父亲，同时也开始了自己的短视频创作之路。她用镜头记录自己和父亲的真实农村生活，传递乡村文化，摘西瓜、摘莲蓬、开拖拉机、打槐花，父女两个的生活平淡而充实，在视频中父亲面对镜头从最初的稍显羞涩到现在能自己拍视频，自如地打招呼"大家好，我是五老哥"，"麦小登和五老哥"这对父女组合收获了很多人的点赞。这位"95 后"女大学生登上央视和《河南日报》，被网友誉为"全网最美瓜二代"的拖拉机女孩"麦小登",她靠顽强拼搏,活出了属于自己的精彩!

1995年,王晓楠出生在河南滑县一个贫困农家。晓楠2个多月大的时候,妈妈嫌家里太穷就离家出走了,之后一直杳无音讯。万般无奈,父亲王云坡每天只能弄点面汤喂幼小的她。

早些年,父亲就守着十几亩地过活。穷的时候,学费、生活费家里都拿不出来。王晓楠高三复读那年,王云坡曾想让女儿辍学外出打工。最终,靠着亲戚们东拼西凑的2 000元钱,王晓楠的大学梦才勉强被"缝补"起来。摆脱贫穷的愿望,像种子一样深深扎根在了晓楠的心底。

2017年,王晓楠大学毕业后"漂"在了郑州,她摆过地摊、开过服装店、做过兼职老师。她的梦想就是能多赚些钱,让家人的生活过得好点。

2019年,王晓楠开始送外卖,同时利用学新闻的专业优势,开始尝试拍摄抖音。外形靓丽、身材娇小,却日夜骑着电动车奔波在城市的楼宇间,王晓楠的励志形象为短视频平台带来了一道不同的风景线,吸引了众多网友的关注。正当她的工作局面向好的方向发展的时候,一场变故,却让她不得不放弃这一切。

原来,晓楠的父亲早些年曾因病摘除过一个肾,2019年夏天,父亲的另一个肾也出了问题。当时,61岁的父亲病情加重,每个月都要进行治疗,需要人长期照顾。令王晓楠心疼的是,父亲由于不识字,至今都不知道自己的病情。作为家里的独生女,她觉得自己必须陪在父亲身边。

2019年6月,王晓楠从郑州回到老家帮父亲收麦子,看着麦田里金黄一片,她就给自己的视频号起了一个全新的名字"麦小登",寓意期待小麦年年五谷丰登。与此同时,她的镜头也从城市转移到了许多人记忆中的农村。

就这样,干农活之余,晓楠成了一名自媒体视频创作者。人们跟着镜头走进了她家,也走入了豫北农家人的生活。

几间20多年前盖的红砖平房,夹在左邻右舍两三层的小楼中间,乍一看略显寒酸,但是到处都充满了生机。一方小菜圃里种有豆角、黄瓜、西红柿、辣椒,院子里几只雏鸡悠闲踱步,三只肥兔优哉地啃着菜叶,角落里还有一黑一白两只小狗欢乐地摇着尾巴……这里,便是麦小登视频创作的主要场所。在她的生活里,没有"山黛远,月波长,暮云秋影蘸潇湘"的恬淡诗意,有的只是"狗吠深巷中,鸡鸣桑树颠"的人间景色。

热闹的农村大集市,熟悉的农村院落,砖砌的房子,夏天挂着竹帘,院子里铺着砖,没铺砖的地方种菜栽树养花,吃的也是家常菜,豆角、茄子、南瓜、黄瓜等。家里养着鸡鸭鹅,喂着猪,养着小狗来看家护院,去地里干农活时,小狗一摇一摆地在身后跟着。

然而很快,麦小登的行为便遭到了父亲的反对。一辈子过着"面朝黄土背朝天"生活的王云坡,很少离开农村,拍摄视频对这个年过六旬的老人来说,实在太过新潮。很长一段时间里,老实敦厚的他并不知道女儿天天拿着手机在拍什么。他甚至误认为女儿是在学坏。

于是父亲就严厉叮嘱女儿:"不该说的话你别说,不该做的事不要做。"直到后来他看了晓楠的视频作品,才觉得拍的也没啥不好。接着,他不仅能配合晓楠拍视频,更理解支持女儿拍视频的理念——不卖惨、不无厘头,只想展现一幅温馨美好的乡村图景。

独自扛起一个家,"拖拉机女孩"很汉子

视频中的王云坡,习惯用一只手拿着一样东西,借以掩盖自己的害羞和紧张。他的笨拙与可爱,让他收获了很多粉丝。随着出镜越来越多,王云坡的人气高涨,网友还费心为其取名"五老哥"。许多"漂一族"曾在麦小登的视频下留言,"看到'五老哥',不禁想起了自己的父亲。"

回家,不仅让麦小登的作品获得新生,也为父女关系带来了新生。平日里,麦小登会用视频记录父女俩的日常:春天田间干农活;夏天河里摸虾,玉米地里摘玉米,西瓜地里薅西瓜;秋天把刚摘的南瓜做成美食,爬到柿子树上摘柿子做柿饼;冬天赶集摆摊卖小东西……这些简单的日常,却成为都市人向往的"桃花源"生活。

有人说麦小登是"河南李子柒",但更多网友却认为,李子柒过的是理想生活,令人向往而不可得。而麦小登过的是每个农村人的现实生活,每一个镜头,都向人们展示了豫北的乡土日子,简单、朴实,但又像我们每个人一样,充满希望地为生活奔波着。

在麦小登的视频里,总有父女俩辗转于医院的场景。除了照顾多病的父亲,她还收粮食、卖西瓜。虽说是一名柔弱女孩,但每次在地里干活的时候,她立刻变身为不折不扣的"女汉子"。无论是开拖拉机、拉木头和粉墙灰,还是种地、摘瓜、卖瓜……王晓楠都做得有模有样。

有一次,父亲化疗后浑身无力,适逢麦地需要打药。于是体重仅 80 斤的麦小登,便背起 30 多斤重的打药壶,一个人打了 10 亩地。打完回家麦小登瘫在凳子上,但当父亲过来关切询问时,她又马上恢复到活力满满的状态,一直说着不累不累。那个曾在父亲庇荫下长大的姑娘,如今俨然成了家里的顶梁柱,累并快乐着。

尽管厄运给父女俩开了个残酷的玩笑,但这丝毫不影响他们的积极乐观。有一回,家里的院墙塌了,麦小登变身为砌墙小能手,跟父亲一起修。她泼辣地和水泥、码砖头,一边修着墙一边斩钉截铁地对父亲说:"以后挣了钱,我要给您买最大的别墅、最贵的四轮。"逗得爸爸哈哈大笑,不到半天工夫,这父女俩愣是把院墙给修好了。这些笑中带泪的场景,特别触动人心。

朴实的日子里常常有很多温情瞬间:比如临近冬天父亲在灯下给女儿织帽子;拍视频有了一定收入,麦小登立马偷偷给父亲买了一台空调;知道女儿拍视频辛苦,在她过生

日那天,趁着麦小登出门买菜,父亲特意为她买了个小猪佩奇蛋糕,还一路拍好了视频。等到女儿回家,他淡定地说:"我今天已经拍视频了,你就不用忙了,一会儿你剪剪看,咱们先吃饭吧!"

春种、夏忙、秋收、冬藏。每一份收获的喜悦,背后都有着汗水的浇灌,在麦小登的田园,她像每一个努力的年轻人一样,为生活奔波也享受着劳动带来的喜悦。每次忙完,父女俩也会做点好吃的犒劳自己。

春天,槐花是麦小登盼望已久的美味食材。这天一大早她便带着钩子,催着父亲跟她一起去村头摘槐花。回来将槐花洗净、沥水,再裹上面粉蒸,出锅后蘸上蒜泥或回锅爆炒,怎么吃都吃不够。夏天,做完农活,麦小登顺手从院里摘一把豆角、西红柿做菜,吃到嘴里都是阳光的味道。秋天,黄澄澄的柿子压弯了枝头,她就顺便烙个柿饼解馋。冬季,遇上风雪天,父亲去邻居家借煤球做火,麦小登就炖了锅热腾腾的三黄鸡来驱寒,肉香弥漫,肥而不腻。在麦小登的视频里,时光仿佛按下了慢放键。一屋两人、三餐四季,幸福被揉碎在每一个平凡的日子里。

镜头底下的麦小登总是一脸阳光,无论是开着三轮车走在街上呼呼生风,开着拖拉机在田间地头,和父亲在街头当卖瓜小贩,还是在灶台上蒸馒头、熬烩菜、焖红薯……视频中,总能听到麦小登的笑声,连父亲都忍不住吐槽,一句话能笑三回,言语中充满了父亲对女儿的宠溺。"以前没见俺王叔笑过。"邻居说,自从女儿回来后,他脸上的笑容越来越多了。

而麦小登的笑容,也真切地感染着在网络另一端,习惯了结束一天疲惫的生活后,观看她视频的粉丝们。有网友说:"没有夸张,没有卖惨,麦小登更多的是让我们看到了面对生活满满的正能量。"对此,麦小登说:"我把它拍出来,是想让大家看到,即使是我们这样非常不幸的家庭,也能苦中作乐,活得非常乐观!"

登上央视,被誉为全网最美"瓜二代"

这个既会种瓜、收麦、开拖拉机,又能坚持独立拍视频的25岁女孩,变成了田间地头的独特风景。这道风景映射在互联网、出现在短视频中,效果就是麦小登啥都会。她被网友称为"拖拉机女孩",也从此开始走红。基于励志形象和农村广阔的创作空间,她很快被视频平台挖掘并成为签约作者,最终实现了通过拍视频挣钱养家、脱贫致富的梦想。

到2020年9月初,一年多下来,麦小登坚持每日更新作品,总共制作了300多期视频,拍摄了2万多个素材。她不仅被央视和《河南日报》点赞,而且粉丝也迅速涨到了210多万。麦小登火了,被媒体誉为"全网最美瓜二代"。网友们被她治愈的笑容温暖到,同时也被她和父亲的故事感动着。"天使在人间。""感觉挺朴实的一个宝藏姑娘。""选择这样的方式陪伴最亲的人,真的非常幸福。"

父女俩受到媒体报道之后,王云坡激动得说不出话。他还买了女儿喜欢的盆栽以示鼓励,对着女儿哽咽地说:"要走正确的路,要继续努力!"

王云坡还坚持手工制作相框,将采访报纸装裱起来。但令父女俩颇感意外的是,与名声一起而来的还有网络上各种流言蜚语。有人批评麦小登表演痕迹过重,有人质疑又是商业团队精心策划捧出来的"网红",甚至有人开始深挖她的生活经历和背景。

但其实像大多数人一样,麦小登的创作之路并非一帆风顺。没有团队,仅靠着一部手机和一个三脚架,麦小登就完成了所有视频的策划、拍摄和剪辑工作。而一段几分钟的视频,通常需要几百个素材,光拍摄就得花费一天的时间。几乎每天,她都要剪辑片子到凌晨两三点。

有一次,麦小登和父亲去摘榆钱,树有十几米高,因为角度不好找,为了拍个爬树的镜头,就拍了十几次。忙的时候,麦小登从早上七点多,忙到晚上两三点左右,头发大把大把地掉,她开玩笑说,担心自己不久就要变成秃子了。

面对网友的质疑,麦小登笑着说:"时间能证明一切,我只是在做我喜欢的事,相信只要我坚持下去,不好的声音就会慢慢消失的。"对麦小登而言,这一年多来最让她开心的不是在网络上成名,而是她真实地感受到因为拍视频,父亲变得更开朗,两人的对话更多了,曾经忽略的父爱被镜头记录,这些都让她心怀感恩。"现在拍视频爸爸很开心,我想多做些让他高兴的事儿!"

麦小登还想帮助身边做自媒体的农民朋友把这个圈子做起来,带动更多人靠努力去改变命运。

2020 年 6 月,滑县的大蒜滞销,麦小登得知消息后,就开始筹划以直播的形式帮助蒜农卖蒜。直播当天,麦小登仅用半个小时就卖出了 5 000 单大蒜,忙到凌晨两三点。接着,订单又从四面八方雪花般飞来。"那天特别累,但能帮到别人,我心里真的好高兴,很有成就感!"面对家庭的不幸,麦小登靠顽强拼搏,活出了属于自己的精彩!今后,她还计划依靠自己的影响力,做一些公益助农活动,传播正能量。借助互联网的力量,她的新田园故事还将精彩继续。

(资料来源:https://www.henandaily.cn/content/2020/0628/239087.html。)

【简评】

自媒体时代,通过短视频拍摄,借助媒体平台进行创业。麦小登的视频是具有"价值"的。为什么说有"价值"?因为麦小登的视频不仅让内容接收者得到一次感官上的"猎奇",进行了娱乐消费,更重要的是,麦小登的视频还在同时完成了一次传统人文精神的价值回归。中华民族主体文明是大河文明,农业生产力的辉煌历史是中华民族传统文化的内在根基。由于古代农业技术的限制,使得自给自足的小生产模式和技术经验的代际传承成为中国农业的主要特点,这两个特点使得乡村和亲情成为刻在中国人文化基因里的两个永恒主题,并构成了中国传统人文精神的主要部分。随着现代城市化建设,高楼大厦似乎使我们离土地越来越遥远,传统农业文化依然影响着我们吗?

案例四 美 团 网

公司简介:美团网成立于2010年,公司使命是"帮大家吃得更好,生活更好"。作中国领先的生活服务电子商务平台,公司拥有美团、大众点评、美团外卖等消费者熟知的APP,服务涵盖餐饮、外卖、生鲜零售、打车、共享单车、酒店旅游、电影、休闲娱乐等200多个品类,业务覆盖全国2 800个县区市。纵观其发展历史和业务现状,公司正如其董事长王兴所言,是一家以使命驱动的公司。公司在2018年上市以后进行了组织架构的调整,将事业部进行合并,组建了用户平台,成立了到店、到家两大事业群,产品和服务涵盖"吃喝玩乐"各个生活层面。并在新业务侧开辟了为商家提供供应链服务的快驴事业部,主打生鲜零售市场的小象事业部,和旨在增强LBS基础服务能力,赋能公司各大业务组的LBS平台。公司发布的2020年报显示,其在2020年实现正向的现金流,核心业务模块实现了稳定增长。一线城市依然是公司提供产品和服务的主场,且大部分的新用户增长来源以三四线城市为主。

美团的发展路径

公司最初步入市场,到现在公司业务成熟发展其他业务,走了相同的路径,美团在发展上始终把握了三个战略核心。

第一个是划分市场,根据不同的市场环境制定相应的发展战略。

第二个是所谓的"农村包围城市",即从外围的低线城市做起,获得第一批流量,实现盈利以后,支撑公司向一线城市进发。

第三个是其年报所说的把低线城市作为公司的发展主场,将拓展长尾市场深入公司的发展基因。虽然占据一二线城市是美团的发展目标,但基于一二线城市的人口红利已经随着互联网公司的发展被挖掘得差不多了。而三线及以下城市还有一定的流量存量的背景,该战略可以帮助美团成功开拓大量的业务线,并在业务成熟以后持续保持新用户的有效增长。

美团的起步是从做团购业务开始的。2011年左右在中国互联网市场爆发了"百团大战",和其他500多家竞争对手不一样,美团没有在第一时间进入北、上、广、深四个超一线城市,去抢占优先的流量,而是选择从各省会城市入手,倾斜资源占据这些市场,再回到一线城市。

此时,美团有足够的资金来进行用户补贴,和竞争对手打价格战。在这个阶段,资金在前期资源挤兑期间已耗光的公司不得已退出市场。这是美团针对一二线市场的打法,该打法在后来被公司沿用在了酒店和出行业务的拓展上。

对于三四线城市,公司没有第一时间进入市场,而是等待其他公司失败以后,再去收割已经被培育过的市场。在这里,公司熟练地运用了 learning school 的战略,从其他公司成功或失败的策略中寻找线索,根据过去(不限于自家公司)的发展路线图来指导公司的战略。

通过该战略,美团不需要再通过大量的广告来让用户养成团购的消费习惯而节省了大量的营销费用,同时加快了公司在这些城市的发展速度。

美团的战略变化

美团的战略一共经历了三个阶段,如下表所示。

战略阶段	内　　容
T 型战略	T 型战略指的是以团购为入口,不断发展垂直领域。
"三驾马车"	"三驾马车"指的是餐饮、酒旅、综合(餐饮之外的本地生活服务),美团调整业务扩张的边界,后续拓展的业务都在"三驾马车"的范围之下。
Food＋Platform	经过前两个阶段,美团将业务重心挪到了餐饮,将酒旅和综合类业务和到店餐饮一起全部归为到店事业群,到家事业群则以外卖配送为核心。并分配了大量的资源在平台建设上,强调供给端的数字化建设。

T 型战略

在这个阶段,美团的野心很大,试图在各细分领域扎根,形成一个闭环的生态服务体系。但生活服务类的细分领域非常多,每个领域的市场都很大,在有限的资源和资金下很难做到极致。在业务急速扩张的同时,业务扩张的边界愈加模糊,企业的专注力被分散。最典型的就是美团在电影线的业务——猫眼电影。美团试图通过票务打入电影市场,连接市场产业链的纵深,这在后来的实践中失败了。美团最后选择将猫眼独立,并入了光线传媒。总结该阶段,美团实际上经历了探索业务边界的试验期,在这个阶段,美团摸索出了自身有能力进行深入发展的垂直品类,对新业务的拓展态度变得谨慎。

"三驾马车"

承接上一阶段,美团定位以基于位置的服务(LBS)为核心发展业务。细分"三驾马车"所涉及的业务,其实都离不开地点,显示了美团由无边界扩张到焦点战略的转变。美团不会涉及类似实物电商的业务,因为电商产品实际是以产品为核心出发。有了战略重心以后,美团的业务拓展变得有迹可循,同时,经过上一阶段的探索,"地推拓展商家＋成立各垂类单独的供应链"的业务拓展方式被证实是有效的,因此在这一阶段得到了沿用。但是,美团在"三驾马车"的各个业务领域,都遇到了强劲的竞争对手。外卖有背靠阿里的饿了么，酒旅有 OTA 巨头携程，出行有滴滴打车。因此，在下一级段，美团重新审视了自身的业务优势，重新进行了战略的调整，进一步优化了业务模块的划分和资源的分配。

Food＋Platform

餐饮一直是美团的发力重点，经过前两个阶段的积蓄，美团已经在餐饮部分具备足够的能力继续做深做透，不仅对顾客端发力，还将从营销、配送、IT 系统、供应链全方位服务餐饮行业。后者是美团进入互联网下半场——产业互联网的重要入口。美团在第三阶段再次拔高餐饮的地位，战略发生了巨大的转变。同样是建立产品生态，美团从原来的涉足多领域来形成生态护城河，转变成了做强单个重心点，由最高频的餐饮消费开始辐射其他低频的领域，挖掘其他领域的流量价值，更好地进行交叉销售。在未来，可预见的是 food 将不仅指食物，还将延展成为其他的高频商超便利品和日用消费品。该阶段战略的另一个重点是平台的建设。LBS 的基础服务能力的提高将赋能美团的其他业务线，同时为美团探索新业务奠定坚实的基础，让美团能够继续借助优势进行业务延展。

战略变化背后反映的是美团对市场的把握，以及对战略发展的总结成果。美团一直在尝试拓展新业务，早期是无边界地多方尝试，在尝试的过程中挖掘出了最具备现金牛实力的稳健业务，而调整成了现在的焦点型战略。同时，美团始终追随业内发展的重心，及时把握住了自身嵌入产业互联网的机会，从餐饮的供给端入手，结合 LBS 平台的搭建。目前看来发展前景良好，有望为美团制造新的收入增长点，触达新流量。但还处于实验阶段，需要持续投入实验，不断强化自身平台服务的质量，同时准确运用系统所获得的大数据。

美团的整体定位

美团的定位是一个超级综合的 O2O 生活服务平台。可以看到美团的基本发展背景具有先天优势，且该优势有明显的持续性。但美团在自身所涉足的多个领域，都有强力的竞争对手。

这是美团的外在因素分析，同时对美团的内部因素进行分析。如下表所示，列举了美团在内部环境的优劣势。

	优 势	劣 势
技术	美团基于 LBS 的技术发展成熟，且公司每年都投入了大量的资源在技术研发上。新冠疫情暴发后，美团也尝试了无接触配送机器人。	美团还没有基于技术发展出独有的具备持续盈利能力的业务项。

续表

	优　　势	劣　　势
流量和业务	美团背靠腾讯,占据腾讯的社交优势,有天然的流量入口来源,且其多年经营的团购和外卖业务也为其吸流量和取了大量的流量,这些流量是美团发业务展其他业务的基础。同时美团所布局的不同业务之间具有明显的可协同关系,方便美团进行交叉销售。	基于人口红利的互联网流量已经到了瓶颈,可供美团基于原有业务进行拓展的流量不多了。另一方面,美团缺乏原创能力。从最初的团购,到外卖,再到酒旅出行等业务,美团都不是业内第一家做该业务的公司。尽管美团通过合理的战略超越了业务开创者,但同时也陷入了"后发劣势",可供美团学习的业务模块不多了。
财务	美团进入新领域的获客成本不是很高。对于线下,美团现有的并在持续构建中的人力、物流和技术资源可以沿用到新业务上,对于线上,美团依托口碑传播和互联网的网络传播效应也可以快速获得新客。	美团目前几个核心业务的商业模式相似,都是以补贴为主,同时抽佣商户端。这种模式使得美团的现金流不易转正,只能维持大体的盈亏平衡。且美团目前进入的几个领域,都要面对强劲的竞争对手,而美团所采取的烧钱打法也在持续消耗自身。
资源	美团多年的经营打造了一支强有力的地推队伍,积累了大量的商户资源。地推队伍难以复制,在接下来也将为美团的新业务拓展发力。而对于资源商家资源的触及、管理与整合,美团也已经掌握了实际有效的经验,可以持续得到应用和推广。	地推队伍的力量主要用于新业务线的商家拓展。但随着美团的发展,可供挖掘的商家数量已经明显放缓,且从美团目前主打的业务来看,继续赋能已掌握的资源是更重要的。因此地推的获客成本、管理成本、人员遣散将成为美团的问题。
管理	美团能够多次在已有巨头的市场中成功抢占市场份额得益于其优秀的管理能力,包括品牌定位,产品运营,管理技术投入等,该优势将继续赋能其业务发展。	尽管美团最新提出的战略调整为了以 food 为核心,但对于其未来的业务拓展方式,是否能形成有效的边界前景不明,各个业务板块并没有形成机制串联,和足够的品牌引导性。在实际的业务战略上,美团还有提升的空间。

总结内外部因素,对美团进行整体的 SWOT 分析,如下图所示。

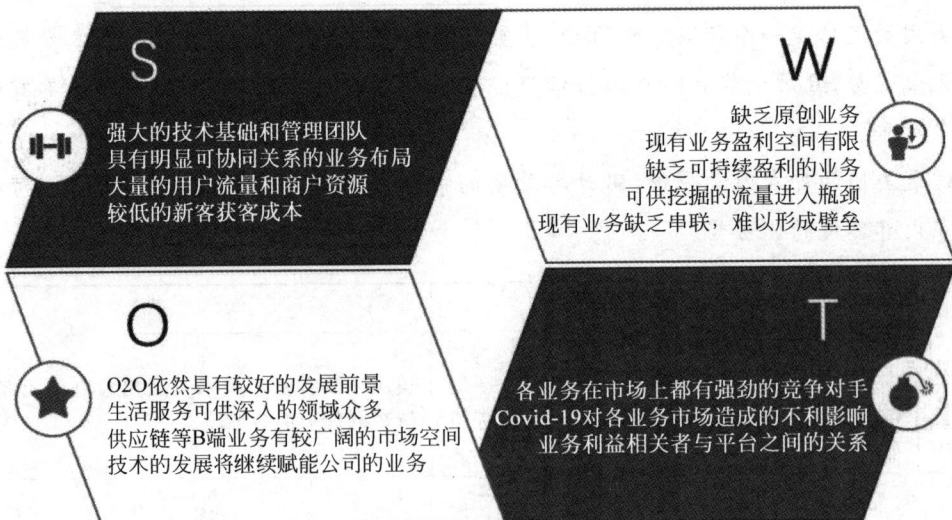

S 强大的技术基础和管理团队 具有明显可协同关系的业务布局 大量的用户流量和商户资源 较低的新客获客成本

W 缺乏原创业务 现有业务盈利空间有限 缺乏可持续盈利的业务 可供挖掘的流量进入瓶颈 现有业务缺乏串联,难以形成壁垒

O O2O依然具有较好的发展前景 生活服务可供深入的领域众多 供应链等B端业务有较广阔的市场空间 技术的发展将继续赋能公司的业务

T 各业务在市场上都有强劲的竞争对手 Covid-19对各业务市场造成的不利影响 业务利益相关者与平台之间的关系

公司业务战略分析,如下图所示,为基于美团目前的业务模块进行的 BCG 分析。

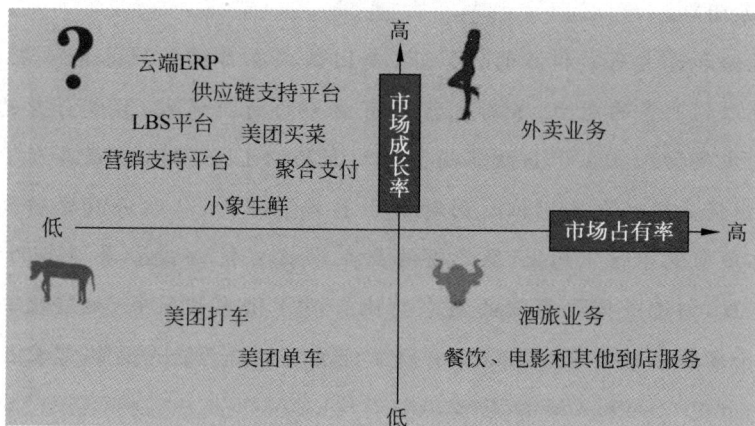

根据 2C 和 2B 的划分标准,对美团的业务进行分类。可分为 2C 下的外卖和其他到家服务,餐饮、电影和其他到店服务,酒旅,出行,2B 下的系统支持(LBS 平台,云端 ERP 和聚合支付等),营销支持平台,以及供应链支持平台(快驴),以及综合 2B 和 2C 主打新零售的美团买菜和小象生鲜。

其中,美团的金牛业务都保持了较高的业务增长率,从 2020 年的年报也可看出这类业务为公司收入增长所作出的贡献。接下来,针对以美团点评平台为基础的到店业务,美团可以在原本的以抽佣为主的商业模式上进一步加强广告营销,强化流量变现能力。对于酒旅类业务,美团可以继续深耕长尾市场的需求,挖掘酒旅和餐饮上的联系,加强流量聚合能力。

美团的明星业务是其外卖业务。因为外卖业务的商业模式,美团需要持续投入大量的现金进行补贴,但同时外卖业务也为美团带来了较高的利润,针对该业务,美团需要通过持续提升用户体验,把握高忠诚度的用户需求,提升产品的竞争壁垒,同时通过在 B 端的布局获得更有效的数据,形成更好的商家推荐算法。

目前,美团在 B 端布局的几大业务以及新零售业务都属于其问题型业务。在未来不短的一段时间内,美团还需要在这类业务上投入一定量的现金,且由于大量的竞争者也在争抢这一片市场,美团无法在短时间内取得较大的市场份额,竞争地位较低。但是这类业务具有良好的发展前景,同时美团具备大量的商家资源,这是其发展问题业务的优势。这类业务如果能得到较好的发展,一方面将为美团带来新的业务增长,另一方面将反过来为美团已有的 C 端业务提供价值。

美团的瘦狗业务主要是出行业务。其收购的摩拜在 2018 年为公司带来了巨大的亏损,且美团出行发展非常缓慢。但是该业务的布局具有战略性的意义,是其 LBS 服务的重要一环,因此美团公司不能砍掉该业务模块,而是应该调整业务战略。现在公司已经将摩拜单车转为了美团单车,未来美团单车和美团打车都可以和外卖业务进行进一步的联合,形成业务闭环。

在流量瓶颈和透支商家利益的背景下,美团需要在目前的战略定位基础上,进一步强调发展自身原创业务的能力,不断优化现有业务的商业模式,形成自身的差异性竞争优势。目前的主要切入点在于 B 端市场。其所布局的 LBS 平台将其在 B 端发力的基础,可以进一步提高战略发展地位。同时对于 B 端的布局,从红海战略转向蓝海战略进行发展。在拓展非竞争性市场上,从已有的业务基础入手,不断拓展业务的深度,而不是拓展业务的广度,创造并攫取商户的需求。比如对于供应链服务,由这次新冠肺炎疫情的暴发,有效平衡顾客的需求和供给端的供货能力可以成为一个新的需求点。

(资料来源:http://www.woshipm.com/it/3722470.html。)

【简评】

美团从公司的使命和愿景出发,进行了根本的战略制定,且随着市场环境的变化,不断调整战略的重心和框架。从无边界的拓展,到强调单个发展重心,可以看出美团逐步聚焦的战略变化。未来,美团将基于业务的 BCG 分析,进一步调整资源的分配,在维持明星业务和金牛业务的基础上,进一步试验并发展问题业务,并调整瘦狗业务。

在新业务拓展上,提高自身业务的原创能力。对于现有业务,美团需要加强对利益相关者的协调与把控能力,尤其是受此次疫情所影响的业务模块。有时候,适当的让步会帮助企业获得更长远的利益。

案例五　互联网坚果品牌——三只松鼠

公司简介:三只松鼠股份有限公司成立于 2012 年,是中国第一家定位于纯互联网食品品牌的企业,也是当前中国销售规模最大的食品电商企业。三只松鼠创始人兼 CEO 章燎原先生,在其任职业经理人期间曾 10 年打造出安徽最知名的农产品品牌,一年时间打造出网络知名坚果品牌。其较强的品牌营销理念以及草根出身的背景,使他能够迅速地掌握消费者心理,在电商业界素有"电商品牌倡导者"的称号。2019 年"双 11"期间,三只松鼠全渠道销售额为 10.49 亿元,同比增长 54%,完成此前定下的 10 亿元目标。其中,三只松鼠天猫单店贡献 4.67 亿元。其中三只松鼠线上渠道累计销售突破 9.23 亿元。线下渠道累计销售突破 1.26 亿元,同比增幅 226%。三只松鼠是一家互联网坚果品牌,不只是因为其增长的爆发性,还在于它独特的品牌调性,让它在网红和 IP 时代存在无限可能:一个充满了人格力量的 IP,除了卖坚果,还可以走得更远,比如推出 100 个常温食品的自有品牌。

三只松鼠之所以能成为互联网第一坚果品牌,从商业底层来讲,吻合了一些趋势:一是年轻人购物方式的改变;二是"85后""90后"这代人有消费升级的需求;三是过去网上没有坚果品牌,线下高端坚果也没有品牌。为什么线下高端坚果没有品牌?因为坚果的线下渠道抑制了品牌的诞生。坚果是一个粗加工产品,线下渠道链太长,经销商、代理商、商超会层层加价,50块钱的东西,到商超要卖100多块钱,溢价太多,同质化程度又高,自然抑制了商超品牌的发展。

遍布大街小巷的坚果路边摊能诞生一个坚果品牌吗?不可能。这就是产业的现状,实际上三只松鼠不是抢了商超坚果品牌的份额,而是把路边摊干掉,变成了一个品牌。如果非要再加上一个原因,相对其他食品,坚果标准化程度高,更适合运输,更适合在互联网销售。

三只松鼠是如何成功运营一个纯电商品牌的呢?

第一,它有非常正确的品牌定位,三只松鼠的名字好记,拟人化强,今天看这就是一个IP。如果没有一个好的品牌名,广告费的投放至少比现在高出1/3。

其次,过去电商商家和传统企业通过免费流量在淘宝上过得很舒服,不愿意出钱投广告,他们心中有一个ROI(投资回报率),2万元广告费只带来4万元成交额,ROI为1:2,对他们而言是不划算的。但事实上,那时候的互联网广告才是最便宜的,可以带来更多顾客和搜索流量。三只松鼠第一年"双十一"通过投放直通车广告、钻石展位的首页广告等先占据住消费者的心智和流量入口的大门。这些是战略的成功。

第三,三只松鼠掌握了一拨用户体验创新的潮流,创新情感式营销,这是战术的成功。传统企业的客户是标准化的,且消费者无法与企业直接沟通接触,但是互联网使每个消费者可以和员工平等对话,这就需要在服务方面更加生动化、个性化。章燎原团队把三只松鼠的动漫形象做到了极致,从包装的视觉体验到叫用户主人,甚至撒娇等,潜移默化地在消费者心中形成了独特的萌文化。

通过这种萌文化,随包裹附赠开箱神器"鼠小器",湿纸巾,密封夹、萌版卡套等小玩意,不断在很多细节上超出用户期待。能在一次消费里获取一个忠诚的客户。在创业之前,章燎原已经做了9年的坚果行业,对这个行业有着深刻的理解。

一个互联网企业带给产业最大的变化在于用大数据的思维把传统供应链打穿。

三只松鼠把自己定位为一个产业链平台企业。在阿里、京东的平台深度链接生产者和消费者,变相地实现了从工厂到用户。

未来的企业都要变成平台,平台不一定要自己干什么,但是要有数据。三只松鼠有自己能满足信息化、标准化要求的分装工厂,投入几千万建成的食品检测中心,还有十二大分仓用来发货。三只松鼠依靠数据连接几百个供应商,另一头是上千万用户,还有一个云中央品控中心。具体来讲,每个消费者在网上的评价以及微博等渠道的投诉反馈,系统都会自动抓取,追溯到是哪一家供应商生产的,哪一个环节出错了,以及自己检测出来的数据也会进入这个系统。

通过这个系统,消费者扫码能够了解到产品原材料产地、入库时间、原材料质检报告、运输到三只松鼠分装工厂的具体车辆、检测中心的工作人员,客服聊天记录等 30 多个信息点。

"以前商家要自创品牌,活得很累,还被渠道商压迫。到我们这只要做一件事情,把产品做好,交给我们变现。它给别人供货(周期是)60~90 天,在我们这 30 天,我还给它做供应链金融。现在看着我们辛苦点,但问题是好的供应商都到我这来了。"

另外,三只松鼠本身就是一个好 IP。

所谓的用户体验都是锦上添花的。三只松鼠对用户体验的理解有三层:第一是优质产品能让用户需求被满足;第二是在沟通、物流等方面更容易获得;第三才是愉悦感。很多人看到三只松鼠只是第三个层面,看不到第一、第二个。但是章燎原认为产品是一个绝对的基础。

过去提升用户体验的做法是,在包裹里附带一些小玩意带来一种愉悦感,这个效果没有以前好了。就像你天天吃蔬菜,给你一天肉吃,你觉得很好,天天吃肉,你也腻了。用户体验创新的潮流已经过去了。2016 年三只松鼠提出了娱乐化战略:IP 内容垂直,产业经营立体,最终目标是将三只松鼠打造成一个真正的人格化的活品牌。

公司找了原迪士尼编剧以及中美韩团队,打算拍三只松鼠的同名动画大片,片名就叫《三只松鼠》,里面就在做坚果,故事就是广告,广告就是故事,最好的营销是看不出是在营销。

动画片出来后,很多的场景会到线下体验店里,店员穿上角色的衣服就是活生生的 cosplay。用户可以坐这儿喝,坐这儿聊,坐这儿吃,买不买无所谓。未来的生意线下是体验,线上是销售,一定要找到虚拟商圈和物理商圈的结合点。为什么顾客愿意腾出时间到电影院看一场电影,因为这种深入体验在家庭无法完成,三是松鼠的体验店做的就是这个事情。线下是把内容和品牌联系的深度打透,三只松鼠本质希望顾客到网上买。

章燎原讲过一句话:"我们的理念是产品做 100 分,情感做 150 分,这只是一个过渡阶段。网红和二次元的崛起,反映了中国人在情感上的、精神上的需求没有被满足,但现在大家谈的内容营销很空洞,真正的内容营销,要做深度而不是广度。比如说我们会做动漫,会做动漫周边等,但我的主业永远是卖零食,我的副业只要不亏钱就行,做很多副业的出发点是完善主业。"

(资料来源:硅谷堂。)

【简评】

　　章燎原 25 岁之前摆过地摊,开过冷饮店,卖过 VCD,但多次创业失败。25 岁之后进入詹氏食品,从一线销售干到营销经理,积累了 10 年坚果行业经验。章燎原于 2012 年在安徽芜湖创立三只松鼠股份有限公司,企业经历短短的 7 年时间,在深交所创业板成功上市,被誉为"国民零食第一股"。章燎原与其创办的三只松鼠的成功并非是偶然的,这和他多年积累、厚积薄发分不开。"亲"是淘宝的,"主人"才是三只松鼠的。三只松鼠的动漫形象以其极具亲和力、极富人性化的特点满足着消费者的个性化和差异化的消费需求。三只松鼠的优势在于创始人在线下和线上的经验,其行业的商业本质没有变化,还是"零售＋品牌"。现阶段发展很快的另一个原因是,传播手段上用了互联网化的思路。"主人"是不是可以从案例中得到些许的启发和思考呢?

参 考 文 献

[1]　张玉利,薛红志,陈寒松,李华晶.创业管理[M].北京：机械工业出版社,2016.
[2]　杨怡,张峰.中小企业投融资管理[M].北京：北京大学出版社,2016.
[3]　李家华,张玉利,雷家骕.创业基础[M].北京：清华大学出版社,2015.
[4]　黄俊,冯诗琪.创业理论与实务——倾向、技能、要素与流程[M].北京：清华大学出版社,2015.
[5]　李宇红.创业实务教程[M].北京：北京大学出版社,2015.
[6]　张立艳,李战强,孙春华.创业实训教程[M].天津：天津出版传媒集团,2015.
[7]　梅强.创业基础[M].北京：清华大学出版社,2016.
[8]　王天力,周丽华.创业学[M].北京：清华大学出版社,2013.

网站推荐：

中国政府网：http://www.gov.cn/zhengce/zhuti/shuangchuang/index.htm
中国青年网：http://www.youth.cn/
大学生创业网：http://www.studentboss.com/
KAB创业教育网：http://www.kab.org.cn/
创业邦：http://www.cyzone.cn/
i 黑马网：http://www.iheima.com/
36 氪：http://36kr.com/

微信公众号推荐：

七喜创客,微信号：smxycyb
创新工场,微信号：chuangxin2009
南开创业,微信号：nkcygl
飞马旅,微信号：feimalv0927
创业邦杂志,微信号：ichuangyebang
虎啸,微信号：leiphone-sz
创客 100,微信号：chuangke100
36 氪,微信号：wow36kr

本书辅助资源

省级精品在线开放课程：创业基础

中国大学 MOOC：创业基础（黄河科技学院）

https://www.icourse163.org/course/HHSTU-1002920002

公众号：七喜创客

教师服务

感谢您选用清华大学出版社的教材！为了更好地服务教学，我们为授课教师提供本书的教学辅助资源，以及本学科重点教材信息。请您扫码获取。

≫ 教辅获取

本书教辅资源，授课教师扫码获取

≫ 样书赠送

创业与创新类重点教材，教师扫码获取样书

清华大学出版社

E-mail: tupfuwu@163.com
电话：010-83470332 / 83470142
地址：北京市海淀区双清路学研大厦 B 座 509

网址：http://www.tup.com.cn/
传真：8610-83470107
邮编：100084